인문한국불교총서 1

테마Thema 한국불교 1

* 이 저서는 2011년도 정부(교육부)의 재원으로 한국연구재단의 지원을 받아 연구되었음(NRF-2011-361-A00008)

인문한국불교총서 ①

테마 Thema
한국불교 1

동국대학교 불교문화연구원
HK연구단 엮음

동국대학교출판부

머리말

　인도에서 발생해 중국을 거쳐 불교가 한반도에 들어온 지도 1,700년이 되었다. 인도에서 불교는 계속되는 생사윤회의 반복 속에서 지난한 수행의 과정을 통해 세상의 이치(Dharma)에 대한 깨달음을 얻어 붓다가 되는 것을 추구했다. 이런 인도불교의 지향점을 중국인들은 자기식으로 변형해 수용했다. 인도인과는 달리 붓다와 그 시대에서 시간·공간적으로 멀리 떨어져 있었던 중국인들이 자신들도 붓다가 되기 위해서는, 시공간적 괴리에도 불구하고 누구나 붓다가 될 수 있는 성품을 본래부터 가지고 태어난다고 믿는 것이 가장 효과적이었다. 그래서 중국불교에서는 깨달음(覺)이 '본래 깨달아 있음(本覺)'으로, 붓다(佛)가 '붓다의 성품(佛性)'으로 변형되었고, 세상의 이치인 다르마도 '조건들의 일어남(緣起)'에서 '본성의 일어남(性起)'으로 이해되었다. 이런 중국불교 특유의 본성론적 변형을 거쳐, 이론 분야에서는 천태종과 화엄종이, 실천 분야에서는 정토종과 선종이 독자적으로 발생하였다.
　이렇게 본성론에 기반해 성립된 중국불교의 각 종파들은 같은 한자문명권인 한국과 일본에 수용되었다. 그런데 한국의 경우 그 수용의 방식에는 독특한 패턴이 있다. 그것은 제 종파의 이론과 각자의 대립적인 주장들을 최대한 종합하여 조화를 이루려는 통섭적인 경향을 말한다.

한국적 이론 불교의 태두인 원효가 주창한 제 종파의 화쟁, 한국 선불교의 비조인 지눌의 선교일치, 조선 후기 불교 강학 전통에서 나타나는 화엄과 선의 결합 시도 등은 한국불교 특유의 통섭적 경향을 잘 보여주는 사례들이다. 종합의 기본 단위인 각 종파들을 본성론에 기반해 성립시킨 것은 중국불교의 업적이지만, 통섭을 통한 창조적 종합의 시도 자체는 중국보다는 이 땅에서 일관되게 강조되어 나타난 한국불교의 특징이라고 할 수 있다.

본서를 편찬한 동국대학교 인문한국(HK)연구단은 이런 한국불교의 특징과 로컬의 고유성을 글로벌한 수준에서 조화롭게 조명하기 위해, 2011년 9월부터 2020년 8월까지 총 10년간 '글로컬리티의 한국성: 불교학의 문화확장 담론'이라는 아젠다로 HK사업을 수행하고 있다. 한국불교를 다각적, 심층적으로 조망하기 위해 매년 9개씩, 10년간 모두 90개의 주제를 다루게 되며, 그 연구 성과를 대중적으로 확산하기 위해 주제별 개설 총서로 발간할 계획이다. 본서는 '한국불교 고유성의 탐색'이라는 제명으로 수행된 1년차 지정주제 9개를 개설적으로 정리한 첫 번째 연구 성과물이다.

본 연구단은 연구 성과의 계통적 분류를 위해 〈사유와 가치〉, 〈종교와 국가〉, 〈문화와 교류〉의 세 영역으로 유형화하였다. 먼저 〈사유와 가치〉 영역에서는 1년차에 유식·충의·하늘, 2년차에 화엄·신의·조상, 3년차에 선·세간·무격에 대해 고찰한다. 다음 〈종교와 국가〉 영역에서는 1년차에 제정일치·원력·사전, 2년차에 왕즉불·위령·사노, 3년차에 불국토·계율·사장에 대해 검토한다. 그리고 〈문화와 교류〉 영역에서는 1년차 자장·변체한문·연등회 팔관회, 2년차 의상·향찰·수륙재, 3년차 태고 나옹·구결 현토·향도 결사 문제에 대해 조명한다.

본서는 이 가운데 1년차에 해당하는 유식, 충의, 하늘, 제정일치, 원력, 사전, 자장, 변체한문, 연등회 팔관회에 관한 성과들을 개설용으로 재구성하여 수록하였다. 각 주제별로 한국불교가 가진 고유성에 대해 천착하였는데, 시기적으로는 삼국과 통일신라가 중심이 되지만 고려 이후까지 염두에 두어 장기지속과 변동의 양상을 동시에 조명하였다. 또한 가급적 인도와 동아시아를 시야에 넣어 한국불교의 고유한 특색과 불교의 보편적 특성을 병렬적으로 고려하였다. 이러한 성과를 바탕으로 1단계에서는 한국불교가 가진 '원형의 고유성'을 발굴하고, 2단계에서는 동아시아 세계에서의 '소통의 횡단성'을 추구하며, 3단계에서는 로컬과 글로벌이 융합된 '변용의 확장성'을 탐색하고자 한다.

이처럼 여러 상이한 주제가 망라되어 있어 통일된 담론이나 일관된 형식을 갖추기 어려운 점은 있지만, 한편으로는 한국불교를 바라보는 다양한 문제의식과 접근 방식을 한눈에 조망할 수 있다는 장점이 있음을 자부한다. 향후 10년간의 연구 실적이 이런 개설용 총서 시리즈로 발간되면 보다 다채로운 스펙트럼을 통해 한국불교의 전체상을 폭넓게 그려볼 수 있을 것이라고 기대해 본다.

HK연구단장
동국대 불교문화연구원장
김종욱

차 례

머리말_ 김종욱
총 설_ 김용태

제1부 사유와 가치

유식唯識 _ 박인석 ● 29

    Ⅰ. 중국의 유식학 30
        유식학이란 30/ 중국 유식학파의 성립 32
    Ⅱ. 삼국시대와 통일신라의 유식학 36
        삼국시대 유식학의 도입 36/ 통일신라 유식학의 융성 38
    Ⅲ. 고려의 유식학 51
        신라 유식학 전통의 계승 51/ 유식학풍의 쇠퇴 54
    ■ 한국 유식과 보편성의 추구 58

충의忠義 _ 김호귀 ● 61

    Ⅰ. 불교와 충의 62
        불교와 국가 관념 62/ 충의사상과 정법의 관념 65
    Ⅱ. 신라와 불법의 만남 70

원광과 화랑 70/ 신라불교와 충의사상 72

Ⅲ. 세속오계와 충효 75
세속오계와 충효 관념 75/ 충효와 불법 79

Ⅳ. 충의 관념과 호법불교의 계승 83
대장경의 조판 83/ 임진왜란과 의승군 85/ 의승군의 활동 88/ 호국과 충의정신 91

■ 충의 관념과 불법의 조화 94

하늘天   _ 김영진 ● 99

Ⅰ. 고대 세계의 하늘 관념 100
창공과 데바 100/ 천신과 천명 103/ 무교와 신관 104

Ⅱ. 무량수경의 하늘 관념 106
하늘 관념의 유형 106/ 지고신과 의지천 107/ 윤회의 안내자 108/ 행위의 기록자 109

Ⅲ. 업설의 등장과 하늘 관념의 변형 111
업설의 등장 111/ 천도자연 113/ 업천 116

Ⅳ. 신라 불교의 신명 해석과 천신 관념 117
선악의 기록자 117/ 아뢰야식과 신명 119/ 천신과 윤회 121/ 윤리의 감시자 123

Ⅴ. 신라 불교 이후 천신 관념의 전개 125
제석천과 제석신앙 125/ 신중신앙 126/ 산신각의 출현 128

■ 하늘 관념과 한국불교 130

제2부 종교와 국가

제정일치祭政一致 _ 이자랑 ● 137

   Ⅰ. 고대 사회에서 제사와 정치 138
      천강 관념과 제정일치 138/ 시조묘 제사와 왕권 140/ 제정분리와 불교 142
   Ⅱ. 신라 중고기 왕실의 불교 수용과 왕권 강화책의 변용 145
      신라의 불교 수용 145/ 전륜성왕의 이념화 147/ 진종설 149
   Ⅲ. 무교와 불교의 융합 152
      신들의 융합 152/ 제사와 승려 156/ 원당과 성전사원 160
   Ⅳ. 고려 이후의 정치와 불교 163
      태조 왕건과 진전사원 163/ 훈요십조의 불교의례 166/ 억불과 숭불의 사이 168
   ■ 불교와 정치 172

원력願力 _ 고승학 ● 177

   Ⅰ. '원력'의 정의와 『삼국유사』에 나타난 원력 178
      원력으로서의 불교 178/ '원력'의 개념 규정 180/ 『삼국유사』에 나타난 원력 182
   Ⅱ. 신라의 불교 수용과 왕실의 원력 187
      신라인의 세계관과 불교 수용 187/ 무속적 세계관의 대체

191/ 왕실의 국가적 원력 192

Ⅲ. 통일신라시대의 원력의 양상 194

　호국과 득자의 원력 194/ 불교신앙의 확산 198/ 신라 불교의 종합적 특성 201

Ⅳ. 고려 이후 원력의 양상 203

　국가 종교로서의 고려 불교 203/ 수륙재와 조선 왕실의 원력 207

■ **원력으로서의 한국불교** 209

사전寺田　　　　　　　　　　　　　　　　　　_ 박광연 ● 217

Ⅰ. 사전이란 무엇인가 218

　불교 교단과 소유물 218/ 사전에 대한 견해들 220

Ⅱ. 신라시대 사전의 형성 223

　사전의 형성 223/ 사원의 전장田莊 225/ 국가와 사전 227

Ⅲ. 고려시대 사전의 제도화 230

　전시과와 사전 230/ 수조지인가 소유지인가 232/ 사전의 농장화 235

Ⅳ. 조선시대 사전의 축소 239

　사원정리책의 영향 239/ 왕실의 사전 운영 241/ 승려 소유 사전의 증가 243

■ **권력과 사전寺田** 246

제3부 문화와 교류

자장慈藏 _정영식 ● 253

Ⅰ. 자장의 생애 254
　자장의 삶 254/ 오대산 순례의 진위 255
Ⅱ. 자장의 사상적 기반 257
　사분율 전승 257/ 섭론학 수용 259/ 문수신앙 261
Ⅲ. 자장의 교단 정비와 불교시책 262
　불교교단 정비 262/ 사리탑 건립 266/ 황룡사 장육존상 268
Ⅳ. 수문제 불교정책과의 관계 272
　불사리신앙 272/ 황룡사와 대흥선사 275/ 교단제도 276
- 자장과 신라 불교교단 279

변체한문變體漢文 _김기종 ● 283

Ⅰ. 불교와 동아시아인의 글쓰기 284
Ⅱ. 삼국시대의 변체한문 287
　한문의 수용과 변체한문 287/ 한국어 문장의 기원 288/ 어순의 재배치와 문법 형태의 표기 289
Ⅲ. 불교의 전래와 신라시대의 변체한문 293
　신라 불교 변체한문 293/ 순한문과 변체한문의 '겸용' 298/ '사실'의 기술과 한국어 어순 300/ 발원문과 문법 형태 표기의

다양화 302

Ⅳ. 고려시대 불교 금석문의 변체한문 308

고려 불교 금석문의 변체한문 308/ '겸용'과 표기의 확대 312/ 어순의 혼용과 표현 영역의 축소 314

- 개인의 심성과 모국어 글쓰기 318

연등회燃燈會 · 팔관회八關會 _ 이종수 ● 323

Ⅰ. 연등 · 팔관회의 기원과 신라의 수용 324

법의 등불과 팔재계 324/ 낙양의 불탄일과 승려 공양 325/ 경주의 연등회와 팔관회 327

Ⅱ. 고려시대 연등 · 팔관회의 설행 329

봄 연등회와 겨울 팔관회 329/ 봄과 겨울의 국가 축제 332/ 사월초파일 축제 335

Ⅲ. 조선시대 연등 · 팔관회의 폐지와 전승 337

억불의 여파 337/『조선왕조실록』과 연등회 341/ 사월 한밤의 관등놀이 344

Ⅳ. 연등 · 팔관회의 불교사적 의의 348

봄 연등회와 겨울 팔관회의 단절 348/ 민속 축제와 연등 351/ 사월초파일 연등회의 전승 353

- 연등회와 팔관회의 고유성 355

찾아보기 _ 359
저자 소개 _ 367

총 설

한국불교의 고유성을 찾아서

김용태 (HK교수)

1. 글로컬리티의 한국성

 동국대 인문한국(HK) 연구단은 '글로컬리티의 한국성: 불교학의 문화확장 담론'이라는 아젠다 연구를 수행하고 있다. '글로컬리티glocality'는 글로벌global과 로컬local을 합성한 조어로서 지역적 특수성과 세계주의적 보편성을 동시에 포괄하는 개념이다. 한국은 지리적·문화적 여건상 주변부의 속성을 지녀 왔고 동아시아의 다중공간 속에서 중화문명의 수용자 및 전달자로서 기능해 왔다. 근현대에도 서구문명의 이식과 세계체제로의 편입 과정에서 '탈전통'의 문화 충격과 '탈주체'의 정체성 혼돈을 경험하였다. 그 과정에서 나타난 문명개화의 열망과 근대화 지상주의, 옥시덴탈리즘(Occidentalism)의 투영은 주변성의 또 다른 양상이었다.
 한국 역사의 흐름을 거시적으로 조망해 보면, 특수와 보편, 로컬과 글로벌이 교차하면서 양자의 대립과 공존이 반복적으로 나타났다. 고유성과 문명성을 상징하는 국풍國風과 화풍華風의 이중구조가 확대재생산되어 온 것이다. 이에 본 연구단은 한국적 시공간 속에서 '원형의 고유성〈로컬〉', '소통의 횡단성〈글로벌〉', '변용의 확장성〈글로컬〉'을 탐색하고, 주변과 중심의 간극을 뛰어넘는 '탈영역적 지역성'의 관점에서 '한국성'을 도출하려 한다.

'글로컬리티의 한국성'을 탐색하기 위해 본 연구단이 준거 틀로 삼은 것은 불교이다. 불교는 2,500년 전 인도를 시작으로 동남아시아, 중앙아시아, 동아시아의 각 지역으로 전파되면서 세계화의 길을 걸었고, 각 지역의 고유성과 충돌하면서 문화 접변과 격의적 변용 과정을 겪었다. 불교가 갖는 세계사적 보편성은 지역적 특수성과 결합하면서 제3의 파생문화를 창출하였고, 각 지역에서는 이전과 다른 새로운 글로컬 전통이 형성되었다. 한국 또한 불교의 수용 이래 문명적 확장의 기회를 가졌고 고유의 원형과 횡단 문화의 교차를 통해 글로컬리티의 특성을 온축하여 왔다.

본 연구단은 10년간 총 90개의 세부 주제를 다루게 되는데, 각 주제를 관통하는 일관된 구조를 엮기 위해 〈사유와 가치〉, 〈종교와 국가〉, 〈문화와 교류〉의 세 영역을 설정하였다. 또 각 영역별로 3개의 특화된 주제어를 상정하였는데, 〈사유와 가치〉는 사상, 윤리, 내세, 〈종교와 국가〉는 권력, 전쟁, 재화, 〈문화와 교류〉는 사람, 문자, 의례로 총 9개를 구성하였다. 각각의 주제어는 10년간 10개, 총 90개의 세부 주제를 중심으로 연구되며 단계별로 연구의 목표를 제시하였다.

〈사유와 가치〉의 경우 사상은 전수專修-겸수-회통, 윤리는 공동체-개인-관계, 내세는 계세繼世-윤회-상생으로 단계별 연구목표가 설정되었다. 〈종교와 국가〉에서 권력은 왕권-정교政敎-탈권력, 전쟁은 기원-협력-이념, 재화는 생산-축적-참여이며, 〈문화와 교류〉에서는 사람을 수용-영향-체화로 구분하였고, 문자는 표기-집성-창안, 의례는 재회齋會-율의律儀-축제의 순으로 구성하였다.

현재 연구를 수행중인 1단계 '원형의 고유성'은 한국에 불교가 도입된 후 기존의 토착적 원형성과 어떻게 접목되었고, 어떠한 변용의 과정을 겪었는지를 고유성의 생성이라는 관점에서 접근하려는 것이다. 특히 동아시아의 글로벌리티에 대비되는 한국적 로컬리티의 탐색에 주안점을 두었다.

〈사유와 가치〉 영역에서는 사상을 주제어로 하여 유식, 화엄 등 대표적인 불교 교학과 선종의 한국화 과정을 사상사적 측면에서 접근한다. 다음 윤리 분야는 공동체적 윤리인 충의, 신의, 세간에 주목하여 이를 불교적 가치의 수용과 절충이라는 관점에서 검토한다. 이어 내세는 불교 도입 이전과 이후의 내세 관념 변화를 하늘, 조상, 무격으로 나누어 살펴보고 연속적, 순환적 사후 관념의 혼재와 변이 과정을 추적한다.

〈종교와 국가〉 영역에서는 먼저 국왕권을 정점으로 한 국가권력과 불교와의 관계를 제정일치, 왕즉불, 불국토 관념을 통해 고찰하고, 전쟁을 주제어로 하여 원력과 위령, 계율의 문제를 기원의 관점에서 접근한다. 또한 재화의 생산이라는 측면에서 사전寺田, 사노寺奴, 사장寺匠의 형성과 전개에 대해 고찰한다.

〈문화와 교류〉 영역에서는 중국불교를 수용한 주체이자 한국불교의 고유한 특성을 조형한 자장, 의상, 태고·나옹의 활동과 사상에 대해 새롭게 조명한다. 이어 불교를 매개로 한 한자문화의 심화와 고유한 문자 표기 방식의 성립을 변체한문, 향찰, 구결·현토로 나누어 검토한다. 마지막으로 불교의례의 한국적 변용에 주목하여 팔관회와 연등회, 수륙재, 향도와 결사의 역사적 전개와 특징에 대해 살펴본다.

본서에서 다루는 1단계 1년차 9개의 세부 주제와 연구목표를 영역·주제어 별로 구분하여 소개하면 아래와 같다.

영역	사유와 가치			종교와 국가			문화와 교류		
주제어	사상	윤리	내세	권력	전쟁	재화	사람	문자	의례
연구목표	전수	공동체	계세	왕권	기원	생산	수용	표기	재회
세부주제	유식	충의	하늘	제정일치	원력	사전	자장	변체한문	팔관연등

본서는 이들 9개의 세부 주제에 대한 학술적 연구 성과를 확대, 개편하여 개설용으로 재구성한 것으로서 각각의 내용을 요약하면 다음과 같다.

2. '사유와 가치'의 고유성

유식

동아시아의 유식학은 8세기를 전후한 시기에 당과 신라의 유식학자들에 의해 만개하였다. 신라 출신 유식학자 중에는 원측, 경흥과 같이 중국 법상종의 주요 계보에 속하거나 그 사상을 적극적으로 수용한 이도 있고, 의적과 같이 보다 융합적이고 일승적인 견해를 개진한 이도 있었다. 또한 원효, 순경처럼 현장의 신유식 학설에 대해 비판적 입장을 지닌 이도 나왔다. 이처럼 신라에서는 다양한 사상적 관점이 혼재되어 나타났는데, 특히 의적이나 도륜, 태현에게서 보이는 성상융회性相融會의 강조는 유식학의 기본 관점을 견지하면서도 법성종 등 다른 계통의 이론을 포용한 것으로서 중국과는 대별되는 신라 유식의 특징이었다. 신라 유식학의 전통은 고려시대에도 이어졌고 조선시대에도 간혹 유식학의 기본 개념과 교리를 원용하는 사례를 볼 수 있다. 유식은 한국불교의 교학 전통 가운데 화엄과 함께 근간을 형성하였고, 통일신라시대의 교학적 융성은 중국과 대비되는 독특한 교리 이해 체계 구축과 사상적 발전을 가져왔다.

충의

동아시아의 전통적 충의 관념은 불교와 만나면서 상호작용을 일으켜 불교의 국가 진호와 국가의 불교 외호라는 두 측면으로 발전하였다. 신라에서는 불교 수용 후 불연국토설佛緣國土說이 대두하였고, 화랑의 예에서 보듯이 개인은 물론 조직이나 공동체가 국가에 공헌하고 불법을 생활화하는 세제불법世諦佛法의 형태로 구현되었다. 특히 세간과 출세간의 법을 조화시킨 원광의 세속오계世俗五戒는 충과 효를 바탕으로 한 유교와 불교의 공존 양상을 잘 보여준다. 불교식 충의 관념은 고려시대에도 지속되었는데 훈요십조訓要十條의 비보사탑裨補寺塔 관념, 대장경과 전쟁 승리의 기원 등은 국가의 안정과 백성의 위무를 불법의 근본정신으로 삼았음을 보여주는 사례이다. 조선시대의 의승군 활동도 충의 관념의 불교적 발현이었다.

하늘

불교 전래 이전의 하늘 관념은 중요한 종교적·정치적 역할을 담당하였다. 공동체는 하늘 관념을 통해 정체성을 확보하였고 위정자는 권력의 합법성을 획득하기도 하였다. 이에 비해 불교는 인간 삶을 주재하는 절대자를 인정하지 않았기에 재래의 종교 관념과 충돌하였다. 하지만 고대 한국인들은 재래의 하늘 관념을 버리지 않았고 인간의 윤리적 삶을 견인하는 장치로서 하늘 관념을 적극적으로 사유했다. 한편 행위에 대한 책임과 행위를 통한 운명의 개척을 뜻하는 불교의 업설을 통해 전통적 하늘 관념이 불교적 맥락 속으로 들어왔다. 고려의 제석신앙이나 조선의 칠성신앙 등은 불교와 유사 하늘 관념의 결합이 오랜 기간 지속되었음을 보여준다. 이는 도교나 신도가 그 역할을 했던 중국, 일본과는 달리 한국에서는 불교를 통해 재래의 하늘 관념이 존속하였음을 의미한다. 즉 고대의 하늘 관념과 그에 기반한 민간신앙은 불교 안에서 스스로의 공간을 확보하였고 불교는 다양한 종교문화를 포섭해 온 것이다.

3. '종교와 국가'의 고유성

제정일치

인도에서 불교는 출세간의 영역으로 존재하며 정치와 거리를 유지하였다. 동아시아에서는 통치이념의 수립을 위해 불교를 수용하였고, 중국에서는 불교가 국가 내지 황제 권력에 종속, 결탁되는 방향으로 전개되었다. 한국에서도 불교 수용 및 공인에는 정치적 요인이 작용하였는데, 특히 신라는 왕권 강화와 중앙집권적 통치 체제의 정비 과정에서 불교가 공인되었다. 당시 신라는 정교분리가 이루어진 상태였지만 시조묘 제사 등을 통해 천손 관념이 유지되었고 정치와 제사는 불가분의 관계였다. 불교는 전통적 무교신앙의 천天을 능가하는 고차원적 원리로 수용되었고 왕실의 신성함을 보장하는 기제로 활용되었다. 특히 전륜성왕설, 진종설眞種說 등은 왕권 강화를 위한 새로운 이념으로 등장하였다. 이후 불교는 무교의 신성한 공간과 제사 등의 기능을 이어받으면서 전통종교를 유연하게 포섭, 융합하였다. 특히 고려의 진전眞殿사원에서 보듯이 제사의 영역은 오랜 기간 불교가 담당하였다. 이는 출세간을 고수한 인도불교와도 다르며 유교와 충돌을 반복했던 중국불교와도 다른 한국불교의 고유한 특성이었다.

원력

신라의 불교신앙은 국가적 위기 극복과 개인적 수행, 가족의 안위를 기원하는 원력이 중심이 되었다. 왕실 및 학승, 귀족층을 중심으로 대승불교의 공과 회향의 관념에 기반하여 원력을 일으켰고 무속적 세계관의 한계를 극복하면서 종교적 소망을 달성하려 하였다. 또 향가를 통해 자신의 언어로 원력을 주체적으로 표현한 점은 특기할 만하다. 고려시대에도 불교를 통해 국가의 번영과 안정, 개인적 안온을 기원하였는데 이전에 비해 국가적 차원에서 원력이 발현되는 경향이 강하였다. 조선 초에도 사회 통합과 국왕의 심리적 안정을 추구한 원력의 사례가 보인다. 특히 조선 전기에 설행된 수륙재는 무주고혼을 달래기 위한 원래의 의미 외에도 선왕의 넋을 기리고 국가의 안위를 기원하는 행사로 치러졌다. 이처럼 한국불교사는 국가와 개인의 차원에서 원력을 중심으로 전개되었다고 할 수 있으며, 고려대장경의 조성 사례에서 보듯 개인과 국가의 원력이 상호작용을 일으키며 나타났다.

사전

한국에서 사전寺田의 위상은 불교의 부침과 맥을 같이하였다. 사전은 기본적으로 국가의 토지제도와 연동되어 있었는데, 삼국과 통일신라시대에는 사전 형성이 확인되지만 사전 지급 및 관리에 관한 규정은 남아 있지 않다. 고려시대에는 전시과가 정비되면서 사원도 국가로부터 수조지를 분급받았고 개별적으로 소유지를 확대해 나갔다. 고려 말에는 사원이 농장을 운영하고 대규모의 전지를 소유하였는데 조선 초의 억불정책으로 인해 사전은 급격히 감소하였다. 다만 왕실과 연계된 공인사원의 사전과 소유지로서의 사전은 계속 존재하였다. 17세기 중반 사전과 사원노비에 대한 마지막 환수 조치 이후 국가의 공식적 사전 분급은 더 이상 없었다. 한국의 사전 운영은 국가가 사원에 토지를 분급하고 토지의 사적 소유권을 전제로 사원이 소유지를 늘려갔다는 점에서 중국과 비슷한 양상을 보인다. 하지만 중국은 당 중기 이후 사원이 장원을 보유하고 사전 운영에 국가가 크게 개입하지 않았지만, 한국은 고려시대의 경우 사전이 철저히 국가 체제 안에 포함되어 전시과를 통해 관리되었다. 조선시대에는 사전이 축소되고 국가의 분급도 줄게 되지만 한국의 사전 운영은 국가 권력에 종속된 상태로 전개되었다는 점에서 중국, 일본과는 다른 독특한 양상을 보인다.

4. '문화와 교류'의 고유성

자장

7세기 중반 삼국 통일전쟁 시기에 활동한 자장은 당에 유학하여 계율학과 섭론학을 배워 왔다. 자장은 황룡사 9층 목탑을 비롯한 사리탑의 건립을 추진하였는데 이는 선덕여왕의 권위를 높이고 신라 사회를 통합하기 위한 것이었다. 그는 또 국가적 위기 상황에서 호국을 위한 외교적 노력도 기울였다. 무엇보다 자장의 중요한 업적은 한국불교의 교단 체제를 정립한 것이었다. 그는 대국통이 되어 황룡사를 중심으로 교단을 5부로 조직하고 감찰기구를 두었으며 지방 사찰에 대한 감독을 강화하였다. 또한 계율을 정비하여, 출가자를 대상으로 한 『사분율』 수계와 재가신도를 대상으로 한 『보살계본』 강연 및 보살계 수계를 설행하였다. 나아가 금강계단을 설치하고 황룡사 9층 목탑의 건립과 진신사리의 봉안을 주도하는 등 계율의 실천과 수계의식의 정비, 국가와의 밀접한 관계 속에서 교단 체제의 완성을 도모하였다. 자장은 중국 수대의 불교정책을 모델로 삼아 그 영향을 받기도 했지만, 교단의 조직과 운영, 승려와 일반인을 대상으로 한 수계의식의 정립 등 신라불교 발전의 구조적 토대를 닦은 인물이다.

변체한문

신라와 고려의 불교 금석문에 나타난 변체한문에는 '한국어의 어순'과 '한국어의 문법 형태 표기'가 반영되어 나타났다. 이는 공적 내용, 단순한 사실 기술, 어순의 혼용으로 특징지어지는 동 시기의 다른 변체한문과 구별되는 특성이다. 특히 신라시대 불교 변체한문은 한국어의 글쓰기에 가장 가까운 모습을 보여주며, 한국어 문장으로 개인의 심성을 표현하였다는 점에서 중요한 의미를 가진다. 신라에서 불교는 한자문화와 한문 이해의 심화에 기여하였고 높은 수준의 교학 저술이 찬술되었다. 한편 '방언', 즉 우리말로 된 경전 풀이와 이해가 시도되었는데 현재 전하는 17종의 불경 및 주석서가 우리말로 해석해 읽는 석독구결釋讀口訣 자료이다. 불교 관련 변체한문은 대개 자신의 마음을 간절히 표현하는 발원문이며 그렇기에 우리말 어순으로 된 우리글로 쓰인 것이다. 개인의 심성이나 정서를 우리말로 기록한 향가는 사실 신라 당대의 언어라기보다 고려시대의 국어를 반영하고 있다. 따라서 신라인의 말과 글로 개인적 심성과 종교적 희망을 표현한 불교 변체한문은 한국어 글쓰기의 첫 번째 사례로서 불교를 통한 어문학적 고유성의 창출임을 확인할 수 있다.

연등회 팔관회

중국에서 팔관회는 망자의 위령제 성격으로 실행되었고, 연등회는 기본적으로 부처의 탄생일을 기념하는 행사였다. 불교가 삼국에 전래된 후 팔관회와 연등회도 도입되었는데, 신라 진흥왕 때 처음 시행된 팔관회는 전쟁에서 죽은 호국영령을 위로하는 위령제의 성격을 가졌다. 고려시대에는 매년 음력 10월과 11월 보름에 서경과 개경에서 국가적 행사로 거행되었고 고유의 수확제와 결합하여 정기적 축제로 승화되었다. 고려의 국왕은 팔관회에서 산천 등의 토속신과 조상신에게 왕실의 번영과 백성의 안정을 기원하였는데 이는 제천의식과 토착 신앙이 불교의례와 접목된 것이었다.

연등회도 고려시대에 국가 의례로 실행되었는데 매년 1월 15일의 상원上元, 또는 2월 15일에 개경과 지방 중심지에서 동시에 열렸다. 각각 국왕과 왕실의 안녕과 국가의 번영을 기원하거나 지역의 안정 및 발전을 바라는 불교의식으로 성대하게 개최되었다. 한편 사월초파일 연등회는 13세기 이후 현재까지도 지속되고 있는데, 중국에서는 사월초파일 연등회가 사라졌고 일본은 우란분절인 7월 15일에 연등행사가 거행되어 온 점을 감안하면 한국만의 독특한 현상이라고 할 수 있다. 결국 새해의 소망과 농경의 풍요를 기원하고 망자의 왕생을 빌고 추수를 감사하는 봄의 연등회와 겨울의 팔관회 전통이 사월초파일 연등회로 귀결되어 오늘날까지 이어지고 있는 것이다.

5. 한국불교 '원형의 고유성'

한국불교가 갖는 원형의 고유성을 먼저 〈사유와 가치〉의 측면에서 접근해 보면, 고대의 토착 관념과 불교의 습합 및 융섭으로 정의할 수 있다. 이는 인도는 물론 중국과도 다른 한국적 토양을 전제한 것이며, 불교가 변형과 포섭을 통해 토착화의 길로 나아갔음을 의미한다.

'유식'에서는 통일신라시대의 융합·일승적 관점의 대두, 다른 여러 교학의 가르침을 포용한 성상융회의 강조라는 점에서 통합과 통섭이라는 한국불교 사상의 기본 특징을 확인할 수 있다. 이는 신유식 이론으로 정형화된 중국과는 달리 한국적 사유 경향이 유식교학에 표출되어 나타난 것이었다.

'충의'는 개인과 공동체, 세간과 출세간, 불교와 유교 등의 경계를 넘어 국왕의 안녕, 국가의 번영과 밀접하게 연동된 불교식 충의 관념의 통시적 전개에서 그 고유성을 찾을 수 있다. 왕권과 종교(불교)의 상생 및 공존은 신라 이래 고려, 조선까지 이어진 한국불교의 중요한 특성이었다.

'하늘'은 토착 종교와 재래의 하늘 관념을 배제하기보다 이를 업설을 통해 불교의 장場 안으로 끌어들였고, 불교를 매개로 공간을 확보한 전통적 하늘 관념이 조선시대까지 이어졌다는 점에서 포용적 종교 전통의 지속성을 엿볼 수 있다.

다음 〈종교와 국가〉 영역에서 한국불교의 고유성은 국가권력과 강하게 연동된 불교의 역사적 전개 양상에서 찾을 수 있다. 이는 중국이나 일본에 비해 훨씬 강고하게 또 지속적으로 나타난 현상으로서 한 왕조가 장기간 유지되었던 한국적 특수성에서 기인하는 현상이다.

'제정일치'에서는 한국의 경우 고대부터 불교가 왕권 강화와 통치 체제 정비에 활용되었고 한편으로는 토착 종교를 포섭하면서 특히 제사 기능을 승계해 왔다. 이는 유교, 도교와 충돌하며 역할을 나눠 가졌던 중국과는 다른 독특한 양상이었고 유교국가인 조선시대에도 사적 영역에서는 불교가 내세의 문제를 일정 부분 담당하였기에 통시적 관점에서 설명이 가능하다.

'원력'에서는 개인과 가족, 공동체와 국가의 안위를 기원하는 불교의 원력이 계층을 초월하여 전 시대에 걸쳐 지속된 사실에 주목하였다. 이는 대승불교의 이념에 기반하여 재래의 무속이 가진 한계를 극복한 것으로 자신의 언어로 원력을 주체적으로 표현하기도 하였다.

'사전'은 국가의 토지제도와 밀접히 연동되어 있었고 불교의 시대별 위상에 따라 그 규모나 운영방식이 달라졌다. 국가의 토지 분급과 사적 토지 소유를 전제로 한다는 점에서 중국과 유사하기도 하지만 장기간에 걸쳐 국가 체제에 편입되어 사전이 관리, 운영된 것은 한국만의 독특한 현상이었다.

마지막 〈문화와 교류〉의 관점에서 한국불교의 고유성을 도출해 보면, 동아시아 차원에서의 중국 문화 수용과 주체적 변용, 그에 따른 자국화, 내재화의 과정으로 요약할 수 있다.

'자장'은 한국불교의 교단 체제를 정립하였고 특히 계율을 정비하여 수계의식 및 승단 운영을 체계화시켰다. 국가와 교단이 긴밀한 관계를 가지고 국가 체제 안에 불교가 연동된 것도 자장에 의해 그 초석이 놓여진 것이다. 그는 중국의 불교정책과 인프라를 도입하면서도 신라불교의 구조적 토대를 닦았다는 점에서 역사적 의미를 가진다.

'변체한문'에서는 한국어의 어순과 문법 형태로 표기한 기록이 주로 불교 금석문에 보이며 개인의 심성과 종교적 희망이 우리식 문장으로 처음 표현되었음을 밝혔다. 이는 불교를 통한 한자문화와 한문 이해의 심화, 교학저술의 찬술 등과 아울러 획기적인 문화사적 사건이자 어문학적 고유성이 드러난 사례이다.

'연등회·팔관회'는 중국에서 들어왔지만 호국영령의 위령, 제천의식 및 토착 신앙과의 습합, 세시절기와 농경의례와의 결합, 고려시대 국가의례로서의 거국적 설행, 사월초파일 연등회의 지속 등은 한국적 고유성을 설명하기에 충분한 대표적 예이다.

이처럼 한국불교의 고유성은 인도는 물론 중국과도 다른 독특한 원형의 형성과 장기지속의 내재적 전개라는 점에서 그 특징을 찾아볼 수 있다. 이는 불교 수용 이전에 존재하였던 토착적 원형과의 융섭, 국가권력과의 강한 연대와 상호 공생, 중국 문화의 수용과 자국적 변용으로 요약된다. 또한 독선과 배제, 갈등과 대립, 타율적 이식과 정체停滯 등과는 대비되는 개념으로 포용과 융화, 절충과 조화, 주체적 수용과 발전이라는 키워드로 설명할 수 있다. 향후 2년차, 3년차 연구의 집성을 통해 한국불교 '원형의 고유성'에 대한 종합적 결론을 도출하여 한국성에 관한 새로운 담론을 생성하고자 한다.

제1부

사유와 가치

유식

충의

하늘

유식 唯識

박인석

I. 중국의 유식학

    유식학이란/ 중국 유식학파의 성립

II. 삼국시대와 통일신라의 유식학

    삼국시대 유식학의 도입/ 통일신라 유식학의 융성

III. 고려의 유식학

    신라 유식학 전통의 계승/ 유식학풍의 쇠퇴

■ 한국 유식과 보편성의 추구

I. 중국의 유식학

유식학이란

유식학唯識學이란 중관학과 더불어 인도 대승불교의 2대 사조 가운데 하나다. 이 학파에서는 일체 만법이 식識을 떠나 존재하지 않음을 가장 중요한 교리로서 역설하기 때문에 만법은 '오직 식일 뿐이다(唯識)'라는 의미에서 '유식'이라고 이름하는 것이다. 그러나 유식학의 이론적 바탕이 되는 식識 역시 용수龍樹가 강조했던 공空 사상에 입각해 있다는 점을 잊어서는 안 된다. 다시 말해 식이란 불교의 전통적 입장에서와 마찬가지로 언제나 감각기관(根)·감각대상(境)·인식작용(識)의 세 가지가 만나서 일어나는 하나의 연기緣起적 활동이므로, 만법은 '오직 식일 뿐이다'라는 표명 역시 만법의 발생을 식의 활동을 통해 설명해 가려는 이들 학파의 핵심적 교리를 압축한 주장으로 봐야 하는 것이다.

유식학을 창시한 이들은 전통적으로 유가사瑜伽師(Yogācāra)라고 불리는데, 이는 바로 '요가(Yoga)의 수행' 혹은 '요가 수행자' 등을 의미한다. 요가란 인도철학 전반에 걸쳐 사용되는 용어이지만, 불교 내부에서는 어떤 특정한 학파를 가리키는 것으로 이해될 수 있다. 가령 이들 불교 내부의 요가 수행자들이 그들의 이론과 수행을 집대성한 논서 가운데 가장 대표적인 것이 바로 『유가사지론瑜伽師地論(Yogācārabhūmi)』인데, 이는 『십칠지론十七地論』이라고도 불리는 것으로, 기존의 모든 불교수행을 17단계(地)로 분류한 뒤 포괄적으로 재편한 문헌이다. 이들 유식학파의 요가 수행자들이 기존의 불교 수행자들과 차별되는 점은 수행의 측면에서는 유식관唯識觀이며, 이론의 측면에서는 팔식설八識說과 삼성설三性說 등이다. 이들 내용을 간략히 살펴보자.

먼저 유식관에 대해서는 유식학파의 소의경전 가운데 하나인 『해심밀경』「분별유가품分別瑜伽品」의 내용이 가장 대표적이다. 이 품에는 불교의 수행법 가운데 하나인 위빠사나(觀) 수행을 할 때 수행자에게 나타난 영상影像과 식識의 관계를 따져보는 내용이 있는데, 이에 대해 세존은 "내가 말한 식의 인식 대상은 오직 식에 의해 현현한 것이다."라고 하여, 선정 중에 나타난 영상들이 수행자 자신의 식에 의해 나타난 것임을 천명하고 있다. 유식학파의 수행자들은 이러한 선정 체험에 입각하여, 일상의 세계 역시 식과 더불어 존재하는 것임을 입증하고자 하였다.

다음으로 유식학의 식識 이론은 팔식설八識說로 대변된다. 초기 불교의 식 이론이 육식설六識說에 의거하여 전개된 반면, 유식학에서는 앞의 여섯 가지 식에다 제7식, 제8식을 더한 여덟 가지 식을 통해 인간의 의식뿐 아니라 세계의 존재를 설명하고 있다. 특히 제8식인 아뢰야식阿賴耶識(Ālayavijñāna)*은 이숙식異熟識·일체종자식一切種子識 등의 다른 이름을 가지고 있으며, 윤회의 소의所依로서의 역할뿐 아니라 미망의 세계에서 해탈의 세계로 전환되는 전의轉依의 기반으로서의 역할 역시 담당하게 된다. 특히 중국 법상종의 소의 논서인 『성유식론成唯識論』에 따르면, 이는 '식만 있다(唯識)'고 주장하는 유식학파에서 아我나 법法과 같은 이름을 사용할 수 있는 철학적 근거로서 더욱 주목되기도 했다.

---

* 필자는 본 연구에서 이뢰야식과 아리야식을 구분하여 사용하였다. 즉 아뢰야식은 유식학의 제8식의 의미를, 아리야식은 여래장 계통의 진망화합식의 의미를 가리키고 있다.

유식학의 삼성설은 중관학의 이제설二諦說과 대비되는 이 학파의 고유한 학설로서, 특히 『해심밀경』에서 자세히 설해지고 있다. 중관학의 이제설이 진제眞諦와 속제俗諦의 두 가지 관점에 의거하여 그들의 진리관을 전개하는 것에 비해, 유식학에서는 의타기성依他起性의 식識을 가운데 두고 이러한 의타기의 사태(事)에 대해 실체적인 사고방식으로 접근할 때 드러나는 세계를 변계소집성遍計所執性으로 규정하고, 의타기의 사태를 있는 그대로 볼 때 드러나는 세계를 원성실성圓成實性으로 규정하고 있다. 더 나아가 『해심밀경』에서는 이러한 삼성설에 대해 삼무성설三無性說을 설하여, 삼성설을 실체화시키려는 가능성을 곧장 차단하고 있다.[1]

중국 유식학파의 성립

지론종地論宗과 섭론종攝論宗은 남북조南北朝 시기(420~589)에 형성된 중국불교의 유식학파이다. 중국불교는 인도불교의 경론들을 대량으로 수입하여 번역함으로써 발전하였는데, 지론종과 섭론종 역시 마찬가지이다. 중국에서는 400년대 전반에서부터 여래장사상이나 유식사상을 담은 경론들이 번역되기 시작하였고, 남북조 시기에 이르러서는 북조의 보리유지菩提流支(?~527) 등에 의해 『십지경론十地經論』이 한역되어 무착無着·세친世親의 유식교학이 중국에 처음 소개되었다. 특히 아리야식阿梨耶識에 대한 교설을 담고 있던 『십지경론』의 연구에 기반하여 북조에는 지론종이 성립되었다. 남조에서는 진제眞諦(499~569)에 의해 미륵彌勒·무착·세친 등이 지은 유식학 문헌들이 다수 번역되었는데, 이 중

---

1 平川彰·梶山雄一·高崎直道 編, 李萬 譯, 『唯識思想』(서울: 경서원, 2005)

진제가 번역한 세친의 『섭대승론석攝大乘論釋』에 의거하여 섭론종이 성립되었다.

북조의 지론종은 남도파와 북도파의 두 가지 흐름이 있다. 이들의 이론적 분기점은 일체법의 의지처에 대한 견해의 차이에서 비롯되는데, 일체법의 의지처에 대해 북도파에서는 아리야식을 거론하고 있고, 남도파에서는 진여법성眞如法性을 거론하고 있다. 그런데 북도파에서 근본으로 삼는 아리야식 이론은 남조 섭론종의 마음 이론과 상통하는 면이 있어 섭론종의 세력이 북쪽에 이른 이후 북도파는 결국 섭론종으로 합해지게 된다. 지론종 북도파를 대표하는 인물은 보리유지에게서 법을 전해 받은 도총道寵이고, 남도파를 대표하는 인물은 늑나마제勒那摩提의 법을 전해 받은 혜광慧光이다. 남도파는 혜광 이후 법상法上과 그의 제자인 정영사淨影寺 혜원慧遠으로 이어진다. 이 파는 수 · 당까지 계속 전승되었으나, 후에 화엄종華嚴宗에 융합된다.

남조의 섭론종은 앞서 말한 것처럼 진제가 번역한 『섭대승론』에 근거하고 있는데, 이는 후에 현장이 새로 번역한 『섭대승론』과 차이 나는 부분이 많아 신역과 구역의 논쟁이 벌어지는 계기를 제공하기도 했다. 진제의 학설에 근거한 섭론종의 이론적 특징은 크게 두 가지를 들 수 있다. 첫째는 유식학에서는 일반적으로 여덟 가지 식을 설하는 반면, 진제는 제팔식 외에 제구식인 아마라식阿摩羅識(無垢識)을 건립한 점이다. 둘째는 삼성설에 관한 것으로, 진제는 의타기성의 중점을 염오染汚에 두고 의타기성과 변계소집성은 동일한 것이므로 최후에는 마땅히 단멸斷滅시켜야 한다고 생각했다는 점이다.[2] 섭론종의 계보로는 진제 문하

---

2 呂澂, 각소 역, 『중국불교학강의』 (서울: 민족사, 1992), pp.230~231

의 혜개慧愷·법태法泰 등과, 북지의 폐불을 피해 남지로 내려와『섭대승론』을 연구한 뒤 다시 북지로 가서 이를 전파한 담천曇遷(542~607) 등이 있다. 섭론종은 후에 현장의 신역 경론이 출현함과 더불어 쇠퇴하게 된다.

법상종法相宗은 당唐에서 현장玄奘(600~664)의 신역 경전과 함께 형성된 유식학파이다. 현장은 특히『유가사지론』을 배우고자 인도로 유학하여 당시 나란다사에 있던 계현戒賢(529~645)에게서 유식학을 전수받은 뒤, 645년에 대량의 인도불교 경론을 가지고 귀국한다. 이후 그는 장안에서 대규모의 불경 번역 사업을 벌이는데, 이 과정에서 세친의『유식삼십송唯識三十頌』에 대해 호법의 학설을 중심으로 인도 유식 10대 논사의 학설들을 편집하여『성유식론』이 번역된다. 이 논서에 의거하여 중국 법상종이 성립된다.

법상종은 현장에 의해 시작되었지만, 실질적인 창종인은 그의 제자인 규기窺基(632~682)이다. 규기 이후 법상종은 그의 제자인 혜소慧沼(650~714)와 혜소의 제자인 지주智周(668~723)로 이어지지만, 종파의 세력이 점차 쇠약해져 나중에는 전승이 불분명하게 되었다. 그런데 종파로서의 법상종은 그 전승이 불분명해진 측면이 강하지만, 유식학의 전승은 중국불교의 흐름 내에서 면면히 이어지는 것으로 확인된다. 한편 신라 출신의 원측圓測(613~696)은 현장이 당에 돌아오기 이전에 이미 구유식을 습득하였고, 현장이 귀국한 이후에는 그로부터 신유식을 익힌 인물로서, 규기와 더불어 법상종의 양대 학파를 대표한다.

법상종의 주요 이론 가운데 식識에 대한 관점 및 오성각별설五姓各別說을 살펴보자. 법상종의 식설은 앞서 소개한 지론종 및 섭론종과 대비되는 것으로, 팔식설로 정형화되었다.『성유식론』의 핵심적인 논의는

『유식삼십송』의 전체 종지인 제1송의 3구, 즉 "가假에 의거하여 아我와 법法을 설하므로, 갖가지 모습들이 일어난다. 그것은 식의 전변활동에 근거한다."라는 문구에 집중되어 있다. 여기서 전변활동의 주체인 능변식能變識이 바로 제8식, 제7식, 그리고 전6식이다. 이 문헌에서는 식에 대한 논의 가운데서도 제8식에 대한 것이 가장 상세한데, 법상종에서 설하는 제8식인 아뢰야식은 진眞과 망妄의 기준으로 본다면 허망한 것에 속한다. 이 아뢰야식은 아라한의 지위에서 그 명칭이 버려지며, 전의를 이룬 뒤에는 무구식無垢識으로 명명된다. 법상종에서의 무구식은 제8식의 무루정분無漏淨分을 가리키는 것으로, 진제가 제8식과 별도로 제9식을 건립한 것과는 구별된다.

그런데 여기서 주목할 점은 식識에 대한 논의의 초점이 바로 우리가 아我라든지 법法이라든지 하는 말을 사용할 수 있는 근거가 식과 분리되어 존재하는 것으로 간주되는 외경外境에 있는 것이 아니라 식의 전변활동에 있음을 입증하는 데 있다는 점이다. 이 점은 법상종을 대표하는 교학자 규기가 쓴 『성유식론술기』에서 곧장 확인할 수 있다. 한편 규기는 『성유식론』을 불교논리학, 곧 인명因明의 방법론에 근거하여 주석해 가는데, 인명 역시 법상종의 성립과 더불어 매우 성행하게 되는 학문이다. 인명학은 일반적인 논리학뿐만 아니라 지각(現量)이나 추리(比量)와 같은 인식론의 문제 역시 다루고 있기 때문에 특히 유식학과 더불어 긴밀하게 발전하였다. 현장의 신역 경론 가운데는 인명과 관련된 논서가 두 종류 포함되어 있는데, 당과 신라의 많은 불교학자들이 인명에 대한 주석서를 남겼다. 그러나 인명에 대한 연구 역시 법상종의 쇠퇴와 더불어 그리 오랫동안 지속되지는 못했다.

다음으로 법상종의 이론 가운데 가장 논란이 분분했던 것이 바로 오성각별설이다. 이는 종성種姓에 따라 불도를 증득하는 궁극적인 경지가 각기 달라진다는 의미를 담고 있다. 다시 말해 성문聲聞·연각緣覺·보살菩薩의 세 종성은 이미 획득할 수 있는 경지가 결정되어 있고, 부정종성은 아직 그런 것이 결정되지 않으며, 무종성은 성불의 가능성이 차단된 존재라는 것이다. 이는 크게 두 가지 논쟁을 촉발시켰다. 첫 번째는 성불의 가능성이 완전히 배제된 무종성의 성불 가능성에 대한 문제이고, 두 번째는 성문·연각 이승의 성불 가능성에 대한 문제이다. 현장 이후의 당과 신라 불교계에는 이 두 가지 문제를 둘러싼 여러 가지 대립되는 견해들이 속속 등장하였다. 그러나 이 문제가 지나치게 크게 부각됨으로 인해 법상종 이론에 대한 보다 다양하고 심도 있는 접근이 가로막히기도 하였다.

Ⅱ. 삼국시대와 통일신라의 유식학

삼국시대 유식학의 도입

중국 유식학파의 전개 과정과 맞물려 삼국시대에는 지론종과 섭론종이 수입된다. 『해동고승전海東高僧傳』에 따르면, 고구려 평원왕(559~591) 때 대승상大丞上 왕고덕王高德이 승려 의연義淵을 중국 지론종의 법상에게 보내 질문한 내용 가운데 『십지경론』의 번역에 관한 부분이 나오는데, 이 자료가 삼국시대의 지론학과 관련되어 유일하게 구체적인 것이다. 그러나 후대 통일신라 초기의 불교학에 지론학의 영향이 강하게 나타나므로 삼국시대에 이미 지론학에 대한 이해가 상당했을 것으로 추정

되고 있다.³

섭론학과 관련해서 신라의 원광圓光은 남조의 진陳에 유학하면서 『성실론』· 『열반경』 등을 배운 뒤, 수隋가 중국을 통일한 589년에는 장안長安으로 가서 섭론학을 배웠고, 신라의 자장慈藏(610~654) 역시 당唐 초기에 장안에서 섭론학을 배웠다. 더 나아가 백제 불교계의 섭론학 수용에 대한 연구 역시 현재 진행되고 있다.⁴ 이처럼 지론종과 섭론종에 대한 연구는 법상종 출현 이전 중국불교의 유식사상을 파악하는 데 있어서도 중요할 뿐 아니라, 삼국시대 불교계의 교학 연구와 관련해서도 심도 있게 연구되어야 할 분야로 생각된다.

이후 신역 경론의 등장과 함께 중국에서 법상종이 성립되며, 이 시기를 전후하여 많은 신라 승려들이 당과의 관계 속에서 유식학을 연구하게 된다. 이들 가운데는 당으로 유학 가서 평생 그곳에서 활동한 인물도 있고, 신라로 다시 귀국한 인물도 있으며, 신라를 떠나지 않은 채 유식학을 연구한 인물도 있다. 신라의 유식학은 7세기 중반에서부터 8세기 중반에 이르는 100여 년의 시기에 크게 발전하지만, 그 이후는 두드러지지 않는다. 그러므로 이후 통일신라의 유식학과 관련해서는 주로 7세기 중반 이후 약 100여 년에 걸쳐 활동했던 대표적인 학자들을 인물별로 뽑아 그들의 생애와 유식학적 입장 등을 소개하고자 한다.

---

3 최연식, 「백제 후기의 불교학의 전개과정」, 『불교학연구』 제28호 (서울: 불교학연구회, 2011), pp.206~207
4 최연식, 위의 논문, p.212

통일신라 유식학의 융성

원측

원측圓測(613~696)은 7세기 동아시아 불교를 대표하는 유식학자 가운데 한 사람이다. 그의 전기를 전하는 자료 가운데 송복宋復이 지은 「대주서명사고대덕원측법사불사리탑명병서大周西明寺故大德圓測法師佛舍利塔銘幷序」(1115년)에 따르면, 그의 휘諱는 문아文雅이고 자는 원측圓測이다. 신라 국왕의 자손으로 15세에 중국에 유학하여 경사京師의 법상法常(567~645)과 승변僧辯(568~642) 두 법사에게서 강론을 들었다. 정관正觀 연간(627~649)에는 원법사元法寺에 머물면서 『비담론』·『성실론』·『구사론』·『대비바사론』 등을 열람하였다. 645년 현장이 귀국한 이후에 한 번 만나보고 마음이 서로 잘 맞았다고 하며, 현장이 그에게 『유가사지론』·『성유식론』 등을 주었을 때 이에 대해서도 금방 통달했다고 한다. 후에 원측은 왕명으로 서명사西明寺의 대덕이 되었고, 여기서 『성유식론』을 강의하기도 하였다. 일조日照(613~687) 삼장이 『밀엄경』 등을 번역할 때는 원측이 이를 주도하기도 했으며, 미처 완성하지는 못했지만 신역 『화엄경』의 번역에도 참여하였다.

원측은 상당히 많은 주석서를 저술한 것으로 알려져 있다. 유식 관련 저술로는 『해심밀경소解深密經疏』 10권, 『이십유식론소二十唯識論疏』 2권, 『성유식론소成唯識論疏』 10권 및 『별장別章』, 『관소연연론소觀所緣緣論疏』 2권, 『대인명론기大因明論記』 2권 등이 있었지만, 이 중 『해심밀경소』만 현존한다. 이외에 그의 저술 가운데 『인왕경소仁王經疏』 3권, 『반야바라밀다심경찬般若波羅蜜多心經贊』 1권이 현존한다. 이 두 문헌은 반야부 계통에 속하는 것으로 알려져 있지만, 주석의 내용은 모두 유식학에 입각

해 있다.[5]

원측에 대한 현대의 연구는 그가 진제眞諦 계통의 학설을 중시하였고, 신역과 구역을 조화시키려고 했으며, 법상종의 오성각별설五姓各別說에 대해 일체개성설一切皆成說을 주장한 인물이라는 점이 주로 논의되어 왔다.[6] 이와 같은 연구는 20세기 초 일본에서 먼저 시작되었는데, 근래에 이런 주장들에 대한 보다 객관적이고 비판적인 연구 결과들이 지속적으로 나타나고 있다.

먼저 원측의 현존하는 문헌인『해심밀경소』나『인왕경소』등을 살펴보면, 그 속에는 진제의 학설이 상당히 많이 등장한다. 그러므로 단지 이러한 현상에만 주목하면 원측이 진제의 학설에 많은 영향을 받았다고 볼 수도 있겠지만, 진제의 학설을 인용하는 원측의 태도를 보다 상세하게 검토한다면, 오히려 많은 경우에 있어 진제의 학설을 비판적으로 검토하고 있음을 알 수 있다. 원측이 진제의 학설을 많이 인용하는 이유는 경론 주석가로서의 원측의 태도에서 찾아야 할 것이다. 경론 주석가들은 일반적으로 기존의 주석서들의 입장을 먼저 소개하고 이에 대해 종합적인 판단을 내리는 경우가 많은데, 진제의 견해를 인용하는 것 역시 이러한 관점에서 보는 것이 적절하다고 생각된다. 근래의 연구에 따르면, 원측은 현장 계통의 신역의 입장에 서서 진제의 견해를 비판적으로 바라보고 있다는 점이 점차 밝혀지고 있다.

다음으로 원측이 오성각별설과 일체개성설 가운데 어떤 입장에 서 있는가에 대해서는 최근까지도 논란을 불러일으키고 있는데, 최근의 연

---

5 원측, 백진순 옮김,『인왕경소』(서울: 동국대학교출판부, 2010), pp.7~9
6 한국유학생인도학불교학연구회 엮음,『일본의 한국불교 연구동향』(합천: 장경각, 2001), p.100

구에 따르면 원측 역시 규기와 마찬가지로 오성각별설의 입장에 서 있지만, 그것에 대한 강조점이 서로 달라서 원측을 일체개성설을 주장하는 인물로 간주하게 되었다는 견해가 있다. 이를 소개하면 다음과 같다.

원측은 현장의 귀국 이전에 이미 구유식을 습득하였고 현장이 귀국한 뒤에는 신유식을 새로 익혔으며, 오종성과 관련해서도 현장의 역장에서 영윤靈潤과 신태神泰 간에 벌어진 무성無姓과 관련된 논쟁을 겪었기 때문에, 자신의 오종성설에 있어서는 무성에 대한 논의보다는 일승一乘과 삼승三乘의 관계에 근거한 부정종성不定種姓에 대한 논의에 보다 집중하는 경향이 강하다는 것이다. 즉 일체개성一切皆成의 논의가 현실적 수행의 필요성을 감퇴시키는 문제를 지닐 수 있는 것처럼, 무성에 대한 논의 역시 마찬가지의 문제를 내포할 수 있기 때문에, 원측은 무성에 대한 양극단적인 논의보다는 『해심밀경』에서 제기한 일승과 관계된 부정종성의 문제를 해명하는 데 더 주력했다는 것이다. 또한 이런 측면에서 원측이 일승에 입각하여 일체개성을 주장한 인물로 오해될 소지가 많았다고 보는 것이다.[7]

그런데 종성론이 원측의 사상 체계 내에서 차지하는 위상에 대한 검토가 부족한 상황에서 이 문제가 지나치게 부각됨으로써, 원측의 유식학에 대한 연구를 이 문제에만 과도하게 국한시키는 결과를 가져왔다고 생각된다. 그러므로 원측의 현존하는 문헌에 대한 보다 종합적인 연구를 통해 그의 유식사상을 해명해야 할 필요성은 여전히 크다고 본다. 예

---

7 吉村誠, 「唐初期における五姓各別說について」, 『日本佛敎學會年報』 65號 (京都: 日本佛敎學會, 2000). 吉村誠은 원측이 一乘과 三乘의 관계를 해명함에 있어 定姓二乘보다 不定種姓을 비교적 자세히 설명하고 있다는 점에 근거하여 원측의 특징을 규정하고 있지만, 이 점에 대해서는 단지 분량보다는 교학적 쟁점에 근거해서 접근할 필요가 있다고 생각된다.

를 들어 원측의 『해심밀경소』나 『인왕경소』의 앞부분에는 본격적인 경문 해석에 앞서 각 문헌들에 대해 포괄적인 설명을 제시하는 부분이 있는데, 이 중에서도 종체宗體의 문제가 가장 핵심적인 논의로 제시된다. 종체宗體란 '소전所詮의 종지宗旨'와 '능전能詮의 교체教體'를 가리키는 것이다. 능전의 교체를 설명하는 부분에서는 경의 궁극적인 종지를 전달하는 언어적 수단에 대한 법상종 학자로서의 원측의 전문적인 견해가 담겨 있으며, 소전의 종지를 설명하는 부분에서는 언어적 수단에 의해 드러나는 궁극의 이치에 대한 그의 견해가 잘 드러난다.[8] 그러므로 원측에 대한 연구는 그가 중시하던 문제에 입각해서 보다 체계적으로 연구되어야 할 것으로 보인다.

의적

의적義寂에 대해 『삼국유사』 권3의 「의상전교義湘傳教」에서는 그를 의상義湘(625~702)의 열 명의 제자 가운데 한 사람으로 기재하고 있고, 균여均如(923~973)의 『석화엄교분기원통초釋華嚴教分記圓通鈔』에는 의적이 의상에게서 받은 가르침의 구체적인 내용이 적혀 있다. 반면 일본 천태종의 안연安然(841~?)이 지은 『교시쟁론教時諍論』에는 의적을 '삼장문인 三藏門人' 곧 현장玄奘의 문인으로 기재하고 있으며, 의적이 "『의림장義林章』 12권을 지어 규기의 『법원의림장法苑義林章』을 논파하였다."라고 적고 있다. 오늘날에는 의적을 화엄사상가라기보다는 법상종의 인물로 봐야 한다는 견해가 제기되고 있으며, 더 나아가 일본에서는 의적의 저술로 여겨진 『대승의림장』의 인용문들을 통해 법상종 사상가로서의 의

---

8 백진순, 「教體論에 나타난 圓測과 窺基의 언어관」, 『伽山學報』 11집 (서울: 伽山佛教文化研究院, 2003)

적의 사상을 연구하고 있다.

의적의 저술은 대략 26종 정도가 있었다고 전해진다. 그 중 유식학 관련 저술로는 『성유식론미상결成唯識論未詳決』, 『백법론총술百法論總述』, 『백법론주百法論注』, 『대승의림장大乘義林章』 등이 있지만 현존하지는 않는다. 현존하는 문헌으로는 『보살계본소菩薩戒本疏』, 『법화경론술기法華經論述記』 권상, 『법화경집험기法華經集驗記』가 있고, 『무량수경술의기無量壽經述義記』가 최근 발견되었다.

여기서는 『대승의림장』 인용문들에 대한 연구를 통해 의적의 유식사상을 간략히 소개하고자 한다. 먼저 의적은 규기가 삼승의 차별을 부정한 『법화경』을 방편설로 간주하는 것에 대해 『법화경』 역시 진실설임을 주장하고 있다. 또한 『해심밀경』에서 설하는 삼전법륜三轉法輪 가운데 『반야경』이 두 번째 시기의 가르침이라는 법상종의 일반적인 견해에 대해 의적은 『반야경』 역시 가장 높은 단계인 세 번째 시기의 가르침이라고 파악하고 있다. 이러한 의적의 사상은 법상종의 주류로 간주되는 규기의 견해와 비교할 때 융합적인 성격과 더불어 보다 일승一乘적인 성격을 지니는 것으로 평가된다. 이런 측면에서 의적의 유식사상은 신라 유식학의 흐름에서 볼 때 원효, 태현 등과 매우 상통되는 사상 경향을 지닌 것으로 간주되며, 따라서 신라 유식학설의 전개에 있어 매우 중요한 역할을 담당했던 것으로 보인다.[9]

순경

『송고승전』에 따르면, 순경順璟은 현장 문하에서 인명因明을 정밀하게

---

9 최연식, 「義寂의 思想傾向과 海東法相宗에서의 위상」, 『불교학연구』 제6호 (서울; 불교학연구회, 2003)

수학하였고, 신라로 귀국한 뒤에는 현장이 세운 유식 비량比量의 삼지작법이 지닌 문제점을 지적하며 새로운 삼지작법을 규기에게 보낸 인물이다. 특히 비량과 관련된 내용은 현장의 제자인 규기의『인명입정리론소因明入正理論疏』에도 자세히 기재되어 있다. 또한 순경은 고행을 뜻하는 두타행을 실천하였고, 당에서 쌓은 학문을 신라에 전파한 인물로서, 해외에서는 독보적인 존재로 칭해졌다고 한다. 그의 유식과 인명 관련 저술로『성유식론요간成唯識論料簡』1권,『인명입정리론초因明入正理論抄』1권 등이 있었다고 하는데, 현재 전해지지는 않는다.

현장이 세운 유식 비량은 그가 인도에서 귀국할 당시 열린 무차대회無遮大會에서 건립한 것으로 전해지는데, 순경은 현장의 삼지작법에 결정상위決定相違의 과실이 있음을 지적했다고 한다. 결정상위란 인명의 오류론 가운데 이유 명제인 인因에서 발생하는 여섯 가지 부정不定의 과실 가운데 하나이다. 즉 이는 입론자와 대론자가 각기 서로 상위하는 주장(宗)을 건립하였지만, 양자가 세운 이유가 모두 인因의 삼상三相을 갖추고 있기 때문에, 건립된 주장 자체가 옳은 것인지 그른 것인지를 결정하지 못하게 되는 오류를 가리킨다. 규기는 비록 순경의 반론이 타당하다고 보지는 않았지만, 그에 대해서는 매우 높이 평가하였다.

한편 일본의 선주善珠(724~797)의 기록에 따르면, 순경이 세운 삼지작법은 원래는 원효가 지은 것이라고 한다. 다시 말해 순경은 당에서 현장의 유식 비량을 배운 뒤, 신라로 돌아와 이를 소개했는데, 원효가 이에 대해 결정상위의 과실을 지적하자, 결국 순경이 이 문제를 당에 보내어 해결했다는 것이다.[10] 현장의 비량이 지닌 오류를 지적한 것이 누구인가

---

10 김상현,『신라의 사상과 문화』(서울: 일지사, 1999), pp.315~320. 원효의 인명 관련 저술인『판비량론判比量論』은 20세기 들어 잔간이 발견되었는데, 이 중 현장의

하는 점에 있어서 이견이 있긴 하지만, 순경이나 원효 모두 당시 유식학의 발전과 더불어 유행하던 인명 연구에 있어 매우 선구적인 역할을 했음은 분명하다. 규기의 『성유식론술기』의 많은 주석 내용들이 종宗·인因·유喩의 삼지작법으로 구성되어 있는 것으로 볼 때, 인명은 당시 당과 신라의 유식학자들에게 기본적인 학문의 방법론으로 정착된 것으로 보인다. 이러한 흔적들은 8세기 중반에 활동했던 태현의 『성유식론학기』에도 나타나는데, 태현 역시 인명의 방법에 근거하여 다양한 문제점들을 제기하는 것이다. 따라서 신라 유식학의 면모를 보다 입체적으로 파악하기 위해서는 이 시기의 인명학에 대한 연구가 크게 필요하다고 생각된다.

경흥

경흥憬興의 생애를 전하는 자료로는 『삼국유사』 권5에 수록된 「경흥우성憬興遇聖」이 유일하다. 이에 따르면, 그의 성은 수水씨이고 웅천주熊川州(지금의 공주) 사람이다. 18세에 출가하여 삼장에 통달하니 당시 명망이 높았다고 한다.

개요開耀 원년(681) 문무왕文武王이 승하하면서 신문왕神文王(재위 681~692)에게 경흥을 국사로 삼을 것을 명하자, 신문왕이 즉위한 뒤 그를 국로國老로 삼았다고 한다. 이외에도 『삼국유사』는 경흥과 관련된 두 가지 일화를 전한다. 현대의 연구에 따르면, 경흥은 620년 전후로 출생

유식 비량을 비판하는 비량이 나온다. 이에 대해서는 김성철, 『원효의 판비량론 기초 연구』(서울: 지식산업사, 2003) 참조. 한편 도륜의 『유가론기』에도 현장의 유식 비량을 비판하는 비량을 지은 이로 원효를 거론하고 있다.

하였고 출가할 당시는 백제불교의 영향 아래 있었으며,[11] 8세기 초반까지 활동한 것으로 추정되고 있다.[12]

경흥은 매우 많은 저술을 남긴 인물로서, 여러 가지 목록에 따르면 그에게는 40여 종이 넘는 저술이 있었다. 그 중 유식학과 관련된 저술이 많은 비중을 차지하는데, 『해심밀경소解深密經疏』, 『유가석론기瑜伽釋論記』 36권, 『현양론소顯揚論疏』 8권, 『성유식론폄량成唯識論貶量』 8권, 『대인명론의초大因明論義抄』 1권 등으로, 이 중 현존하는 문헌은 없다. 다만 『무량수경연의술문찬無量壽經連義述文贊』 3권, 『삼미륵경소三彌勒經疏』 1권, 『금광명최승왕경약찬金光明最勝王經略贊』 5권만이 현존한다.

그의 유식학에 대한 관점은 현존하는 문헌에 대한 분석을 통해서 접근할 수 있는데, 그 중 『무량수경연의술문찬』에 대한 연구에 따르면, 경흥의 정토관은 중국 법상종의 유식사상의 영향을 많이 받았다고 한다. 이는 경흥이 중국 법상종의 소의 경론 가운데 하나인 『불지경론佛地經論』에 근거하여 『무량수경』의 체제와 오지설五智說 등을 정립한 점, 전법대중(轉機)의 이름을 나열할 때 주로 규기의 『묘법연화경현찬妙法蓮華經玄贊』을 인용한 점, 그리고 정성이승定姓二乘과 부정이승不定二乘에 대한 설명을 중국 법상종의 오성각별설에 의거한 점 등에 근거하고 있다.[13]

---

11 韓泰植, 「憬興의 生涯에 관한 再考察」, 『불교학보』 28호 (서울: 동국대학교 불교문화연구원, 1991); 金亮淳, 「憬興의 『無量壽經連義述文贊』 硏究」 (성남: 한국학중앙연구원 한국학대학원 박사학위 논문, 2008)
12 박광연, 「新羅 憬興의 法華經觀과 淨土觀」, 『회당학보』 제15집 (서울: 회당학회, 2010). 이는 경흥이 『금광명최승왕경』에 대한 주석서를 남기고 있다는 점에 근거한 것으로, 이 경은 의정에 의해 703년에 번역되었고, 신라에는 704년에 전해졌다.
13 김양순, 「憬興의 唯識學的 淨土觀」, 『韓國思想史學』 제33輯 (서울: 한국사상사학회, 2009)

승장

승장勝莊은 7세기 중반에서 8세기 전반에 당에서 활동한 신라 승려이다. 승장의 행적을 자세히 알 수는 없지만, 『송고승전』 등의 기록에 따르면 그는 의정義淨(635~713)이 인도에서 돌아와 695년~713년 사이 역경에 종사할 당시 법보法寶 · 법장法藏(643~712) 등과 더불어 증의證義의 역할을 담당하였으며, 또한 보리유지의 역장에도 참여한 인물이다.

승장의 유식 관련 저술로는 『인명정리문론술기因明正理門論述記』 1권, 『잡집론소雜集論疏』 12권, 『성유식론결成唯識論決』 3권, 『대인명술기大因明述記』 2권 등이 있었다고 전해지지만 현존하지는 않는다. 그의 저술 가운데 현존하는 것은 『범망경술기梵網經述記』뿐이며, 『금광명최승왕경소金光明最勝王經疏』가 집일본의 형태로 현대에 재편집되었다. 이 중 『범망경』, 『금광명경』에 대한 주석서가 당의 법상종 학자들에게서는 나타나지 않고 신라의 법상종 학자들에게서 두루 나타나고 있다는 점은 승장의 저술과 관련해서 주목할 만한 점이다.[14]

승장의 사승관계에 대해서는 원측이 입적한 뒤 승장 등이 원측의 분골을 종남산終南山 풍덕사豊德寺 동령東嶺에 이장하고 탑을 세웠다는 「대주서명사고대덕원측법사불사리탑명병서」(1115년)의 기재에 따라, 그가 원측의 제자라는 주장이 어느 정도 통설로 자리 잡았지만, 이와 다른 의견도 있다.[15] 한편 현존하는 승장의 『범망경술기』의 내용을 살펴보면,

---

14 최연식, 「8세기 신라 불교의 동향과 동아시아 불교계」, 『불교학연구』 12호 (서울: 불교학연구회, 2005), p.249

15 橘川智昭, 「新羅唯識の研究狀況について」, 『韓國佛敎學SEMINAR』 8號 (東京: 新羅佛敎硏究會, 2000). 이 논문은 원측과 승장이 사승관계라는 점을 단정하는 것은 무리라고 보고 있다.

경의 종지와 교체를 설명하는 부분에서 원측의 설명 방식과 매우 유사한 구도가 등장한다. 그러므로 이에 대한 보다 자세한 비교 검토가 이루어져야 할 것으로 보인다.[16]

도륜

도륜道倫 혹은 둔륜遁倫에 대해서는 그가 『유가론기』의 저자라는 사실 외에는 그간 알려진 바가 거의 없었다. 그러다 1934년 중국 산서성山西省 조성현趙城縣에서 1178년에 편찬된 『유가론기』가 발견되었는데, 여기에 "해동 흥륜사 사문 석도륜이 집찬하다(海東興輪寺沙門釋道倫集撰)"라는 구절이 나와 『유가론기』의 저자 도륜이 신라 출신 승려였음을 증명해 주었다. 도륜의 생애에 대해서는, 대체로 650년에서 660년경에 태어나 70여 세를 살다가 720년과 730년 사이에 입적한 것으로 파악되는데, 이는 동시대 학자들의 저술에 언급된 내용을 통해 추정된 것이다. 또한 『유가론기』 제1권의 하下에 "大周 長安 5年(705) 乙巳之歲"라는 기록이 나오는 것으로 볼 때, 이 책이 705년을 전후로 이루어졌음을 추정하게 한다.[17] 도륜의 이름에 대해 고려의 의천義天(1055~1101)은 '둔륜'으로 칭하는 반면, 일본의 최징最澄(767~822)은 '도륜'이라고 기재하고 있는 등 차이가 있다.

도륜의 사승관계에 대해서는 『금장경金藏經』에 수록된 『유가론기』 권1의 끝 부분에 나오는 "해동 흥륜사 사문인 도륜 스님이…당초 자은사의 규기 법사와 스승과 제자의 관계로 서로 계승하였다(昔海東興輪寺沙門

---

16 승장, 한명숙 옮김, 『범망경술기』 (서울: 동국대학교출판부, 2011), pp.7~15
17 이만, 「道倫의 『瑜伽師地論記』에 관한 資料的인 性格과 그 유식사상」, 『한국유식사상사』 (서울: 장경각, 2000)

倫師… 爰自唐初與慈恩寺基法師師資相繼)."라는 구절을 근거로 그를 규기의 제자로 여기는 경우가 많은데, 이에 대해 다른 견해를 제시하는 학자들도 있다. 도륜의 저술로는 18부 60여 권이 있었다고 전해진다. 그 중 유식학 관련 저술로는 『성유식론요결成唯識論要決』 2권과 『유가론기』 24권 (혹은 48권)이 있는데, 현존하는 것은 『유가론기』뿐이다.

도륜의 『유가론기』는 『유가사지론』 100권 전체를 주석한 문헌으로는 가장 오래된 책이다. 이 책의 주석은 기본적으로 인도의 최승자最勝子 등이 지은 『유가사지론석瑜伽師地論釋』 및 당의 규기가 지은 『유가사지론약찬瑜伽師地論略纂』 등을 주된 근거로 삼고 있지만, 무엇보다도 신라 출신 승려들의 주석을 대량으로 수록하고 있다는 점이 가장 큰 특징이다. 게다가 규기의 『유가사지론약찬』이 『유가사지론』의 제66권까지만 주석하고 있기 때문에 『논』의 제67권 이후부터는 주로 경사景師(혜경)와 태사泰師(신태)의 설을 위주로 이를 주석하고 있으며, 또한 비사備師(문비) 등의 설을 함께 제시하고 있다. 오늘날의 연구에 따르면, 『유가론기』에는 대략 11인 정도의 신라 출신 승려들의 견해가 등장한다.[18] 이 문헌은 그것이 차지하는 중요성에 비해 그간 연구가 그리 활발하게 진행되지 않았다. 그러므로 7, 8세기 당과 신라의 유식학을 보다 입체적으로 이해하기 위해서라도 이 문헌을 본격적으로 연구할 필요성이 제기된다.[19]

---

18 『瑜伽論記』에는 신라 출신 교학자들의 글을 인용할 때 '新羅'를 붙이는 경우가 있으므로, 이때 나오는 인물들은 모두 신라 출신으로 볼 수 있다. 여기에 해당하는 경우는 元曉師, 玄法師, 興法師, 因法師, 昉師, 國法師 등의 6인이다. 다음으로 신라 출신이 분명한 인물들로 測, 順憬의 2인이 있고, 신라 승려로 추정되는 인물들로 景, 達, 範의 3인이 있다. 이상의 11인 외에도 신라 출신이 아닌가 생각되는 인물로 玄應, 郭 등을 들 수 있다고 한다. 江田俊雄, 「新羅の遁倫と『倫記』所引の唐代諸家」, 『宗教研究』 新11卷3號 (東京: 東京大學 文學部, 1934)

19 도륜의 『유가론기』에 관한 최근 국내 연구로는 박인석, 「道倫의 唯識 五種姓說의

태현

태현太賢의 생애에 대해서는 일연一然(1206~1289)의 『삼국유사』와 태현의 저술에 대한 일본 주석가들의 문헌을 통해 대략적인 정보를 얻을 수 있다. 먼저 그의 이름에 대해 『삼국유사』를 포함한 한국과 중국의 문헌들에서는 대현大賢으로 칭하는 경우가 많은 반면, 일본의 주석서에서는 태현太賢으로 칭하는 경우가 많다. 태현이라는 이름에 대해 일본의 조원照遠이 지은 『범망경하권고적기술적초梵網經下卷古迹記述迹抄』에 "쓰임을 감추고 빛을 숨겼기 때문에 태현이라 하였다(潛用韜光 故云太賢也)."라는 설명이 나오는데, 이는 그가 자신의 능력이나 행적을 겉으로 잘 드러내지 않았음을 보여주는 내용이다.

그와 관련된 일화로 『삼국유사』에는 경덕왕景德王 천보天寶 12년(753) 여름 큰 가뭄이 들었을 때, 태현이 칙명에 의해 내전에 들어가 『금광명경』을 강의하자 대궐의 우물물이 높이 치솟는 이적을 보였다는 기록도 보인다. 그의 자호는 청구사문靑丘沙門이다. 태현의 사승관계에 대해서는 그가 원측의 문도인 도증道證의 제자라는 기록이 전해지고 있지만, 자료의 부족으로 인해 여전히 논란이 되고 있다.

『삼국유사』에서는 태현을 '유가조대덕瑜伽祖大德'으로 기술하고 있다. 그는 유식과 인명에 매우 정통한 인물로서 국내뿐 아니라 중국에서까지 그의 학설을 안목眼目으로 삼았다고 한다. 태현의 저작은 대략 43부에 이르는 것으로 알려져 있지만, 현존하는 것은 5종뿐이다. 그의 저작 가운데는 현존하는 유식학 주석서인 『성유식론학기成唯識論學記』 외에도 실전되었지만 『유가론고적기瑜伽論古迹記』·『성유식론결택成唯識論決擇』

이해와 특징」, 『철학사상』 제45호(서울: 서울대학교 철학사상연구소, 2012)를 들 수 있다.

등과 같은 유식학 주석서 및 『인명입정리론기因明入正理論記』·『인명정리문론고적기因明正理門論古迹記』 등의 인명 관련 주석서가 상당수 포함되어 있다.

태현의 저서 가운데는 '고적기古迹記'라는 명칭이 많이 등장하는데, 이는 태현의 저술 태도를 보여주는 중요한 개념이다. 다시 말해 태현은 자신의 해석에 앞서 기존의 권위 있는 주석서들에 의거하여 각 주석서들의 요점만을 취하여 경론을 주석하는 경향을 많이 보이는 것이다.

그의 학문 방향에 대해서는 예부터 세 가지 서로 다른 견해가 존재한다. 첫째는 그가 본래 성종性宗의 인물이었지만 후에 상종相宗으로 바뀌었다는 것이고, 둘째는 그가 한결같이 성종에 속한 인물이었다는 것이며, 셋째는 그가 성·상을 겸수兼修한 인물이므로 어느 한쪽만으로 그를 판단해서는 안 된다는 것이다. 이와 관련하여, 유식학과 곧장 관련된 문헌은 아니지만, 그의 『대승기신론내의약탐기大乘起信論內義略探記』에는 제8식의 성격과 관련된 법상종과 법성종의 상이한 견해가 각 종의 이론적 입장에 근거하고 있기 때문에 서로 모순되지 않는다는 관점을 제시한 부분이 있다. 또한 만년의 저작으로 알려진 『성유식론학기』의 도입부분에서 그는 『논』의 종지와 관련되어 청변淸辨과 호법護法 간에 벌어진 것으로 간주된 공유空有 논쟁에 대해서도 말로는 서로 논쟁하지만 그것의 의도는 동일하다는 관점을 정리正理로 보고 있다. 이는 둘 다 원효의 성상화회적性相和會的 경향과 관련된 것으로, 기본적으로 그의 학문적 바탕이 유식학에 있다 하더라도 성·상의 조화를 이루려는 태도가 깔려 있음을 알 수 있다.

Ⅲ. 고려의 유식학

신라 유식학 전통의 계승

고려 유식학에 대한 연구는 주로 고려의 정치 경제적인 변화와 관련된 하나의 종파로서 법상종의 발전과 쇠퇴에 초점이 맞춰져 있다. 이는 고려 유식학의 교학적 측면을 드러낼 수 있는 자료가 별로 남아 있지 않은 데서 기인한 것이다. 유식학과 관련된 승려들의 비문을 보면 고려시기 역시 유식학의 전통이 면면히 이어져 왔으며, 시기에 따라서는 매우 왕성한 활동을 보인다는 점을 알 수 있다. 이런 점을 고려 유식학의 대표적 승려들의 사례를 통해 살펴보고자 한다.

우선 혜소국사慧炤國師 정현鼎賢(972~1054)은 고려 법상종의 융성을 가져왔던 현화사玄化寺의 제2대 주지를 역임한 인물이다. 칠장사七長寺에 있는「혜소국사비慧炤國師碑」에 따르면 그는 어린 나이에 출가할 뜻을 품고 광교사光敎寺의 충회忠會 대사를 은사로 하여 출가했다가, 13세에 스스로 '가장 요긴한 방편으로 성·상이 함께 통하는 것은 17지의 유가瑜伽 교문敎門만 한 것이 없다(偶和最要 性相具通者 莫若乎十七地瑜伽敎門)'라고 생각한 뒤 칠장사의 융철融哲을 찾아갔다고 한다. 여기서 말한 '17지의 유가교문'은 바로 불교의 수행 단계를 모두 17지로 설명한『유가사지론』을 가리킨다. 이로써 칠장사와 융철 등이 모두 유식학과 관련된 법상종 계통이었음을 알 수 있다. 또한 그의 일화 가운데 8권본『금광명경』을 강설하여 가뭄에 비를 내리게 했다는 내용이 있는데,『금광명경』역시 고려 법상종에서 매우 중시하던 경전 가운데 하나이다.

다음으로 지광국사智光國師 해린海麟(984~1070)은 현화사의 제3대 주지를 역임한 인물이다. 그의 일생을 전하는 자료로는 법천사지法泉寺址의「지광국사현묘탑비智光國師玄妙塔碑」가 있다. 그는 법천사와 해안사海安寺 등지에서 활동했는데, 이곳은 모두 법상종 계통의 사찰이었다. 후에 그의 문하에 이자연李子淵(1002~1061)의 다섯째 아들인 소현韶顯이 출가함으로써 현화사는 인주仁州 이씨 집안과 긴밀한 관계를 맺게 된다. 소현은 해린을 이어 현화사의 제4대 주지가 된다. 한편 비명에는 해린의 제자들의 이름이 기재되어 있는데, 1,370여 명의 제자 가운데 수교계업자受敎繼業者, 다시 말해 법상종의 가르침을 받아 그 활동을 계승한 자들이 146명에 달하고 있다. 이 중에는 대각국사大覺國師 의천義天(1055~1101)에게『유식론唯識論』을 가르친 우상祐翔도 포함되어 있다.

의천이 남긴『대각국사문집』권1에는「간정성유식론단과서刊定成唯識論單科序」가 수록되어 있는데, 이 글에서 의천은『성유식론』에 대해 고려에서는 현화사 우상 대사에게서 들었고, 송宋에서는 동경東京 임林 법사의 문하에서 이 논서에 대한 의문점을 자문하였다고 기재하고 있다. 나아가『대승기신론』과『성유식론』이 법성法性과 법상法相 양종兩宗의 추요樞要인 만큼 학인들이 마음을 다해 배워야 함을 강조하고 있다. 현재『단과』는 남아 있지 않지만, 이것의 서문을 통해 의천이 성상겸학性相兼學의 입장에서『성유식론』을 대할 것을 강조했음을 알 수 있다. 또한 이 서문에는『성유식론』의 귀경게 중 '만분청정자滿分淸淨者'를 해석하는 원측의『성유식론소成唯識論疏』의 주석이 인용되어 있는 만큼, 의천 당시 법상 교학을 전하는 자료나 그 수준이 상당했음을 짐작하게 한다.[20]

---

20 의천, 이상현 옮김,『대각국사집』(서울: 동국대학교출판부, 2011), pp.64~67

마지막으로 혜덕왕사慧德王師 소현韶顯(1038~1096)은 현화사의 제4대 주지를 역임한 인물로서 특히 주목할 인물이다. 그의 일생에 대해서는 금산사에「혜덕왕사진응지탑비慧德王師眞應之塔碑」가 남아 있다. 그는 이자연의 다섯 번째 아들로서, 지광국사 해린의 문하에 출가하였다. 처음『금광명경』과『성유식론』을 배웠는데, 전생에 이를 많이 들어서 훈습하였기 때문에 이해가 날로 증가했다고 한다. 이후 직접『유식론』을 교정하여 깊은 뜻을 개발하기도 하였다. 또한 소현은 금산사의 남쪽에 승지勝地를 골라 광교원廣敎院을 창설한 뒤, 경판을 새겨 그곳에 안치하였고, 광교원에 금당金堂 한 곳을 지어 노사나불盧舍那佛과 현장·규기 두 스님의 상을 그려 봉안하였다. 이후 태강太康 9년(1083)부터 자신의 말년에 이르기까지 자은규기가 지은『법화현찬法華玄贊』,『성유식론술기成唯識論述記』등의 장소章疏 32부 353권을 찾아서 그 판본을 고정考正한 뒤 판각하여 유통시켰다.

또한 소현은 각지에 산재해 있는 법상종의 사찰에 정재淨財를 시납施納하여 매년 2회에 걸쳐 법회를 여는 것을 연례화하였고, 화가를 모집하여 석가여래와 현장·규기, 그리고 해동육조海東六祖의 상을 그려 각 사찰에 안치하고 교학을 배우는 이들이 이 상을 보고 공경하는 마음을 일으키게 하였다고 한다. 법상종의 해동육조가 누구인지에 대해서는 정확히 알 수 없지만, 소현의 비문 가운데 '원효 법사가 앞에서 인도하였고 태현 대통이 뒤를 따랐다'는 구절이 나오므로, 원효와 태현이 해동육조에 들어가는 것은 분명하다고 볼 수 있다. 소현의 제자들에 대해 비명에는 1,800여 명에 달하는 인원이 새겨져 있으며, 그 중 수교계업자受敎繼業者가 182인으로 전한다. 그런데 이 수교계업자의 대다수가 소현의 스승인 해린의 수교계업자와 중복되고 있는데, 이는 소현이 해린의 교단을 그대로 이어받았음을 뜻하는 것이라고 한다.[21] 소현의 문도 가운데는 문종의 왕자로서 출가한 도생 승통導生僧統 탱竀이 있었다. 도생 승통은 법주사, 금산사 등의 주지를 두루 맡은 인물이었지만, 예종睿宗 7년에 불궤不軌를 꾸몄다고 해서 거제현으로 유배되었고 얼마 지나지 않아 세상을 떠났다.[22]

이상 살펴본 정현, 해린, 소현 등이 연구했던 유식학 관련 자료들은 남아 있지 않지만, 그들이 법상종의 소의경전인 『성유식론』 등을 정밀하게 연구하였고, 또한 신앙의 영역에 있어서도 미륵신앙과 아미타신앙을 두루 유지하고 있었다는 점 등을 알 수 있다. 그러므로 이를 통해 통일신라 유식학의 전통이 고려에도 면면히 계승되었음을 알 수 있다.

유식학풍의 쇠퇴

고려 말이 되면 불교에 대한 억압정책이 생겨나게 되는데, 이는 조선의 개국 이후 더욱 공고해진다. 여말 선초의 불교계는 어느 종파를 막론하고 이와 같은 시대의 조류에 휩쓸리게 된다. 법상종 역시 그 세력이 점차 축소되다가 조선 세종 대에 이르러서는 교종의 하나로 통합되기에 이른다. 다만 고려말 조선초까지도 유식학풍이 이어지고 있음을 알 수 있는데, 이를 법상종의 미수와 천태종의 조구의 사례를 통해 살펴보고자 한다.

---

21 최병헌, 「高麗中期 玄化寺의 創建과 法相宗의 隆盛」, 『高麗初期佛敎史論』(서울: 민족사, 1989), pp.125~126

22 고려 법상종과 관련된 내용은 주로 최병헌, 위의 논문 및 토니노 푸지오니, 「高麗時代 法相宗敎團의 推移」 (서울: 서울대학교 대학원 국사학과 박사학위 논문, 1996) 참조.

먼저 자정국존慈淨國尊 미수彌授(1240~1327)의 생애를 전하는 자료로는 속리산 법주사에 있는「자정국존비慈淨國尊碑」가 있다. 이에 따르면, 미수는 13세에 선산善山 원흥사元興寺 종연宗然 스님을 찾아가 출가하였다. 29세에는 삼중대사三重大師의 법계를 받고 유식론의 종지를 강설했는데, 당시의 명망 있는 스님들이 강의를 듣고 희대의 학자라고 칭탄하였다. 이후 장소章疏를 지으라는 왕명에 따라 경론에 대한 주해를 찬술하였는데, 모두 92권이나 되었다. 그러나 현존하는 자료는 없고, 다만 조구祖丘(?~1395)의『자비도량참법집해慈悲道場懺法集解』에 그의 주석 내용의 일부가 전할 뿐이다. 비문에는 그의 문인으로 자은종 원흥사 주지 거현居玄, 기림사 주지 행영行英 등의 이름이 전한다.

한편 조선 태조가 국사로 임명한 천태종 승려 조구祖丘(?~1395)는『자비도량참법집해』(이하『집해』로 간칭)를 편찬하였다.『집해』라는 명칭에서도 알 수 있듯, 이 문헌은 기존의 중국과 고려의 여러 학자들의 견해를 취사선택한 뒤 자신의 해석을 덧붙여서 편찬된 것이다. 그런데 조구가 참조한 주석서 가운데 미수가 지은『술해述解』의 내용이 포함되어 있어, 미수의 유식학에 대한 정보를 어느 정도 얻을 수 있다. 그러나 미수의 주석 내용이 대부분『자비도량참법』에 나오는 용어 해석에 집중되어 있어 그의 유식학적 견해를 심도 있게 접근하기는 쉽지 않다. 이 중 몇 가지 내용을 살펴보자.

조구의『집해』권1에는 오명五明을 설명하는 대목이 나온다. 오명에 대해 중국 전당의 사문 광균廣均은 내명內明·성명聲明·의방명醫方明·공교명工巧明·주술명呪術明의 다섯 가지를 거론하는데, 이에 대해 미수는 "틀렸다. 그 오명에 대한 성교聖敎의 설명을 보지 못한 것이다. 이제『유가론』·『대장엄론』등에 의거하건대 오명은 내명·인명因明·

성명·의방명·공교명을 말한다."²³라고 지적하고 있다. 여기서 주목할 부분은 미수가 오명을 『유가론』, 곧 『유가사지론』에 근거하여 파악하고 있다는 점으로, 비록 간략한 내용이지만 미수 당시 『유가사지론』 전승에 대한 정보를 얻을 수 있다. 다음으로 『집해』 권1의 '항사상번뇌恒沙上煩惱'라는 구절 중 '상번뇌'에 대해 미수는 이것이 "곧 사주지四住持의 현행現行 번뇌이다. 종자인 상태를 복번뇌伏煩惱라고 하고, 현행하면 상번뇌라고 한다."²⁴라고 하여, 번뇌를 종자와 현행의 관계로 파악하고 있다.²⁵ 이 부분은 유식학의 번뇌론과 관련하여 보다 상세한 비교가 필요할 것으로 보인다.

그런데 『집해』에서 유식학과 관련하여 미수의 주석 외에도 주목할 점은 『집해』의 편찬자인 천태종 승려 조구 역시 유식학의 기본 개념을 정확히 구사하고 있다는 점이다. 다시 말해 『집해』 권6에는 "마음이 모든 식을 부리는 것이…(心之驅役諸識等者…)" 이하의 『참법』의 구절에 대한 여러 주석가들의 견해가 등장하는데, 조구는 이 부분을 해석하면서 종밀의 『선원제전집도서』에 나오는 4종의 마음을 먼저 소개한 뒤, 심의식心意識을 보다 자세히 설명하기 위해 유식학의 법수 체계인 5위 100법 중 특히 51가지 심소법을 자세히 소개한다. 이들은 모두 『성유식론』에 근거한 내용들이다. 그는 또한 『백법론百法論』을 인용하여 심의식의 일반적인 정의를 다시 소개하는데,²⁶ 이러한 논의들은 개념의 기본적인 의미 파악에 주력한 것이다.

---

23 조구, 성재헌 옮김, 『자비도량참법집해』 (서울: 동국대학교출판부, 2011), p.43
24 조구, 위의 책, p.144
25 이만, 「彌授의 唯識思想」, 『한국유식사상사』 (서울: 장경각, 2000)
26 조구, 앞의 책, pp.436~442

유식학은 개념에 대한 철저한 이해를 바탕으로 전개되는데, 천태종의 승려인 조구에게 있어서도 이런 모습은 매우 자연스럽게 나타난다. 그러므로 『자비도량참법집해』라는 하나의 사례만 보더라도 여말 선초의 불교계에서 유식학의 기본 개념들이 매우 익숙하게 다루어지고 있었음을 알 수 있다. 이후 조선의 불교계에서 유식학과 관련된 문헌을 독자적으로 연구한 사례는 찾아보기 힘들지만, 당시 불교계 교학의 주류를 이루었던 화엄과 『대승기신론』 등에 대한 주석서들이 유식학에 대한 이해를 어느 정도 반영하고 있기 때문에 조선의 불교계에 있어서도 유식학은 간접적으로 전승되었던 것으로 보인다.[27]

---

27 이만, 「朝鮮時代의 法相教學思想」, 『한국유식사상사』 (서울: 장경각, 2000) 참조. 여기서는 默庵最訥(1717~1790)의 『諸經會要』를 분석하여 조선시대 유식사상의 자취를 추적하고 있다. 다만 『제경회요』 자체가 『능엄경』, 『금강경』, 『원각경』, 『기신론』 등의 요점을 간추려서 엮은 책이므로, 유식학을 전문적으로 논한 책은 아니다. 이 가운데 「唯識習氣圖」와 같이 유식학 관련 논의들이 등장하지만, 주로 청량징관(738~839)의 견해를 따르고 있으므로, 이 역시 화엄종의 관점에서 보는 유식설이라고 볼 수 있을 것이다.

한국 유식과 보편성의 추구

유식학은 불교 내에 있어 불교교학의 문제들을 가장 보편적이고 철학적인 방식으로 다루는 학문 분야이다. 유식학자들은 학문의 방법론에 있어서도 인명因明이라는 보편적인 인식논리학의 법칙에 따라 불교의 이치를 사유하고자 하는데, 이는 중국불교의 천태종이나 선종에서 주로 관심석觀心釋의 방법을 사용한 것과는 확연히 대조되는 모습이다. 그런데 인명에 대한 전문적인 지식을 바탕으로 유식학에서 제기하는 철학적인 문제들을 전문적으로 분석해 가는 학문적 활동은 중국불교사에서도 현장과 규기 이래로 그리 오래 지속되지 못하였다. 더군다나 훗날 명明의 지욱智旭(1599~1655)에 이르면 중국 법상종 성립의 기초가 된 논서인 『성유식론』을 관심석의 방법으로 해석하는 등 당대唐代 법상종의 학문 전통은 중국불교 내에서도 제대로 전승되지 못했던 것이다.

이런 관점에서 본다면 동아시아의 유식학은 8세기를 전후해서 당과 신라의 유식학자들에 의해 가장 활발히 꽃피웠다고 볼 수 있다. 신라 출신 유식학자들 가운데는 원측과 같이 중국 법상종의 양대 산맥 가운데 하나를 형성한 인물도 있고, 의적과 같이 규기의 견해를 적극 비판하면서 보다 융합적이고 일승적인 견해를 표방한 인물도 있으며, 경흥과 같이 중국 법상종의 견해를 보다 적극적으로 수용한 인물도 있다. 나아가 순경·원효 등이 제기한 현장의 유식, 비량에 대한 비판은 보편적인 사유 법칙을 추구한 유식학의 학문적 태도가 당시 신라에 매우 성숙한 모습으로 자리 잡았음을 보여주는 중요한 단서라 생각된다.

한편 신라의 유식학에는 유식학 본연의 입장을 견지하면서도 다른 학파에 대해 포용적인 태도를 보이는 흐름이 있었는데, 이 흐름은 중국 법상종이 철저히 그들 고유의 관점을 유지한 것과는 대비된다. 이는 후대에 이르러 한국 유식학의 개창자로 일컬어진 원효의 태도와 맥을 같이하는 것으로, 의적이나 도륜 그리고 태현에게서 보이는 모습들이다. 의적은 법상종의 삼승차별의 입장이 아닌 일승적 입장에 서 있었고, 도륜도 종성 등의 문제에 있어 법상종의 입장뿐 아니라 법성종의 관점 역시 수용하는 모습을 보이며, 태현 역시 후대에서 평가하듯 학문의 태도에 있어 성·상을 겸수한 측면이 강하게 드러난다. 이처럼 유식학적 관점을 견지하면서도 법성종과 같은 불교 내 다른 이론적 견해에 대해서도 포용적인 태도를 보이는 점은 신라 유식학의 주요한 특징 중 하나로 간주될 수 있을 것이다.

신라 이후의 유식학에 대해서는 접근할 수 있는 자료가 지극히 제한적이므로 그것의 전모를 밝히기가 무척 어렵지만, 유식학의 전통이 줄곧 전승되고 있었다는 점은 분명히 알 수 있다. 현존하는 여말 선초의 『자비도량참법집해』와 같은 문헌은 비록 천태종 승려인 조구가 편찬한 것이지만, 여기에는 유식학의 기본 개념인 5위 100법이 논의의 밑바탕에 자연스럽게 깔려 있다.

이렇게 보면 고려의 유식학은 신라에서와 같이 인명에 근거한 전문적인 논의를 제기한 수준은 아니라 할지라도, 전반적으로 불교학의 밑바탕을 이루고 있었다고 볼 수 있을 것이다. 그러므로 신라, 고려의 유식학 전통은 오늘날 한국의 불교학이 보다 정연한 체계로 구축되기 위해 반드시 돌아보고 추구해야 할 영역이라 생각된다.

| 참고문헌 |

김상현, 『신라의 사상과 문화』(서울: 일지사, 1999)

이만, 『한국유식사상사』(서울: 장경각, 2000)

平川彰·梶山雄一·高崎直道 編, 李萬 譯, 『唯識思想』(서울: 경서원, 2005)

崔源植, 『新羅菩薩戒思想史硏究』(서울: 민족사, 1999)

한국유학생인도학불교학연구회 엮음, 『일본의 한국불교 연구동향』(합천: 장경각, 2001)

김남윤, 「新羅 法相宗 硏究」(서울: 서울대 박사학위 논문, 1995)

백진순, 「圓測의 『仁王經疏』에 나타난 경전 해석의 원리와 방법」, 『불교학보』 제56집 (서울: 동국대학교 불교문화연구원, 2010)

최병헌, 「高麗中期 玄化寺의 創建과 法相宗의 隆盛」, 『高麗初期佛敎史論』(서울: 민족사, 1989)

최연식, 「8세기 신라 불교의 동향과 동아시아 불교계」, 『불교학연구』 제12호 (서울: 불교학연구회, 2005)

토니노 푸지오니, 「高麗時代 法相宗敎團의 推移」(서울: 서울대 박사학위 논문, 1996)

충의 忠義

김호귀

I. 불교와 충의

　　불교와 국가 관념/ 충의사상과 정법의 관념

II. 신라와 불법의 만남

　　원광과 화랑/ 신라불교와 충의사상

III. 세속오계와 충효

　　세속오계와 충효 관념/ 충효와 불법

IV. 충의 관념과 호법불교의 계승

　　대장경의 조판/ 임진왜란과 의승군/ 의승군의 활동/ 호국과 충의정신

■ 충의 관념과 불법의 조화

I. 불교와 충의

불교와 국가 관념

불교의 경전에는 불법의 여법한 존속에 대하여 출세간의 승가 사회뿐만 아니라 세간의 국왕과도 긴밀한 협력이 필요함을 말하고 있다. 그것은 불법에 의지하고 불법을 수용하며 불법을 삶의 이정표로 간주하여 살아가려는 중생들을 위한 가르침이기도 하였다. 때문에 부처님은 석가족의 국가가 멸망하는 것을 안타깝게 생각했는가 하면 국왕으로서 중생을 외호하고 정법으로 치세하는 방법에 대하여 여러 가지로 설법을 하였다. 그것은 모든 중생의 경우에 국가라는 집단으로부터 각자의 이익과 권리를 보장받고 국가의 안녕과 발전이 없이는 구성원의 안녕과 행복을 보장받을 수가 없기 때문이다.

우리나라 불교의 경우도 예외는 아니다. 때로는 국가에 상대한 호법을 강조하기도 하고 때로는 불법에 대한 국가의 안녕을 주장하기도 하면서 서로간에 상생을 위한 측면도 강조되어 왔다. 특히 호국의 사상을 전하고 있는 『금광명경』의 수용은 국왕의 권력이 정점에 달하던 시대에 해당하였기 때문에 국왕을 수호하는 것은 국토를 수호하는 것이었고 국왕의 윤리는 국정의 운용으로 간주되었다.[1]

불교의 가르침은 언제나 중생을 향한 가르침이었다. 때문에 부처는

---

1 『金光明經』卷2, 「四天王品」(『大正藏』16, 341a)

중생을 위하여 설법하였지 부처를 위하여 설법한 것은 아니었다.[2] 그러한 중생의 제도라는 목표를 현실적으로 성취해 주는 바탕이 불법이라면 불법을 보다 온전하게 실현해 주는 장치가 국가이고 국가의 이념을 실현하는 이상적인 국왕이 곧 전륜성왕이었다. 전륜성왕은 권력으로 타인을 위협하거나 핍박하지 않고 덕화로 귀의시킨다. 그러나 때로는 『열반경』 및 『승만경』의 경우처럼 섭수攝收의 입장에서 달래기도 하고 때로는 절복折伏의 입장에서 굴복시키기도 한다.[3]

　『장아함경』의 『유행경』에 의하면 일찍이 마가다국이 밧지국을 침공하려고 할 때에 부처님은 7종법을 가르쳐 전쟁을 방지한 경우가 있었는데 이것을 칠불퇴법七不退法이라 한다.[4] 첫째는 서로간에 자주 모여서 정의에 대하여 강론하는 것, 둘째는 젊은층과 노년층이 서로 화동하여 공경하고 수순하여 어그러지지 않는 것, 셋째는 법규를 받들고 정해 놓은 제도를 잘 지켜가는 것, 넷째는 대중을 이끌어 주고 보호해 주는 사람이 있으면 반드시 그 사람을 존경하고 따르는 것, 다섯째는 마음을 잘 가다듬고 효도와 공경을 으뜸으로 간주하는 것, 여섯째는 청정행을 닦고 탐욕을 부리지 않는 것, 일곱째는 좋은 일에 남을 앞세우고 자기는 뒤로 빠져서 명예와 이익을 탐하지 않는 것 등이다. 전쟁이 부득이한 경우에 대해서도 『대살차니건자소설경』에서는 세 가지 배려와 세 가지 자비심의 조건을 지켜야 한다고 설하고 있다.[5]

　이러한 내용은 이 시기의 대승경전에서도 예외는 아니었다. 『금광명

---

2 『法寶壇經』(『大正藏』 48, 356a)
3 『勝鬘獅子吼一乘大方便方廣經』(『大正藏』 12, 217c)
4 『長阿含經』 卷2 「遊行經」(『大正藏』 1, 11b)
5 『大薩遮尼乾子所說經』 卷5 (『大正藏』 9, 337c~338a)

경』 및 『인왕반야경』과 더불어 호국삼부경으로 간주되는 『법화경』에는 경문의 어느 곳에서도 국왕의 수호라는 대목은 보이지 않는다. 그럼에도 불구하고 「관세음보살보문품」에서 관세음을 염불함으로써 국왕은 환난을 피할 수 있다[6]고 말한 것은 이 경전을 수지하는 자는 누구든지 막론하고 액난을 피하고 복을 불러들인다는 주술적인 효용이 있다고 믿었기 때문이다.

불공이 번역한 『인왕호국반야경』에서는 국왕의 수호가 곧 국토의 수호로서 그 속에 살고 있는 모든 중생을 위한 행위로 부각되어 있다. 이로써 국왕에 대한 수호가 국토의 수호로, 국토의 수호가 국민의 수호로, 국민의 수호가 반야바라밀에 의한 개개인의 자각으로 성불을 향한 방향으로 이어져 있다. 이것이 곧 외호外護와 내호內護가 동등하게 강조되는 근거였다. 따라서 국토의 수호를 강조하는 것은 중생 구제를 향한 자비의 전개 바로 그것이었다.

이와 같은 국가와 불법의 관계는 신라 중고기 시대에 전개되었던 불법의 유통에 따른 국가에 대한 충의관 및 정법의 구현을 위한 몇 가지 관념과 그 사상적인 바탕으로서 세제불법의 이념 및 원광의 세속오계의 제시 등을 통해서 나타난다. 곧 불교를 국가적으로 공인하는 과정에서 발생한 불법에 대한 관념 및 그 발전으로서 신라의 불연국토설은 불법의 수호가 국토의 수호라는 관념으로 승화되었고, 원광의 세속오계는 유교의 효사상을 바탕으로 하여 충효사상으로 전개되어 화랑을 비롯한 신라인에게 국가에 대한 충의의 관념과 정법의 관념에 대한 역할을 부여해 주었다.

---

6 『妙法蓮華經』 卷7 (『大正藏』 9, 56c~57a)

그 당시에는 보살계의 십선계를 전제로 하면서 『효경』의 효를 중심으로 형성되었던 세속오계가 화랑을 위시한 재가불교의 오계 형태로 정리되어 간 모습과, 원광의 경우에 중국불교를 모방하면서도 유교와 불교의 일치를 교묘하게 충과 효를 바탕으로 하여 세속의 가르침에 접목시켜 제시해 주었으며, 나아가서 원광이 제시했던 세속오계의 사상적인 배경은 그것을 더욱더 확고하게 전개시켜 주었다.

충의사상과 정법의 관념

충忠은 자기의 성의를 다하는 것으로서 자기완성을 통한 극기克己의 경지이다. 자기완성이란 것이 어떤 경지인지 쉽게 설명할 수는 없다. 이 경우 자기완성은 유교의 성리학적 전통에서 가치를 충족한 개념으로 표현할 수 있을 것이다. 일례로 공자의 중심사상을 인仁으로 간주할 경우 그 인은 극기복례克己復禮라고도 했고 덕德이라고도 했다. 곧 인과 예와 덕이 도道의 길이요 자기완성의 길이었다.

이와 같은 도의 방법이 곧 왕과 국가와 결부되어 나타난 것이 전통적인 의미의 충이다. 때문에 충의 대상은 자신·가정·국가·전 세계이고, 그 속성은 어디까지나 마음이 한결같으며 공명정대함을 가리킨다. 그런데 충忠이라는 글자는 군인신충君仁臣忠의 경우처럼 군왕에 대한 신하의 도리를 말할 때 사용되었다.

역사적으로 보면 진秦·한漢 이후에 후한의 역사가 반고의 삼강사상三綱思想과 동중서의 삼강오상설三綱五常說이 나타나면서 충은 오로지 군왕에 대한 신하의 일방적인 의무로만 통용되어 충의 본래적인 의미가 상당히 상실되어 버렸다고 한다.

그러나 충의가 불교에서는 호국이라는 의미로 승화되어 국가의 불교 외호佛敎外護와 불교의 국가진호國家鎭護라는 두 가지 요소로 구성되어 양자의 긴밀한 작용을 통해 국가의 무한한 발전이 이루어진다는 원리로 출현하였다.[7] 이와 같은 진호국가 및 호법의 이면에는 신라 중고기 시대에 국가에 대한 불교의 관점이 충의로서 개입되어 있음을 볼 수가 있다. 때문에 국가와 충의의 관계성을 불교 정법이라는 관념을 통하여 형성된 측면으로 보자면 우선 불교 대소승의 일체 경전에 공통되는 근본적이고 중심적인 교리는 중생성불과 그에 따른 불국정토의 실현이기도 하다.

그 불국정토의 지향을 실현하려는 노력의 일례가 신라에서 출현한 불연국토설佛緣國土說인데 이에 대한 근거는 많은 대승경전에 잘 나타나 있다. 가령 『금광명경』「사천왕품」, 『금광명최승왕경』「사천왕품」, 『합부금광명경』「사천왕품」 등에서는 사천왕이 불교를 신봉하는 민족을 보호하고 불교를 유포하는 왕을 수호한다는 것을 자세하게 설한다. 『인왕반야경』「호국품」에서는 파사익왕에게 국가를 수호하는 방법으로서 반야바라밀을 수지하라고 말한다.[8] 때문에 국가를 잘 다스리는 것이 곧 정법의 수호임을 말하는데, 그것은 정법의 수호야말로 불국정토가 실현되는 장이기 때문이다. 그래서 정법의 구현은 불자 최고의 목표이면서 동시에 국가 정치의 근본적인 이념이 되어야 함을 강조하였다. 『승군왕경』에서는 왕에게 대국주로서 반드시 정법正法으로 다스려야지 사법邪法으로 다스려서는 안 되고, 반드시 정법을 따라서 실천해야지 비법非法을 따라

---

7 홍정식, 「고려 불교사상의 호국적 전개(Ⅰ)」, 『불교학보』 제14집 (서울 : 동국대학교 불교문화연구원, 1977), p.3
8 『仁王護國般若波羅蜜經』卷下 (『大正藏』8, 840a)

서는 안 된다고 말한다.[9]

이처럼 왕치王治는 반드시 정법으로써 절도를 상실함이 없이 항상 자비심으로 백성을 양육해야 한다는 것을 강조하였다. 왜냐하면 국가에 대한 불법의 가르침은 필연적으로 국가의 존속은 물론이고 국가의 구성원인 백성 곧 중생들에 대한 구제로 나타나기 때문이다. 이것이 국가에 대하여 나타난 것이 충의라면 중생에 대해 나타난 것이 중생제도의 보살행으로서 정법의 유지를 위한 보살도였다.

보살도의 경우 수난, 화난, 풍난, 전쟁, 기근, 질병 등으로부터 중생을 보호하는 것은 중생성불의 바탕으로서 보살행을 실천하는 행위로 간주되기 때문이다. 이것은 나아가서 환경과 국가와 인간의 삶에 있어서 조화와 질서의 붕괴를 방지하는 행위로 승화되었다. 그래서 이제 정법의 구현은 불자 최고의 목표이면서 동시에 국가정치의 근본적인 이념이 되어야 함을 강조하였다.

불교사에서 정법에 의한 정치를 이 세상에 실현하려고 했던 왕으로는 인도 마우리아 왕조의 제3대 아쇼카 황제를 빼놓을 수 없다. 이와 같은 불교의 이상적인 국가 관념 내지 정치 관념은 전륜성왕의 사상에서 찾아볼 수가 있다. 전륜성왕의 관념이 『화엄경』에서는 십지설과 관련하여 각 지위의 보살이 왕이나 윤왕 내지 천왕으로 설해지기도 하고, 『영락본업경』 및 『인왕경』에서는 더욱더 치밀하고 체계적으로 나타난다. 전륜성왕은 대제왕大帝王으로서 칠보를 성취하고 장수하며 신체가 청정하고 용모가 단정하며 보장寶藏이 넘치는 사신덕四神德을 갖추어 광색光色이 구족된 천 폭의 금륜을 굴린다. 또한 무력을 사용하지 않고 사천하를

---

9 『佛說勝軍王所問經』(『大正藏』 14, 789ab)

통일하여 정법으로 다스리는데, 대적할 적도 없고 원수도 없으며 편벽됨이 없이 평등을 실현하기 때문에 안심하고 순복한다는 개념이다. 이처럼 전륜성왕이 치국자로서 중생에 대하여 여덟 가지로 보호하는 마음을 지니고, 정법으로 중생을 보호하며, 정법으로 치화함으로써 국가의 번흥과 중생의 안락한 삶이 영위된다는 것이다.

그 정법을 통해서 불교교단과 국가가 공존하였지만 어디까지나 세속권력보다 도덕적인 우위를 점유하고 있었다. 대승불교에서는 국왕의 권력이 강대해짐에 따라 국가에 대한 불법의 충의사상을 설한 경전이 대두되고, 그에 따른 충의불교의 개념이 본격화되었다. 그러나 이 경우 충의불교의 의미는 경전을 수지하고 독송함으로써 일상의 재해로부터 국토와 인민의 안락을 확보하기 위한 것이었으며, 국왕에 대한 일방적인 충성과 추종보다는 오히려 국토와 인민이 재해를 당했을 때 국왕의 책임과 의무를 강조하는 성격이 짙었다.

중국에 수입된 불교의 경우는 남북조시대의 강력한 국가권력에 종속되었는데 이런 와중에서 왕즉불王卽佛이라는 개념이 등장하였다.『인왕경』에서는 국토의 수호와 만백성의 쾌락은 모두 반야바라밀에서 나오기 때문에 모든 국왕에게 부촉하고 비구 비구니 청신사 청신녀에게는 부촉하지 않는다고 하였다. 그 까닭은 비구 비구니 청신사 청신녀에게는 권력이 없기 때문에 권력 대신 반드시 수지하고 독송하며 그 뜻과 도리를 이해해야 한다는 것이었다. 따라서 불상의 조성에 있어서도 왕을 모델로 한 불상이 출현하였다. 또한 삼무일종三武一宗으로 거론되는 중국불교의 사대법난四大法難 가운데 북위의 태무제와 북주 무제시대의 상황은 불교라는 종교보다 국가권력의 월등한 우위를 보여주는 상징석인 사건이었다.

한편으로는 불법에 의거하여 통치이념을 내세우는 경우도 있었다. 그러나 남조시대에 몇몇 불교 교리에 근거하여 세속권력에 항거하면서 불교교단의 주체성을 설파한 것으로 동진 말기에 혜원(335~417)이 지은 『사문불경왕자론』의 대두와 더불어 불교와 국가 사이의 긴장관계에서 인도의 경우처럼 출세간의 우위를 주장하는 사례가 있기도 했다. 하지만 불법은 여전히 세속권력의 지배를 받았을 뿐만 아니라 수·당 시대에 들어와서는 더욱더 국가권력에 압도당하고 말았다.[10] 이후 7세기 중반부터는 출가교단의 특권도 점차 사라지고 세속법에 근거한 존속으로 이어졌다. 이로써 출가한 승려의 경우도 국왕에 대하여 신하의 입장으로 변화되었다. 또한 출가주의는 가부장적인 질서를 파괴한다는 지탄을 받기도 하면서 효를 강조하는 몇 가지 위경을 만들어내지 않을 수 없는 상황이 되었다. 결국 불교의 전통적인, 혹은 인도적인 사회관 및 국가관은 중국에 들어와서는 중국적으로 변질되었다. 이로부터 국가의 개념은 국왕이라는 의미가 강하게 반영되었다. 때문에 종교는 백성들의 마음을 위로해 주면서도 궁극적으로는 국가 통치를 위한 수단의 성격을 지닐 수밖에 없었다.

한편 수나라 문제는 불교를 보호 및 부흥하는 데 그치지 않고 불교를 치국의 지도원리 또는 국가적 이념으로 삼아서 천하를 통일하고 치정하는 데 활용한 불교적 치국의 황제였다.[11] 그렇지만 중국 역사에서 불교는 여전히 국가에 예속된 이념으로 취급되었을 뿐만 아니라 승려들 역

---

10 남동신, 「한국고대불교의 국가관·사회관」, 『역사비평』 17 (서울: 역사비평사, 1991), p.209
11 『辯正論』 卷3 (『大正藏』 52) 전체에서는 특히 남북조시대 수십 명의 왕을 언급하고 그들이 불교를 敬信한 사례를 언급하고 있다.

시 황제의 신하로 간주되었다.

이와 관련하여 불법의 이념을 가장 잘 구현했던 일례가 신라시대 진흥왕이었다. 진흥왕은 흥국이민興國利民의 기치 아래 고구려에서 귀화한 혜량 법사를 내세워 백고좌법회와 팔관재법회를 시작하였는데, 이는 전쟁의 희생자들을 위한 재로서 칠 일 만에 파하였다고 한다.[12] 이것은 백성들을 도덕적으로 정화시키고 국민정신과 국가사상을 단합·순화시키려는 의도였고, 나아가 불교의 국가에 대한 충의의 발로이면서 국가의 불교에 대한 수용의 필요성으로서 국가적인 불사로 거행되었다.

II. 신라와 불법의 만남

원광과 화랑

불교의 수용 이전은 소위 원시적 종교 관념으로 간주되는 천계의 일·월·성·신, 공계의 풍·운·뇌·우, 지계의 산·하·대지, 생물계의 곰·호랑이·뱀·독수리 등 자연종교로서 출발하였다는 것이 일반론이다. 여기에다 인간의 육체와 정신을 숭배하는 관념으로부터 등장한 영혼불멸의 사상이 보편화되고 부족사회의 지배원리가 가미되면서 고대 종교의 관념은 더욱더 인간세계의 지배원리로 자리 매김되었다. 이 가운데 특히 하늘을 숭배하는 '하늘임'의 사상과 초자연적인 능력을 발휘하는 것으로 간주된 샤먼의 발생은 한국 고대종교에서 하늘임을 최고의 지배신

---

12 김영태, 「불교적 치국의 史的 실제」, 『불교학보』 제10집 (서울: 동국대학교 불교문화연구원, 1973), p.170

으로 하는 제천교祭天敎 또는 무교巫敎였다.[13]

이와 같은 종교 관념이 바탕이 된 부족연맹의 신라 사회에서는 다양한 권력의 분산 형태로 전개되었기 때문에 강력한 집권화를 위하여 무교적인 전통을 타파할 수 있는 이념적 지주로서 새로운 사상원리의 출현이 필요하였고, 그 대안이 불교의 수용이었다. 당연히 그것을 환영할 주체는 다양한 부족 측이 아니라 왕실 측이었다. 전륜성왕설은 선업을 바탕으로 형성된 관념이기 때문에 정법으로 나라를 다스린다는 관념[14]이 당시 왕실 측에 큰 관심을 촉발하였다. 나아가서 미륵신앙의 관념은 새로운 정치이념으로서 크게 주목되었다. 이런 과정에서 불교의 수용은 불교 본래의 모습을 바탕으로 하면서 새로운 변용의 모습을 그 속에 포함할 수밖에 없었다. 그것이 신라 사회에서 어떤 모습으로 수용되고 전개되었는가 하는 것은 불교가 지니고 있는 사상의 원융성으로 말미암아 더욱더 유리한 입장이었다.

따라서 신라 사회에서 불교의 공식적인 수용은 고구려와 백제에 비하여 백수십 년이나 뒤였지만 점차 불법을 생활화하는 세제불법으로서 훌륭하게 적응되었다. 본래 불교의 출발은 고타마 싯다르타 개인의 고뇌로부터 비롯되었지만, 궁극적으로 대승을 지향하는 역사로 발전되면서 불교의 존재는 그 실제와 명분을 모두 확보할 수 있었다.

그 가운데 한 유형이 불교를 수용한 국가에 대한 불법의 변용이었다. 그 변용이란 다름 아닌 중생의 삶의 터전인 국토에 대한 불교의 적극적인 적응이었을 뿐만 아니라 그 국가의 구성원인 승속을 아우른 백성, 곧 중생으로서 불법의 주체적인 역할이었다. 여기에서 중생이란 승·속을

---

13 고익진, 『한국고대불교사상사』 (서울: 동국대학교출판부, 1989), p.17
14 『長阿含經』 卷7 「轉輪聖王修行經」 (『大正藏』 1, 4c)

아울러 지칭하는 말로서 불법의 주체적인 역할자를 가리킨다. 그것이 신라 사회에서 치국의 한 모습으로 전개된 일례가 곧 세제世諦로서 불법의 생활화였다. 당시에 청소년들의 교육 수양단체의 성격을 지녔던 것으로 국선을 위시하여 화랑과 낭도를 구성원으로 하는 단체 가운데 특히 김유신이 이끌었던 용화향도龍華香徒와 같은 경우가 그 일례이다.

이 세제는 반야바라밀을 실천하는 원리로서 원융한 중도성에 바탕한다. 부처님의 가르침은 바로 모든 시대의 중생과 모든 지역의 중생을 상대로 하여 설해졌고 전승되어 왔기 때문이다. 이와 같은 세제야말로 참다운 깨침으로서 대승의 출현과 존립 근거다. 특히 진평왕 대에 출현한 세속오계가 큰 역할을 하였다. 세속오계는 진평왕 대에 원광 법사에 의하여 주창되었다. 이후로 혜숙惠宿, 전밀轉密, 월명月明, 범교範敎, 일위一位 등은 승려이면서 일상생활에서 불법을 구현하는 방식으로서 국가에 공헌하는 충의忠義의 역할을 충실하게 수행하였다.

일찍이 원광은 진평왕 22년(600)에 왕명에 의하여 수나라에서 귀국하였다. 그가 고구려의 위협하에 있는 신라를 위하여 수나라에 원정군을 청하는 「걸사표乞師表」를 지었다는 것은 특기할 사항이다. 원광이 그와 같이 신라를 수호하는 행보를 보인 것은 불교에 대해서는 정법의 수호이면서 국가에 대해서는 충성의 발로였다. 이처럼 신라인들이 '신라 즉불국토新羅卽佛國土'라는 신념과 신앙과 사고방식을 지니고 있었음은 「황룡사장육」에서도 알 수가 있다.

신라불교와 충의사상

정법 관념을 바탕으로 하여 신라 사회에서는 적절한 변용을 통하여 불교를 정착시켜 나아갔다. 가령 '신라즉불국토설', '세속오계', '황룡사의 구축' 등은 신라에서 불법의 신라적인 변용의 모습을 보여주고 있는 예에 속한다. 그것은 법흥왕의 불교 공인으로부터 엿볼 수가 있다. 법흥왕은 즉위하면서부터 불교 신봉의 자유를 공인하려고 하였지만 군신들의 반대로 뜻을 이루지 못하다가 재위 14년, 곧 527년에 근신이었던 이차돈의 순교사건이 있은 뒤에야 불교신앙이 자유롭게 인정되었다. 군신들의 극렬한 반대를 무릅쓰고 마침내 이차돈의 죽음을 담보로 하여 불법을 일으킨 것이다. 당시 국가적으로는 불교를 금지하고 고구려에서 온 승려를 살해하였으므로[15] 신라인으로서는 승려가 되는 것은 물론이고 공개적으로 불교를 신앙할 수조차 없었다.

기록에 의하면 불법에 마음을 두었던 법흥왕의 마음을 알아차리고 이차돈은 백성은 물론이고 우선 왕을 위해서라도 불법의 수용에 자신이 앞장서리라고 마음먹었다.[16] 이에 이차돈은 국가를 위하여 몸을 버리는 것은 신하의 대절大節이요 왕을 위하여 목숨을 던지는 것은 백성의 직의 直義라고 역설하면서 자신의 목숨을 바쳐서 왕의 뜻을 받들겠다고 각오한다. 이는 국가와 백성 나아가서 불법을 위한 위법망구의 정신으로 충의의 절개를 실현하였을 뿐만 아니라 정법을 위한 보살도 실천의 모범을 보여준 것이었다. 곧 이차돈이 선택한 것은 왕을 위하고 백성을 위한 것이었다. 그 이면에는 바로 국가와 백성의 이익을 위한 하나의 길이 불법의 흥륭에 있다고 믿었던 점을 간과해서는 안 된다.

이와 같이 정법의 수호를 통하여 국가와 중생을 이익되게 하고자 하는 개인적인 희생 내지 충의의 표현은 끊임없이 이어졌다. 진흥왕 시대

---

15 『海東高僧傳』 卷1, 「阿道和尙」
16 『三國遺事』 卷3, 「興法」

에는 법흥왕의 흥불이념이 더욱 계승되어 불교적인 치국으로 흥국이민興國利民하는 왕정王政이 출발하였다. 진흥왕은 어려서 즉위하여 일심으로 봉불하고 널리 불사를 일으키며 백성을 건져서 승니가 되도록 하였으며 말년에 이르러서는 머리를 깎고 승복을 걸쳐 스스로 법운法雲이라 칭하였다.

한편 태종무열왕 시대에 백제의 공격을 받아 국가가 위기에 처하자 무열왕이 몸소 전쟁에 나아갔다. 이때 실제사의 도옥道玉은 승려된 자는 도를 닦아서 마음을 밝히고 아래로는 남을 이롭게 해야 하거늘, 나와 같은 사람은 겉모습만 승려이지 한 가지도 좋은 일을 한 것이 없으니 전쟁터에 나가서 목숨을 바치는 것이 좋겠다고 말하면서 적진에 뛰어들어 전사하였다. 이를 계기로 사기가 진작된 신라군은 승리를 거둘 수 있었다.

이처럼 신라의 불교 수용 초기에는 세제불법의 인식으로 인하여 승려들이 세속을 벗어나서 수도에 전념하면서도 국가에 대한 은혜를 저버리지 않았음을 볼 수 있다. 이와 같은 국가에 대한 충의적 의식은 이후 신라 중대에는 대승교학의 연구를 통하여 더욱더 적극성을 발휘해 나아간다. 국가와 불법의 이와 같은 상호공생의 관계는 불교를 통한 백성들의 국가관에 긍정적인 역할을 이끌어내어 마침내 후대에 삼국통일이라는 역사 창조를 가능하게 하였다.

Ⅲ. 세속오계와 충효

세속오계와 충효 관념

원광(546~630)은 중고기 때 진나라와 수나라에서 유학했던 승려로서 진평왕 시대에 크게 활동한 인물이다. 귀국한 후에 원광은 속가의 제자에게 소위 세속오계世俗五戒의 가르침을 베풀었다.[17] 곧 임금을 섬기되 충성으로 하고, 부모를 섬기되 효도로써 하며, 벗을 사귀되 신의로써 하고, 전쟁에 임하되 물러남이 없으며, 살생을 하되 가려서 한다는 것이다. 이와 같은 세속오계에서 제시하는 가르침의 덕목은 피상적으로는 세속인이 지켜야 할 다섯 가지의 덕목이지만 그 사상적인 배경을 보면 충·효·신 등 유교의 덕목을 중심으로 설정되어 있으며, 이는 당시 신라 사회의 모습을 보여주는 금석문 및 문헌에도 보인다. 특히 앞의 네 가지 항목과 유사한 대목은 유교의 경전인 『예기』에도 보인다. 곧 증자의 말에 의하면 몸은 부모님이 남겨주신 것이므로 공경하지 않는다면 효라 말할 수 없고, 거처를 장엄하지 않으면 효라 말할 수가 없으며, 임금을 섬김에 충성하지 않으면 효라 말할 수가 없고, 관에 나아가서 공경하지 않으면 효라 말할 수가 없으며, 붕우朋友를 믿지 못하면 효라 말할 수가 없고, 전쟁에 나가서 용기가 없으면 효라 말할 수가 없다는 것이다. 때문에 이 다섯 가지를 완수하지 못하면 재앙이 몸에 미치므로 감히 부모를 공경하지 않을 수 없다는 것이다. 곧 살생유택을 제외한 나

---

[17] 세속오계에 대해서는 이미 이병주, 김영태 등을 비롯한 여러 사람이 유교의 덕목인 오상 곧 仁·義·禮·智·信과의 관련을 지적하였고, 鎌田茂雄은 『提謂經』의 영향을 받은 것으로 추측하였다.

머지가 거의 같은 모습으로 드러나 있다. 여기에서 네 가지 항목은 모두 효가 그 주제를 이룬다. 즉 증자의 효와 같이 네 가지 항목은 가족윤리를 넘어서 국가윤리의 근원으로서 충효일치의 이념으로 전개되었다. 세속오계의 다섯 가지 덕목 가운데 불교의 재가오계와 직접적인 유사점을 지닌 것은 살생유택뿐이고, 전체적으로 유교의 덕목과 관련이 깊은 까닭에 원광의 오계를 유교의 오상 곧 인·의·예·지·신에 배치하고, 거기에다 오행사상 및 오상과 오계의 일치를 설한 『제위파리경提謂波利經』과의 관계에서 찾기도 한다.

이는 살생유택의 항목에 대해서조차 예외는 아니다. 원광은 육재일과 봄과 여름에는 살생하지 말아야 하는데 이것이 택시擇時라 하였고, 기르는 가축을 죽이지 말아야 하는데 그것은 곧 택물擇物이라 하였다. 이처럼 살생에 대하여 택시와 택물의 두 가지 항목을 내세우면서, 택시에 대해서는 육재일과 봄과 가을에는 살생해서는 안 된다는 단서를 붙였다. 봄철과 여름철, 그리고 연례적으로는 삼장재월과 월례적으로는 육재일에는 살생을 금지하는 항목이다. 한편 『제위경』에서는 세삼장재월육재歲三長齋月六齋를 음양설과 월령신앙으로부터 상세하게 근거를 대고 있지만, 도리어 원광과 같은 살생유택까지는 수렴하지 못하고 있다.

그런데 증자는 초목은 시절을 살펴서 베어야 하고, 짐승은 시절을 살펴서 죽여야 한다고 말하면서 나무 한 그루를 베고 짐승 한 마리를 죽이는 경우에도 그 시절이 맞지 않으면 그것은 효가 아니라고 말하여 시절을 살피는 것도 곧 효와 무관하지는 않다는 것을 보여준다. 이렇게 보자면 살생유택도 또한 효와 관계되어 있음을 알 수가 있다.

더욱이 원광이 택물에 대하여 말한 것도 그 출처를 보면 여섯 가지 가축으로서 소·말·개·양·돼지·닭 등이며, 유교 전적에서 유래하고 있다. 이것은 택물의 경우에도 전체적으로 유교와 관계가 있음을 보여준다.[18] 원광은 이렇듯 보살계를 전제로 하여 세속오계라 칭하며 오계를 환골탈태換骨奪胎하여 증자와 동일한 효를 설하였다. 유교도덕의 근본인 효야말로 불교가 중국 사회에 침투하기 위한 최초·최대의 난관이었고, 불교가 전래된 이래로 사상의 중요한 과제였다. 이것은 원광이 세속오계의 실천이 보살계의 가르침과 일치하고, 그 진의가 유교에도 저촉되지 않는다고 말함으로써 유교 도덕의 실천이 곧 불교와 일치함을 말하려는 것이기도 하였다.

이와 같은 근거는 『제위경』의 오상五常과 효孝의 관계에 보인다. 정설로는 북위의 폐불 이후에 성립된 『제위경』에서 처음으로 오계를 오행사상 및 오상五常에 배치하여 그 일치가 주장되었다고 한다. 『제위경』은 이미 양나라 승우(445~518)에 의하여 위경으로 분류되어 있지만,[19] 한편에서는 대표적인 서민 경전으로서 수나라 개황 무렵(581~600) 장안에서 이 경전에 의한 재회齋會가 있었다고 하며, 소위 북지北地의 오시교판에도 제일시 인천교로서 『제위경』이 언급되고 있다.

이미 『제위경』에서 설한 오계=오상설은 중국에서 수용되어 있었다. 그런데 그 『제위경』에서는 남북조시대의 상황을 반영하고 있듯이 효에 대하여 중점적으로 언급하고 있는 대목이 있는데, 곧 충효의 실천자야말로 오계를 지키고, 그렇지 못한 자는 불제자가 아니라고 말하고 있다. 이것은 불교의 경전이면서 당시 중국불교가 당면한 가장 큰 문제인 출가를 어떻게 효와 접목시킬 것인가를 고민한 것이었다.

---

18 中島志郎,「新羅圓光世俗五戒の思想的背景」,『禪文化硏究所紀要』16 (東京: 禪文化硏究所, 1990), p.279
19 『出三藏記集』卷5,「新集疑經 僞撰雜錄」(『大正藏』55, 39a)

이에 『제위경』에서는 재가불교의 오계의 실천을 오행사상으로 근거 삼을 뿐만 아니라 『효경』의 어구를 활용함으로써 유불회통사상을 내세우고 있는 것이다. 그것은 남북조 불교 공통의 유불일치설, 유교의 효와 불교의 계의 일치를 말하는 것으로 보아 그것 자체가 일반적인 구성을 계승했다고 말할 수도 있다. 남북조시대의 재가불교는 희초의 『봉법요』와 같이 삼귀오계三歸五戒 세삼재월육재歲三齋月六齋의 실천과 그 전제인 효孝=계戒의 주장을 전형으로 삼고 있지만 『제위경』도 삼귀오계 세삼재월육재를 계승하여 오계=오행사상의 주장에 더하여 충효=지계를 전개한 셈이 되었다. 계를 지키는 것은 불자의 의무인데 그것을 효의 근거로 간주한 것이다. 곧 여기에서 말한 효는 지계持戒란 충효忠孝를 실천하는 것이고 부지계不持戒란 온갖 죄를 짓는 것으로 지계하지 못한 자는 불제자도 아니고 나아가 효를 실천하지도 못한다는 것이다.

여기에서 간과해서는 안 되는 점이 있다. 중국불교에서 불교가 유교와 다르지 않음을 『범망경』 등에서는 계=효로 간주하였다. 그러나 『제위경』의 경우 오계=오상의 관계는 효계일치孝戒一致와는 동일하지 않다는 점이다. 한마디로 유불일치사상이라고는 말해도 오계가 오상에 상응한다는 것과 지계가 효에 들어맞는다는 것은 별개의 주장이다.

분명히 원광이 『제위경』을 알고 있었을 가능성은 충분하다. 천태지의도, 정영사 혜원의 『대승의장』도 첫머리부터 인천교人天敎로서 『제위경』을 승인하고 있다. 이미 『제위경』은 당시에 보편적인 경전으로서 유통되고 있었기 때문이다. 때문에 원광이 『제위경』을 알고 있었음에도 불구하고 『효경』에 근거한 증자의 효사상으로 세속오계의 가르침을 제시한 것은 위에서 네 가지 항목 내지 다섯 항목의 전체가 효를 바탕으로 한 것이었음에서 추측할 수가 있다.

일찍이 원광은 진나라가 망하고 수가 통일하였던 589년에 장안에 들어갔다. 중국불교는 재가불교의 확립을 위해서 단순히 삼귀오계 및 세 삼월육재歲三月六齋를 실천하는 것뿐만 아니라 중국 사상 및 사회의 기초였던 효와 배치되지 않는 주장을 할 필요가 있었다. 일찍이 손작孫綽(311~368)은 『유도론喩道論』에서 "옛적에 부처님은 태자였을 때 나라를 버리고 도를 배우러 떠났다. …다시 본국으로 돌아와서 널리 설법을 하자 부왕이 감격하였다. 또한 도량에 올라서 친척까지도 제도하였다. 그 어떤 효가 이와 같겠는가."[20]라고 말함으로써 불교는 인륜효제人倫孝悌의 길과 모순되지 않는다고 말하였다.

충효와 불법

재가불교의 흐름은 위원숭衛元嵩이 상서上書한 글에서 황제를 여래로 간주하여 다투어서 충효를 실천하는 것이야말로 곧 불법의 흥성으로서 국가를 편안하게 하는 것이라고 말하는 것에서 잘 드러나는데, 이것은 곧 '충효즉불법忠孝卽佛法'의 사상을 근저로 하는 강한 국가의식을 보여 주기 시작한 것이기도 하다.[21] 나아가서 『광홍명집』의 기록처럼 "조서의 가르침을 듣건대 실로 성인의 설법과 같습니다. 도道는 저절로 도가 아니고 속俗이 아니면 드러나지 않습니다. 불법은 저절로 불법이 아니고 오직 왕을 통해서만 일어납니다. 이로써 불교의 가르침이 동쪽으로 전승된 지 오백 년이 되었는데 그 법화가 널리 퍼진 것은 요컨대 왕의 힘

---

20 『弘明集』卷3 (『大正藏』52, 17c)
21 『廣弘明集』卷7 (『大正藏』52, 132b)

이었습니다."²²라는 말처럼 불법과 왕법의 통일 내지 일치를 내세우는 분위기가 지배적이었다.

이 무렵 제나라 승광 2년(578)에 주周의 무제는 북제에서 폐불을 일으켰다. 그 이유 가운데 하나가 곧 출가함으로써 효를 저버린다는 이유였다. 이러한 가운데 정영사 혜원(523~592)은 무제에게 반박하는 글에서 출가입신出家立身하는 것도 효를 등지는 것이 아니라고 말하였다.²³

그러나 무제가 죽고 양견楊堅의 등장과 더불어 북주는 복불復佛하고, 수나라(581)에 이르러 중국불교는 새로운 전개를 보여준다. 그 불교 회복의 기운은 『예기』와 『효경』에 의하여 사문의 효 · 불효와 치국의 도道가 문제되었다. 왜냐하면 당시에 효는 폐불의 근거였으며 동시에 불교 옹호의 근거이기도 하였기 때문이다. 본래 폐불과 복불의 사정은 단순한 사상 대립의 문제로 끝나지 않는 정치 및 경제적인 배경을 지니고 있다. 그러나 이 시대가 중국불교에 질적인 변화를 가져온 시대였음은 사실이다.²⁴

여기에는 출가사문의 경우도 효를 승인하여 왕의 옹호를 청한 것에서 곧 왕법과 불법의 결착을 보여주고 있다. 이와 같은 분위기는 원광도 깊이 체험하고 있었다. 『삼국사기』에는 귀국 이후의 소식으로서 진평왕 30년(608)에 원광이 걸사표를 썼다는 일화가 있다. 곧 그것을 통하여 원광은 왕법의 우위를 인정하고 왕법과 불법의 관계에 나름대로 결론을 내렸는데, 여기에서 원광은 세속오계에서 말하는 사군이충事君以忠으로 통하는 국가의식을 보여주고 있다. 그 첫째를 사군이충으로 내세운 것

---

22 『廣弘明集』卷10 (『大正藏』52, 154bc)
23 『廣弘明集』卷10 (『大正藏』52, 279b)
24 『續高僧傳』卷8 「淨影寺慧遠」(『大正藏』50, 489c~492a)

은 유교의 보편적인 관념이기도 하지만, 원광이 충의 관념을 보다 확실하게 실현하기 위하여 살생유택과 임전무퇴를 설정한 것은 대승계의 정신에 근거한 것이었다. 대승계는 소승계와는 달리 심지계心地戒의 성격이 강하다. 때문에 출가자라 할지라도 국가의 부름이 있으면 그에 응하여 국가를 위하여 충성해야 한다는 충의 관념으로 승화시켜 나아갔다.

세속오계에서 원광이 왕법과 불법의 문제를 굳이 효의 개념과 관련시킨 이유는 무엇인가. 가령 증자의 효는 공자의 효 개념을 일보 전진시켜서 효 그 자체가 인간 도덕의 근본이고 동시에 우주의 원리임을 설했다는 점에서 볼 때,『효경』이 이미 충효의 일치를 설하여 가족제도를 배경으로 한 유교도덕이 국가적 의식으로 전개되어 온 것으로 이해할 수가 있다.

이와 같이 보자면 원광이『효경』에 등장하는 증자의 효를 채용했을 가능성은 국가의식이라는 점에서 충분히 개연성이 확보된다. 여기에서 원광의 효는 가족윤리로 일관되는 삼강오륜의 하나에 그치는 것이 아니라 국가의식으로 승화되는 충효의 것임을 알 수가 있다. 정영사 혜원 등 불교옹호론자들이 이해한 효의 개념도 단순히 부모를 섬기는 것만의 효는 아니었다. 그 효는 반드시 국가에 대한 충의의 관념으로 승화되었다. 이처럼 당시 불교계에서 효를 어떻게 불교윤리의 개념으로 수용하느냐에 대한 관심은 지대하였다.

따라서 유교의 근본원리인 효를 목표로 하여 몇 가지 위경僞經이 출현하기도 했다. 출가도 또한 삼세에 걸친 보다 큰 효를 그 목적으로 하고 있기 때문에 효의 의미를 확대 해석할 필요가 있었다. 여기에서 유교의 효의 중심에 서 있는 증자의『효경』을 수용한 것은 불교의 출가행위가 효에 위배되지 않는다고 말하는 증좌이다. 그것은 불교의 경우에도 신앙의 소극적인 일치로부터 국가적 의미를 지닌 효의 적극적인 실천에 일치함을 표명한 것이다.

이처럼 원광이 제시했던 세속오계의 사상적인 배경은 직접적으로 효였지만 그 효를 충의 개념으로 승화시킨 것은 살생유택과 임전무퇴의 덕목과도 관계가 깊다는 것을 알 수가 있다. 곧 불교가 효의 입장에서 유교의 입장과 어긋나지 않는다는 주장은 보살계를 설하는 『범망경』에서도 찾아볼 수가 있다. 원광은 효를 설하고 있는 『제위파리경』을 이미 알고 있었지만 불교의 오계를 설함에 오상 및 오행의 사상에 기반하기보다는 남북조의 재가불교로부터 수나라의 국가불교에 이르는 증자『효경』의 효에 주목하였음을 알 수가 있다.

이처럼 세속오계는 보살계의 십선계를 전제로 하면서 『효경』의 효를 중심으로 화랑을 위시한 재가불교의 오계 형태로 정리되어 갔다. 유학의 교리에도 달통했던 원광은 중국불교를 모방하면서도 교묘하게 충과 효를 바탕으로 하여 일찍부터 유불의 일치를 도모하면서 세속의 가르침으로 제시해 주었다.

한편 의상은 당나라에서 수행하는 도중에 국난의 위험을 알리려고 귀국하였는가 하면, 명랑 법사는 당나라 군대가 쳐들어왔을 때 사천왕사 터에서 밀법의 위력을 발휘하여 두 차례에 걸쳐서 국난의 극복에 도움을 두었다. 그 밀법은 안혜, 낭융, 광학 등을 통하여 전승되어 고려 태조 왕건이 바다의 도적을 물리치는 데 큰 도움을 주었다. 도옥은 국토 모두가 불국토임을 자각하여 태종이 군사를 거느리고 전쟁에 나갔을 때 법복을 벗고 조천성 전투에 결사대를 거느리고 참여하여 전사하였지만 승리를 안겨주는 결정적인 공을 쌓았다.

Ⅳ. 충의 관념과 호법불교의 계승

대장경의 조판

고려시대에는 불교가 대단히 번성하였다. 때문에 국난이 일어났을 때에도 불교를 통하여 국난을 극복하려는 노력은 지당하였다. 일찍이 태조 왕건은 훈요십조 가운데서 국가의 대업을 이루는 데 부처님의 가피가 절대적임을 첫째로 들어서 말하였다. 때문에 선교의 사원을 중창하고 주지를 파견하여 그 업을 닦도록 하였다. 또한 사원이 건립되는 위치도 국가의 흥륭과 관련된다는 비보사탑 관념이 있었다. 이와 같은 국시는 국가의 위기상황에서 더욱더 불법의 필요성을 절감하여 마침내 그것이 대장경판을 조각하는 사업으로 나타났다. 모두 두 차례에 걸쳐 행해졌다.

첫째는 현종 2년에 거란의 침입을 맞이하여 부처님의 힘을 빌려서 난리를 극복하려는 것으로 위로는 군신을 비롯하여 아래로는 일반 백성에 이르기까지 합심하여 대서원을 일으켜서 대장경을 조조雕造하였다. 이로써 거란병이 스스로 물러갔다는 것으로 이것이 곧 초조장경이다. 그러나 그 판본은 소실되어 버리고 지금은 인경본만 남아 있다.

둘째는 고종 24년에 조각하기 시작하여 16년에 걸쳐 완성한 재조장경이다. 재조장경의 경우도 부처님의 힘을 빌려서 국난을 극복하고 백성들의 마음을 위로하기 위한 것이었다. 이것은 불교가 국가를 위한 충의 관념을 발휘함으로써 국가를 보호하는 것이 백성을 보호하는 것이고 백성의 안위를 보호하는 것이 곧 불법의 근본적인 정신이었음을 인식하고 그것을 현실적으로 잘 보여주는 사례이기도 하였다. 또한 여진족을 정벌하기 위하여 윤관의 건의로 별무반이 설치되었는데 이 가운데 항마군降魔軍은 승도들로 구성된 조직이었다.

이와 같은 불법의 충정보국은 또한 인왕경도량, 금광명경도량, 장경도량, 연등회, 팔관회, 반승회 등을 설치하여 국가의 안녕을 기원하고 중생의 복리를 꾀하기도 하였다. 특히 팔관재 법회는 『불설팔관재경』에 의거했는데 전사자들을 위로하기 위해 이루어졌다. 이는 일찍이 신라의 진흥왕 대부터 시작되었다. 특히 불살생不殺生 · 불투도不偸盜 · 불사음不邪淫 · 불망어不妄語 · 불음주不飮酒 · 불범재不犯齋(非時食) · 불어고호상좌不於高好床座 · 불습가무역불착문식향훈도신不習歌舞亦不著紋飾香熏塗身 등 8종의 선행 곧 8종의 청정계를 닦음으로써 국가사회의 안녕 질서를 추구하고 더불어 사치와 방일과 해태와 낭비를 근절하려는 개인적인 도덕의 개념이 거기에 있었다.

이러한 전통은 고려시대를 통하여 더욱더 크게 전개되어 수도 개경과 전국에서 펼쳐진 팔관회와 연등회 등으로 발전하였다. 한편 신라시대 이후로 국왕의 진영을 모시고 기일마다 불교식으로 재를 지냈던 진전사원의 설치는 불법의 힘을 통한 국가의 수호라는 진호국가鎭護國家의 사상적인 전개와 더불어 개인의 복덕을 기원하는 좋은 본보기였다. 불교의 이러한 전통은 국가가 어려움에 직면했을 때 더욱 잘 나타났다. 고려 초기에 거란의 침입으로 강토가 유린당하고 백성의 삶이 피폐해졌을 때 부처님의 원력으로 전란을 그치고 백성의 마음을 위무하려는 대장경의 판각불사가 이루어진 것[25]은 주지의 사실이다.

---

25 김용태, 「한국불교사의 호국 사례와 호국불교의 인식」, 『대각사상』 제17집 (서울 : 대각사상연구원, 2012), pp.54~57

임진왜란과 의승군

　조선시대에 이르러 조정은 불교를 배척하는 정책으로 일관하였지만 국난이 있을 때마다 여러 차례에 걸쳐서 불교의 힘을 빌려서 그것을 극복하려 하였다. 곧 선조 대에 발발한 임진왜란 당시 불교계는 의승군의 역할을 통하여 국가에 크게 기여하였다. 의승군은 의병에 비하면 그 수는 적었지만 그들의 활동은 전국에 걸쳐 있었다. 의병은 관군이 기능을 회복한 후에는 조정으로부터 해체할 것을 강요받아서 타의적으로 해산되었지만, 의승군의 경우는 자의로 해산되는 경우는 있었지만 이후에도 계속 전투에 참가하든가 혹은 특수한 분야에 종사하게 하여 해체를 강요받지는 않았다. 전쟁이 주도권을 잡은 이후에는 직접 전투에 참여하는 것보다는 군량미를 운송하거나 성을 쌓는 등 후방지원을 담당하는 경우가 많았다. 이와 같은 승군 혹은 승병의 명칭이 기록에 나타난 것은 조선시대가 처음은 아니었다. 신라 말기에 사원의 수비를 위하여 사원 자체 내에서 조직된 승군의 경우라든가, 고려시대에 있었던 항마군 등에서 이미 나타나 있었다.[26] 그러나 임진왜란 중에 봉기한 의승군은 나라를 지키기 위하여 승려들이 스스로 봉기한 최초 사례였다.

　임진왜란의 경우 의승군이 전투에 참여해서 크게 활약한 것은 임진년 6월부터였다. 최초 의승군 지도자는 기허영규 대사로서 청주성 수복 전투에서 팔백 명의 의승군을 이끌고 성을 탈환하는 데 큰 역할을 하였다. 이후로 영규 대사는 의병장 조헌과 합세하여 금산에 주둔한 왜적의 토벌에 참여하였다. 그러나 관군의 약속위반으로 조헌은 칠백 의병으

26　이장희, 「임진왜란 중 의승군의 활동에 대하여」, 『사명당과 임란 및 강화교섭』 (서울 : 사명당기념사업회, 1999), p.50

로 최후의 결전을 벌이는데 거기에 영규 대사가 가담하여 더불어 전사하였다. 청허휴정은 선조의 명을 받아서 늙고 병들어 참여할 수 없는 사람은 부처님께 기원하여 국가의 위태를 극복하고, 나머지는 몸소 통솔하여 충의적성忠義赤誠을 다하도록 하였다. 청허는 팔도선교십육종도총섭이 되어 제자들을 각지에 파견하여 의병을 모집하였다. 그 가운데 사명유정은 칠백여 승을 모아서 관동에서 일어났고, 뇌묵처영은 천 명을 모아서 호남에서 일어났으며, 기타 도합 오천여 승병이 순안의 법흥사에 모여서 명나라 군대와 힘을 합하여 평양 모란봉 전투에서 대승을 거두고 송도를 회복하였으며 경성의 적군을 물리치는 등 국난을 극복하는 데 크게 기여하였다. 청허는 용사 백 명을 선발하여 선조를 호위하며 환도를 도왔다.

의승군들 가운데 부휴선수는 사명의 진중에 들어가 참모로서 공을 세웠으며, 허한경헌 대사는 의승군을 일으켜 공훈을 세우자 선조가 선교양종판사를 제수하였지만 사양하고 오대산과 치악산 등에서 수행자의 본분으로 일관하였다. 소암은 산내의 승병들을 조직하여 해인사의 팔만대장경을 수호하고 이후에는 백련암을 지어 수행에 전념하였다. 벽암각성은 인조 때에 판선교도총섭 및 팔도총섭을 제수받고 칠순의 고령에 남한산성을 축조하는 데 크게 기여하였다. 회은응준은 소요, 호연, 벽암 등과 더불어 수행에 전념하였지만 인조 때에 구국제민의 충의를 품고 벽암각성의 부장으로서 전공을 세우고 양호도총섭에 임명되었으며, 남한산성의 개원사에 주석하였다. 이후 남옹성을 쌓은 공로로 가의嘉義에 오르고, 이후에 다시 자헌資憲으로 승급하였으며, 현종 대에는 승병대의 최고책임자가 되었다. 허백명조는 사명대사의 법손으로서 묘향산에 주석하고 있을 때 정묘호란 및 이괄의 난을 맞아 어수선한 정국에서 팔도의승군도대장을 맡아서 안주성을 지켰다. 이에 인조는 가선대부국일대선사의승도대장등계의 첩을 내렸다. 이후 구월산 패엽사에 주석하고, 묘향산 보현사에 들어가 불사를 하고 제자를 제접하였다.

조선시대에 이처럼 충의의 노력을 기울였음에도 불구하고 여전히 배불정책은 개선되지 않았다. 이때 백곡처능은 남한산성 도총섭에 임명되었지만 그에 얽매이지 않고, 자리를 물러나 성주사, 청룡사 그리고 속리산 및 계룡산 등 여러 사찰에서 산림법회를 행하였고, 배불정책에 항거하여 「간폐석교소」를 상소하여 불법이 국가의 충의에 합치된다는 것을 주장하기도 하였다. 숙종 대의 성능 대사는 팔도도총섭을 맡아서 북한산성 축조에 공을 세웠고, 이후에는 화엄사에 들어가 수행하는 여가에 산성의 모든 것을 일괄할 수 있도록 14조목으로 나누어 산성기사山城紀事를 집필하여 북한지北漢志라고 이름하였다. 서봉 대사는 성능 대사의 뒤를 이어 팔도도총섭을 지내면서 성의 수호에 크게 기여하였다.

이와 같은 의승군의 활약은 불법을 수호하여 순수한 보국충정의 애국심으로서 그 어떤 명예와 이익도 바라지 않는 대승보살도의 실천이었으며, 한국불교가 지니고 있는 진호국가의 모범이었다. 이것은 고구려 시대에 처음으로 불교를 수용하면서 국가와 백성의 복리를 위한 정책으로 시작된 이래로 조선시대에는 임진왜란을 통하여 의승군들의 활동으로 나타났다. 특히 영규 대사와 사명당을 비롯한 승병들의 활동은 분충憤衷 구국救國의 보살행으로 일관되었음은 주지의 사실이다. 사명당에게 네 가지 은혜를 갚는 것과 삼악도의 중생을 제도하는 것은 당시에 전쟁을 일으켜 살생을 일삼고 강토를 짓밟는 왜군을 물리치는 것으로부터 시작되었다. 이것이야말로 넓은 눈으로 보면 국가를 수호하는 것임과 동시에 중생을 사랑하는 보살행의 실천이었다. 고요하게 개인의 수행을 하는 것만이 출가본분은 아니다. 널리 국가를 수호하고 백성을 위로하며 공리의 욕심을 벗어나고 아집을 떠나 보살행으로 점철하는 행위가 정법을 바탕으로 한 충의의 발로로서 호국護國이고 호법護法이며 호민護民이었다.

의승군의 활동

의승군은 국가의 위기를 맞이하여 출가승려가 자발적으로 참여하고 봉기하여 형성된 특수한 형태이지만 신분이 승려였던 관계로 의병과는 엄격히 구별된다. 의병들의 경우는 그 장수가 대부분 전직 관료였고, 의병들 또한 대부분 유생들로 구성되어 있었던 까닭에 때로는 관군과 동등한 입장에서 근왕을 주장할 수가 있었다. 따라서 관군의 무능을 규탄하기도 하면서 독자적인 노선을 걷기도 하였다. 이와 같은 의병집단의 장수는 수적으로 제한을 받지 않고 각지에 산재하면서 각기 독립적인 체제를 형성하여 관의 간섭을 받으려고 하지 않았다.

그러나 의승군의 경우는 신분이 출가한 승려였는데 당시에는 불교가 이미 정치적인 세력과 무관한 시절이었고 사회적인 신분도 양민 이하였기 때문에 의병의 입장과는 상당히 달랐다. 왕은 전공이 있는 의용승장에게 환속을 권유하기도 하였는데 그것은 의용승장에게 승려의 신분으로 작위를 줄 경우에 군신들의 반발을 살 염려가 있기 때문이었다. 때로는 그와 같은 권유를 수용한 의용승장도 있었지만 대부분은 현실참여를 피하고 지속적으로 사문의 길을 선택하였다.

또한 의승군 조직은 뚜렷한 명령체계가 있었나. 팔노의 의승군을 총괄하는 도총섭이 있어서 전국의 의승군을 관장하였고, 각 도에는 2인의 총섭승이 있어 그 지역 내의 의승군을 통솔하였다. 처음에는 의승군을 통솔하기 위하여 각 도에 선교종판사를 각 1인씩 두었지만 이미 폐지된 선교종을 부활시킨다는 명분을 피하기 위하여 그 명칭을 총섭으로 바꾸었다. 총섭이란 군사를 영솔하고 적을 토벌하는 승려라는 뜻이다. 그러나 도총섭이나 총섭승은 의승군 자체에서 선출하는 것이 아니라 조정으로부터 임명받아서 직첩을 받은 까닭에 그 자율성이 침해받은 것이었다. 국난이 끝난 이후에도 대부분의 의승군을 유지한 것은 유사시에 활용하려는 데에 그 목적이 있었다.[27]

조선 중기에 허응당 보우 대사는 삼국시대부터 내려왔던 경전에 의거한 진호국가의 불교의식을 통하여 불교와 왕권에 대한 관계에서 호법과 호국의 입장을 분명히 하였다. 보우에게서 그와 같은 불교의식은 호국을 위한 행사로서 국가의 안녕이 백성의 안녕으로 간주되는 것이었다. 때문에 이와 같은 상황에서 국가가 어려운 상황에 처하게 되면 출가승려들은 월계越戒을 감수하면서까지도 능동적으로 국난의 극복에 앞장섰다. 의승군들의 이와 같은 충의의 발로는 상구보리와 하화중생의 보살도를 현실에서 실천하는 것으로서 발심하고 서원하여 중생의 구제를 겨냥하는 출가정신과도 결부되어 있었다.

출가정신을 바탕으로 하는 승려들의 삶은 탈속적인 것을 지향하면서도 정작 발을 딛고 살아가는 현실을 무시할 수는 없었다. 그와 같은 행위는 또한 불법의 가르침도 아니었다. 때문에 승려들의 출가정신은 일신의 안일을 추구하는 것도 아니고 이익과 명예를 추구하는 것도 아니다. 오로지 생사를 벗어나고 번뇌를 제거하며, 부처님의 혜명을 계승하

---

27 이장희, 위의 논문, p.62

고 삼계를 벗어나 중생을 제도하려는 것이었다.

이에 부모의 은혜와 국가의 은혜와 스승의 은혜와 시주의 은혜가 강조되어 왔다. 국가불교 시대의 경우에는 제왕에 의하여 불교정책이 이루어지던 시대였다. 때문에 왕은 불교적인 통치이념으로 백성을 다스리는 경우가 많았다. 그러나 조선시대의 경우처럼 유교의 이념으로 통치를 하던 시대에는 모든 것이 국왕을 위한 충의의 발현으로서 왕사를 다하고 충성을 다하는 근왕의 인식이 절대적이었다. 근왕이라는 개념 속에는 역사의 주체를 백성이 아니라 제왕으로 간주하는 의식이 투영되어 있다. 이러한 상황에서 의승군의 경우에 국가와 백성을 지켜내기 위하여 전투에 참여하여 살생까지 무릅쓰면서 충의를 위한 활동을 행한 것은 단순히 국가불교라는 의식 이외에 적극적으로 불자들의 본분에 충실하려는 신행활동의 일환이었다. 불교의 신행활동에서 국가는 단순한 국왕으로뿐만 아니라 국토를 상징하였고 그 국토에 깃들어 살아가는 백성이야말로 제도의 대상에 해당하는 중생이었기 때문이다.

그래서 국토를 수호하기 위한 전제 조건이 곧 국왕을 수호하는 행위로서 의승군의 활동이 자연스럽게 국토를 수호하는 행위 내지 중생을 보호하는 보살행으로 승화되는 것이었다. 이것은 국가에 대한 충의의 발로가 곧 불법의 수호이고 중생의 보호로서 그대로 애민이고 안민의 결과로 이어지는 것이었다. 이것은 의승군의 활동이 적극적인 신행불교의 성격을 지니고 있었기 때문에 가능하였다. 그래서 국가불교 시대의 주체가 국왕이었던 것에 비하여 조선시대 불교의 주체는 불자였고 불법의 이상을 실현하려는 의승군이었다. 조선시대 의승군의 경우에는 이전 시대에 국가불교의 호법적인 지향과는 달리 불자 개인의 신행활동의 지향이었고 그 실천이었다.

조선시대 의승군의 봉기는 선조의 부름을 받은 청허휴정의 격문에 의하여 격발되었지만 국왕 주도의 정책에 대하여 수동적인 호법의 성격보다는 국토와 중생에 대한 애민과 안민의 실현을 위한 것이었다. 곧 유교를 통치이념으로 이끌어 갔던 조선시대의 불교정책은 미미하였지만 국토를 수호하기 위한 불자들과 의승군의 충의의 발로는 불국토를 지향하기 위한 신행으로서 월계를 감수하면서도 기꺼이 시대정신과 역사의식을 보여준 것이었다. 국왕이 주체가 되는 국가불교와는 달리 불자가 주체가 되는 조선시대의 불교는 불법의 시대정신을 강조하여 출가정신을 잊지 않고 사은四恩을 실현하려는 세제불법의 요청이기도 하였다.

호국과 충의정신

세제불법의 생활화와 구국충의가 가장 빈번하게 그리고 확실하게 조화를 보여준 것은 국토의 수호와 불법의 일치를 구가했던 다양한 법회에서 찾아볼 수 있다. 이와 같은 법회는 그 성격에 따라서 시대에 따라서 다양하게 전개되었다. 우리나라에서 국토와 민족과 백성을 위한 그와 같은 법회의 효시는 신라 진흥왕 시대이다. 고구려가 멸망하기 직전에 신라에 귀화하여 조정으로부터 승통을 임명받은 혜량 법사는 백고좌와 팔관법회를 유행시킨 공로자였다.

백고좌법회는 『인왕반야경』에 근거한 것으로 내호와 외호를 강조하였고, 팔관법회는 『팔관재경』, 『불설재경』, 『지재경』 등에 근거하여 팔관재계를 지킴으로써 칠 일에 걸쳐서 전사한 장병을 위무하는 것이었다. 통일을 이룬 이후에는 명랑 법사가 문두루비법을 통하여 당군을 물리치기도 하였다.

고려시대는 호국과 충의를 겨냥한 법회가 보편화되었다. 연등회와 소재도량, 팔관회와 인왕도량, 장경도량, 제석도량, 금광명경도량, 반야도량, 보살계도량, 화엄법회, 문두루도량, 사천왕도량, 신중도량, 천병신중도량, 담선법회, 우란분재법화도량, 천병화엄신중도량, 문수도량, 운우도량, 진병도량, 왜적기양법석 등 총 83종의 법회도량을 통하여 일천 회가 넘는 법회가 개설되어 국가의 안녕과 백성의 안위 및 재난 소멸과 불법의 영원과 미래의 평안을 기원하는 도량이 이루어졌다.

당시에 수많은 국난 및 재난은 개별적인 인력으로 극복이 불가능하다고 간주하고 법회를 통하여 민중의 마음을 결집하고 일치단결하여 백성을 위무하면서 부처님의 가피력을 빌려서 해결하려는 충의적인 신앙심의 결과였다. 이 가운데에는 국외의 적을 물리치려는 것보다도 오히려 국내적인 근심과 재앙을 극복하려는 것이 압도적으로 많았다. 이와 같은 고려시대의 법회의 성격은 군사적 측면과 신앙적 측면이 결부된 것으로서 국가의 안보와 충의 그리고 민생의 위로를 위한 차원으로 전개되었다.

태조 이성계의 조선 건국은 신불信佛을 바탕으로 했지만 건국 이후 조선의 정책은 철저하게 배불로 일관되었다. 때문에 국가적인 차원에서 실시한 법회 가운데는 충의와 호국과 호민을 위한 법회라 할지라도 공식적인 행사라기보다는 특수한 목적을 지닌 일회성 법회가 많았다.

가령 세조가 즉위하는 과정에서 일어났던 불미스러운 죽음에 대하여 그들의 넋을 위로하기 위한 호국영령제는 법회이면서도 국가의 안존과 태평성대를 기구하는 것으로 기울어갔다. 명종 대에는 회암사에서 초파일을 맞이하여 호국과 민생안전을 위한 무차대회의 도량을 개설하였지만 법회의 주관자였던 문정왕후가 세상을 떠남으로써 오히려 억불의 빌

미만 제공하는 결과를 가져왔다. 임란과 호란을 통하여 보여준 의승군들의 자발적인 참여는 불법의 충의정신을 크게 선양하는 것이었다. 그러나 이후에는 거의 모든 공식적인 법회는 구국 및 왕실의 안녕과 충국忠國의 기능이 강조되었다. 결국 불교계의 승군활동과 충의의 공적은 조선 후기 불교가 존립할 수 있었던 중요한 요인이 되었고, 이는 호국을 통해 호교를 달성한 것이었다.[28]

이처럼 국가와 불법의 관계에서 불법은 국가에 상대한 호법을 강조하기도 하였고 불법에 대한 국가의 안녕을 주장하기도 하면서 상호간에 상생을 위한 측면이 강조되어 왔다. 때문에 일부 경전에서는 국왕을 수호하는 것은 국토를 수호하는 것이었고 국토를 수호하는 것은 곧 불법을 수호하는 것으로 간주되어 불법과 국가의 불이不二를 내세웠다. 이것은 불교의 가르침이 신토불이를 실현하는 것이었음을 보여준다. 이것은 전륜성왕의 사상으로 드러났다. 그것은 국왕에 대한 수호가 국토의 수호로, 국토의 수호가 국민의 수호로, 국민의 수호가 반야바라밀에 의한 개개인의 성불을 향한 방향으로 이어졌다. 이것이 곧 국가의 수호라는 외호外護와 불법의 수호라는 내호內護가 동등하게 강조되는 근거였다.

---

28 김용태, 앞의 논문, p.68

충의 관념과 불법의 조화

　불법과 국가가 조화를 이루는 바탕에는 동양의 전통적인 관념이 자리하고 있다. 충의의 관념과 불법의 신앙관은 국가의 불교외호佛敎外護와 불교의 국가진호國家鎭護라는 두 가지 요소로 구성되어 양자가 긴밀한 작용을 통해서 국가의 무한한 발전이 이루어짐으로써 불국정토의 구현이 가능하다는 원리에 기초한다. 그 불국정토의 지향을 실현하려는 노력의 일례가 신라에서 출현한 불연국토설佛緣國土說이었다.
　이와 같은 모습은 일찍이 인도의 경우에는 아쇼카왕에게서 구현된 전륜성왕의 사상이기도 했던 이상적인 국가 관념 내지 정치 관념에서 찾아볼 수가 있고, 또한 중국의 경우에는 남북조시대에 강력한 국가권력에 종속되었던 점에서 찾아볼 수가 있다. 이런 와중에서 왕즉불王卽佛이라는 개념이 등장함과 더불어 불교에서는 몇 가지 불교경전의 교리에 근거하여 세속권력에 항거하면서 불교교단의 주체성이 설파되기도 하였다. 중국의 경우 혜원의「사문불경왕자론」에서 보듯이 불교와 국가 사이의 긴장관계는 일시적으로 출세간의 우위를 보이는 듯 했지만 수·당시대에 들어와서는 국가권력에 압도당하고 말았다.
　그러나 신라의 경우에는 신라만이 유지했던 화랑도와 같은 특수한 단체를 통해서 불교는 국가에 공헌하고 불법을 생활화하는 세제불법世諦佛法으로서 훌륭하게 적응되었다. 신라의 경우 법흥왕 시대에 불법을 공인하고, 수복修福과 멸죄滅罪를 위한 사찰을 지어서 민심을 수습하였으며, 진흥왕 대에 원광에 의한 세속오계의 출현과 국가에 대한 충의로서 신라불연국토설을 강조한 것은 세제의 구현으로 등장한 모습들이었다.

원광이 제시했던 세속오계의 사상적인 배경은 직접적으로 유교의 효에서 추구되었지만 그 효를 충의 개념으로 승화시킨 것은 살생유택殺生有擇과 임전무퇴臨戰無退의 덕목과도 관계가 깊었다. 세속오계는 보살계의 십선계를 전제로 하면서 『효경』의 효를 중심으로 화랑을 위시한 재가불교의 세속오계 형태로 정리되어 갔다. 곧 원광은 중국불교를 모방하면서도 일찍부터 유불의 일치를 교묘하게 충과 효를 바탕으로 하여 세속의 가르침으로서 제시해 주었다.

이와 같은 불교의 충의 관념 전통은 고려시대에 들어와서는 그 어느 나라에서도 볼 수가 없는 특수성을 보여주었다. 일찍이 태조 왕건은 훈요십조 가운데서 국가의 대업을 이루는 데 부처님의 가피가 절대적이었음을 첫째로 들어서 말하였다. 때문에 선교의 사원을 중창하고 주지를 파견하여 그 업을 닦도록 하였다. 또한 사원이 건립되는 위치도 국가의 흥륭과 관련되어 있다는 비보사원의 관념을 지니고 있었다. 이와 같은 국시는 국가의 위기상황에서 더욱더 불법의 필요성을 절감케 하였다. 그 가운데 가장 지대한 것은 곧 두 차례에 걸친 대장경의 조판을 통하여 부처님의 가피를 받아서 국난을 극복하려는 모습이었다. 이것은 불교가 국가를 위한 충의의 관념을 발휘함으로써 국가를 보호하는 것이 백성을 보호하는 것이고 백성의 안위를 보호하는 것이 곧 불법의 근본적인 정신이었음을 인식하고 그것을 현실적으로 잘 보여주는 한국불교의 특징이기도 하였다. 이로써 백성은 대장경의 조판을 통하여 신앙심을 고양하고 국력을 하나로 모을 수가 있었다.

한편 조선시대에는 불자들의 자발적인 참여를 통하여 충의 관념이 발휘되었는데, 임진왜란 때 승려들이 자발적으로 의승군을 조직하여 국난극복에 앞장섰던 것이 대표적인 경우에 해당한다. 또한 고려시대에 여진족을 정벌하기 위하여 윤관에 의해 별무반이 설치되었는데, 그 가운데 승도들로 구성된 항마군降魔軍 조직도 충의정신을 계승한 것이었다. 의승군의 자발적인 전투 참여 및 전쟁 이후의 국가적인 부역에 참여한 경우도 마찬가지로 불교가 보여주었던 충의정신의 발로였다.

| 참고문헌 |

김동화, 「불교의 국가관」, 『불교학보』 제10집 (서울: 동국대 불교문화연구원, 1973)

김병곤, 「신라 중고기의 화랑도」, 『동국사학』 30 (서울: 동국대학교, 1996)

김영태, 「불교적 치국의 사적 실제」, 『불교학보』 제10집 (서울: 동국대 불교문화연구원 1973)

김용태, 「한국불교사의 호국 사례와 호국불교의 인식」, 『대각사상』 제17집 (서울: 대각사상연구원, 2012)

박광연, 「원광의 점찰법회 시행과 그 의미」, 『역사와 현실』 43 (서울: 한국역사연구회, 2002)

홍정식, 「고려 불교사상의 호국적 전개(Ⅰ)」, 『불교학보』 제14집 (서울: 동국대 불교문화연구원, 1977)

신현숙, 「정토교와 원광 세속오계의 고찰」, 『한국사연구』 61·62 (서울: 한국사연구회, 1988)

안계현, 「신라인의 세속오계와 국가관-신라문화의 특징 이해를 위한 서설」, 『한국사상』 3 (서울: 한국사상연구회, 1960)

이기백, 「고대 한국에서의 왕권과 불교」, 『신라사상사연구』 (서울: 일조각, 1986)

이능화, 『조선불교통사』 (서울: 경희출판사, 1968)

최병헌, 「신라불교사상의 전개」, 김원룡 편, 『역사도시 경주』 (서울: 열화당, 1984)

최연식, 「원광의 생애와 사상-『삼국유사』 원광전의 분석을 중심으로」, 『태동고전연구』 12 (남양주: 한림대학교 태동고전연구소, 1995)

하늘 天

김영진

Ⅰ. 고대 세계의 하늘 관념

　　창공과 데바/ 천신과 천명/ 무교와 신관

Ⅱ. 무량수경의 하늘 관념

　　하늘 관념의 유형/ 지고신과 의지천/ 윤회의 안내자/ 행위 의 기록자

Ⅲ. 업설의 등장과 하늘 관념의 변형

　　업설의 등장/ 천도자연/ 업천

Ⅳ. 신라 불교의 신명 해석과 천신 관념

　　선악의 기록자/ 아뢰야식과 신명/ 천신과 윤회/ 윤리의 감 시자

Ⅴ. 신라 불교 이후 천신 관념의 전개

　　제석천과 제석신앙/ 신중신앙/ 산신각의 출현

■ 하늘 관념과 한국불교

I. 고대 세계의 하늘 관념

창공蒼空과 데바(Deva)

'하늘' 관념은 동서양을 막론하고 가장 오래된 철학 주제이다. 철학적인 사유가 출현하기 전부터 그것은 인간 삶의 일부로 들어와 있었다. 자연력에 의지하면서 생활한 고대인에게 하늘은 비를 내리고 햇볕을 쪼여 동식물이 나고 자라게 하는 생명의 원천이었다. 또한 천재天災를 통해서 인간에게 극심한 고통을 안기는 무시무시한 존재로 비치기도 했다. 이렇게 하늘은 인간에게는 경외의 대상이었다. 이런 맥락에서 보면 고대인이 일찍부터 하늘을 종교적으로 숭배한 것은 대단히 자연스런 행위다. 만약 저 하늘이 없다거나 혹 다른 마음을 품으면 내 존재 자체가 위태롭기 때문이다.

'하늘'은 단순히 저 파란 창공이 아니다. 고대인에게 그것은 인간을 벌하고, 인간을 위로하며, 세계를 낳기도 하고 세계를 멸하기도 한다. 때론 그것이 무형의 질서를 인간 삶에 제공하기도 한다. 인간의 나고 죽음 그리고 죽음 이후의 삶까지 관여하는 초월적 힘이기도 하다. 이렇게 종교적 하늘이 출현한다.

고대 한국에서도 다양한 하늘 관념이 존재했다. 특히 한역 불경을 통해 전래된 불교의 하늘 관념은 주석가들에 의해 한국 재래의 하늘 관념과 교류한다. 중국에서 한역된 불경에는 인도불교의 하늘 관념뿐만 아니라 중국 재래의 하늘 관념도 투영됐다. 이렇게 한국불교는 다양한 통로를 통해 하늘 관념을 흡수했고, 거기서 독창적 사유가 출현했다. 이 글에서는 신라불교의 이런 혼종성과 독창성이 출현하는 과정을 '하늘' 개념을 중심으로 살펴보려 한다.

고대 인도 종교에서 하늘은 천계, 천상, 천신, 초월적 힘을 가진 천인, 자연이법, 만유의 지배자로서 천제天帝 등의 의미가 있다.[1] 그것은 공간이기도 하고 인격적 천신이기도 하다. 특히 베다에서 하늘은 스와르가(svarga)로 표현되는데 사전적 의미는 빛과 관련된다.[2] 그것은 빛의 세계(the world of light)나 인드라의 하늘이자 또한 낙원(paradise)을 가리킨다.[3] 또한 그곳으로 인도하는 자를 가리키기도 한다. 하늘은 죽음이 아니라 생명이 깃든 곳이기도 하다.『리그베다』에서는 천계天界와 지계地界를 상대적으로 설정하고, 그 사이에 공계空界를 상정한다. 여기에 온갖 신들이 있다.[4]

불교에서 하늘은 주로 데바(deva)로 표현됐고, 중국에서는 이를 보통 제바堤婆로 음역했다. 물론 이 개념은 불교 이전 베다에 등장한다. 데바는 '빛을 발하다'라는 의미를 가진 어근 √div에서 나온 명사다.[5] 데바는 육취(육도) 가운데 천취天趣를 가리킨다.『정법염처경正法念處經』에서는 "온갖 즐거움이 모여 있기 때문에 하늘(天)이라고 명명한다."고 말한다. 적어도 인간에게 그곳은 빛이 있고, 따뜻하고, 행복한 곳이다. 그래서 하늘은 동경의 대상일 수 있다. 데바는 천상에 사는 수승한 중생을

---

1 中村元 編,『佛教語大辭典』下卷 (東京: 東京書籍, 1975), p.979
2 김재천,「인도의 천관 연구」,『인도철학』19집 (서울: 인도철학회, 2005), p.36
3 M. Monier Williams, *A Sanskrit-English Dictionary*, New Edition, Oxford, The Clarendon press, 1988, p.1281
4 정태혁,『인도철학』(서울: 학연사, 1991), pp.31~33
5 김재천, 앞의 논문, p.41

가리키기도 하고, 천상 자체를 가리키기도 한다. 불교의 대표적 천신은 범천과 제석천인데, 그들은 강력한 힘을 가진 자로 간주된다. 붓다의 전생 이야기를 싣고 있는 『태자서응본기경』에서는 붓다가 보살로 있을 때의 다양한 삶을 묘사한다. 거기에는 천신의 삶도 있다.

> 보살이 수명이 다하면 제2 도리천에 태어나서 천제석이 되었고, 수명이 다하면 다시 제7 범천에 태어나 범천왕이 되었다. 이와 같이 천상에 태어나면 천제가 되고 인간세계에 태어나면 성인 군주가 되어 서른여섯 번을 반복하여 두루 하고 다시 시작했다.[6]

붓다가 되기 전 보살은 다양한 모습으로 살았고, 그 모습에 합당한 역할을 했다. 거기에 천제석이나 범천왕이 포함된다는 점은 각자覺者로서 붓다에게 그런 능력이 내적으로 축적되어 있음을 의미한다. 또한 이 이야기는 저런 천신 범주가 붓다의 하위 개념임을 분명히 하고 있는 셈이다. 『무량수경』에서도 붓다를 천신 가운데 가장 위대한 천신으로 묘사한다. 이렇게 보면 붓다는 천신을 내포한다고 할 수 있다. 그렇기 때문에 초기 경전이나 대승경전 할 것 없이 붓다와 천신은 공간적 분할 없이 자연스럽게 함께 한다. 초기 경전에 따르면 천신은 붓다의 삶에 대단히 적극적으로 관여한다. 불교에서는 신들은 선업의 결과이지만 그들도 윤회라는 근본적인 고통 속에 놓여 있음을 분명히 했다. 그래서 천신의 영광이나 행복은 단지 일시적일 뿐임을 강조하고 그 일시성을 극복한 자로 붓다를 제시한다.[7]

---

6 支謙 譯, 『佛說太子瑞應本起經』(『大正藏』3, 473b)
7 베르나르 포르, 김수정 옮김, 『불교란 무엇이 아닌가』(서울: 그린비, 2011), p.98

천신과 천명

중국에서는 은殷 왕조 이전부터 천신에 대한 다양한 사유가 존재했다. 천신이 다양한 형태로 정리되고 위계화된 것은 물론 부족 간 경쟁과 관련 있을 것이다. 각 부족이 숭배하는 천신은 부족 간 세력 재편에 따라 서열화했기 때문이다. "은대에는 제帝나 상제上帝라는 최고신이 존재했고, 그 최고신이 기후·재앙·농작물의 풍흉 같은 자연계와 전쟁, 제사, 관리의 임명과 파면 같은 인간계의 모든 현상을 주재한다고 믿었다."[8] 상제의 의도를 파악하기 위해서 은대인은 점복占卜을 이용했다. 통치세력은 그 결과를 바탕으로 정치적으로 중요한 사안에 대해 결정을 내렸다. 일종의 신권정치라고 할 수 있다. 통치자는 천에서 통치 역량을 획득했다.[9] 주대周代에 이르러 천이나 상제는 선한 의지를 가진 인격천으로 이해됐다. 『시경』이나 『서경』을 통해서 주대인들의 천신관을 엿볼 수 있는데, 천명天命 관념이 등장함을 알 수 있다.[10] 천명의 현실적 구현을 시도하는 군왕은 상제의 의도를 예견할 필요가 없이 덕을 닦음으로써 신을 대리할 수 있었다. "짐朕이 곧 하늘이다."라는 선언이 가능해진 것이다.

'천과 인간' 문제는 고대 중국의 우주론에서 가장 핵심적인 주제였다. 천·인 문제의 핵심은 '천이 인간 삶에 개입할 수 있는가, 그렇지 않

---

8 溝口雄三·丸山松幸·池田知久 편, 김석근·김용천·박규태 옮김, 『중국사상문화사전』 (서울: 책과함께, 2011), p.25
9 정애란, 「商周시대 천제관에 나타난 신권정치의 성격」, 『중국학연구』 24집 (서울: 중국학연구회, 2003), p.226
10 장영백, 「고대 중국의 '천'사상 초탐」(1), 『문경』 4호 (서울: 중국어문학연구회, 1992), pp.106~107

은가?'였다. 한대漢代 동중서董仲舒는 이른바 천인상관설을 주장하여 도덕적 인격신인 천은 천자의 정치나 인간 삶에 직접적으로 개입함을 주장했다. 이에 반해 왕충王充은 천의 종교적 주재성을 부정하고 천은 의도를 갖고 인간세계에 개입할 수 없음을 주장했다. 위진시대 현학가들은 자연 개념을 강조하여 독점적 지위에서 세계를 관장하는 인격천이나 주재천 관념을 거부했다. 여기서 '자연'은 인간이나 사물은 그것이 처한 관계 속에서 전개되는 것이지 천의 우주적 기획에 포섭되는 게 아님을 강조하기 위한 개념이다.

무교와 신관

고대 한국의 신관神觀은 이른바 무교巫敎를 중심으로 전개됐다고 할 수 있다. 여기서 무교는 대단히 포괄적인 개념이다. 불교사상사가인 고익진은 고대에 신관이 출현한 이유로 ① 자연의 지배력, ② 인간의 영육관靈肉觀, ③ 부족사회의 지배윤리 등 셋을 지적한다.[11] 그에 따르면 고대인은 가장 강력한 자연신으로 태양신을 선택했고, 자연스레 그것은 신중의 신인 하늘임(天帝)이 되었다. 고대 한국에서 천신은 창조신 개념이 약하고 주재신 개념이 강했기 때문에 고대 불교인들은 범천이 아니라 제석천을 신관으로 선택했다.[12] 고익진은 불교 전래 이후 달라진 천신관을 설명하면서 인과화복의 업설에 주목한다. 그는 무교는 '자연의 인간지배'이고 불교는 '인간의 자연지배'로 본다.[13] 또한 무교에서 하늘

---

11 고익진, 『한국고대불교사상사』 (서울: 동국대학교출판부, 1987), p.11
12 고익진, 위의 책, p.13
13 고익진, 위의 책, p.31~32

이 선악을 판결했다면 불교에선 인간이 자율적으로 선악을 판단한다고 이해했다. 이 때문에 현실의 문제는 신이 아니라 인간의 행위를 통해서 극복됨을 강조한다.

불교 업설이 기존 천관에 커다란 충격을 주었겠지만 업설이 곧바로 '인간 의지에 의한 운명의 장악' 수준으로 상승했다고 보이지는 않는다. 고대 한국불교에서 여전히 인격적인 천신이 등장하고, 운명에 관여하는 외부자가 존재했기 때문이다. 개인의 운명을 완벽하게 개인이 장악할 수도 없고, 그렇다고 외부의 자연이나 주재신이 그것을 완벽히 주재하는 것도 아니었다. 업설에 따라서 자신의 삶을 자신이 개척해야 함을 강조하지만, 그 개인의 삶을 때론 감시하고 때론 위협하고 때론 보호하는 신적 존재를 여전히 설정하기 때문이다.

고대 한국에 불교가 전래됐을 때, 불교는 업설이라는 새로운 운명관을 제시했다. 그것은 천신의 운명 지배를 거부했을 뿐만 아니라 결정론적인 운명론을 부정하기도 했다. 하지만 불교 내부에 존속한 하늘 관념과 고대 한국에 재래한 하늘 관념은 당시 불교도의 사유 속에서 지속적으로 작동했다. 특히 당시 중국과 한국에서 대단히 각광을 받았던 정토계 경전인 『무량수경』과 그 신라 주석서에는 이런 사유의 접촉과 변이가 강하게 드러난다.

Ⅱ. 무량수경의 하늘 관념

하늘 관념의 유형

일찍부터 중국에서 한역되고 신라불교계에 유통된 『무량수경』에는 천신과 관련된 다양한 논의가 보인다. 이 텍스트가 중요한 것은 두 지역에서 유행했다는 이유뿐만 아니라 그것이 한역 과정에서 이미 중국적인 하늘 관념과 중국적 자연관을 강하게 수용했기 때문이다. 이런 이유로 경흥憬興이나 의적義寂 등 신라 주석가들은 『무량수경』을 통해서 인도불교의 사유뿐만 아니라 중국적 사유를 함께 감각했다. 또한 그들은 주석 작업을 통해서 신라적인 요소를 『무량수경』과 결합시킬 수 있었다. 신라 주석가의 『무량수경』 주석에는 이런 다양한 접면이 발생했다.

『무량수경』의 천신 관념은 다음 다섯 가지로 유형화할 수 있다. ① 지고신, ② 의지천, ③ 윤회의 안내자, ④ 선악의 기록자, ⑤ 진리의 집행자이다. 『무량수경』에서 이런 개념들이 명확하게 나뉘어 운용되는 것은 아니다. 더구나 이런 근대적 개념이 적절한지도 숙고할 필요가 있다. 그럼에도 불구하고 천신 관념의 운용이라는 차원에서 『무량수경』을 분석하고자 이런 분류를 시도했다. 아울러 『무량수경』의 신라 주석서에 대한 이해도 높일 수 있을 것이다. 마지막 진리의 집행자는 중국철학의 용어로 보면 '이법理法으로서 천'에 해당할 것이다. 이는 업설業說과 관련 있는데, 다음 장의 '업설의 등장' 항목에서 살피겠다.

지고신과 의지천

『무량수경』에서 가장 먼저 주목해야 할 점은 주인공 붓다가 일종의 천신 역할을 담당한다는 사실이다. 붓다는 세상에 태어나면서 "나는 세상에 위없이 존귀한 자가 될 것이고 제석천과 범천이 나를 시봉하고 천신과 인간이 나를 우러러 귀의할 것이다."라고 말한다. 여기서 세상은 육도 전체를 가리킨다고 보아야 한다. 당연히 천계天界를 포함한다. 또한 천신을 대표해서 등장하는 제석천과 범천이 나란히 붓다를 시봉한다는 점에서 붓다는 천 중의 천이라고 할 법하다. 앞서 『태자서응본기경』에서 보았듯이 붓다는 천신의 능력을 이미 간직하고 있다. 그도 이미 천신인 셈이다.

『무량수경』에서는 붓다를 직접적으로 천존天尊으로 묘사하기도 한다. 수대隋代 길장吉藏은 『무량수경의소無量壽經義疏』에서 "여래의 덕이 네 천신 가운데 가장 뛰어나기 때문에 〔그를〕 천존이라고 한다."[14]라고 말한다. 정영사淨影寺 혜원慧遠도 유사하게 여래는 "다섯 가지 천 가운데 가장 높기 때문에 천존"[15]이라고 주석한다. 천존은 이렇게 지고신 개념을 불교적으로 각색한 것이다. 여래는 지고신에 맞먹는 천존의 지위를 획득한다. 신라 승려 법위法位나 현일玄一은 각각 『무량수경소』와 『무량수경술의기』에서 정영사 혜원의 견해에 따라 천존을 제일의천第一義天으로 파악하고 그것은 '불성이 공하지 않음을 아는 것'이라고 이해한다.[16]

---

14 吉藏, 『無量壽經義疏』(『大正藏』 37, 120a)
15 慧遠, 『無量壽經義疏』(『大正藏』 37, 100a)
16 김영미, 『신라불교사상사연구』(서울: 민족사, 1994), pp.310~312

이 점에서는 경흥도 마찬가지다.[17] 덕의 완성자로서 붓다는 비록 유일신적인 권능은 없지만 적어도 덕성이라는 측면에서는 일체 천신을 압도하고 우뚝 선다. 붓다는 지배자로서 지고신이 아니라 덕화德化의 최고 능력자로 천존이 된다.

『무량수경』에는 선善 의지를 가진 선신善神으로서 붓다 모습도 등장한다. "늘 법음法音으로 세상 사람들을 깨우치고, 광명으로 무량한 불국토를 빠짐없이 비춘다. 온 세계가 여섯 종류로 흔들렸고 악마의 세계를 장악하고 악마의 궁전을 흔드니 모든 악마들은 무서워 떨며 부처님께 귀의했다." 고대 인도에서 천을 표현하는 술어인 스와르가나 데바가 모두 빛과 관련된다고 앞서 지적했다. 빛이 어둠을 물리치는 구도는 지혜가 무명을 물리치고, 선이 악을 물리치는 구도와 동일하다. 붓다가 악마를 복종시키는 장면은 선신이 악신을 굴복시키는 것과 유사하다. 선신 붓다는 여기서 일종의 심판자 역할을 담당한다. 그는 마라에게 두려움을 주었다.

윤회의 안내자

『무량수경』에는 윤회의 안내자 역할을 하는 천신 관념이 등장한다. 아미타불의 중요한 역할 가운데 하나는 윤회와 관련된다. 법장 비구의 제19서원은 중생이 임종할 때 아미타불이 대중들과 나타나 그를 저 불국토로 인도할 것을 다짐하는 내용이다. "중생이 저의 국토에 태어나려 하다가 임종을 맞았을 때, 대중에 둘러싸여 그 사람 앞에 나타날 수 없

---

17 憬興, 『無量壽經連義述文贊』(『韓佛全』 2, 41a)

다면 정각을 이루지 않겠습니다."라는 구절이 있다.『아미타경』에도 "임종 때 아미타불이 여러 성중과 함께 그 사람 앞에 나타난다."고 말한다. 이에 대해 중국 명대明代의 고승 주굉袾宏은『아미타경소초』에서 "부처님이 반드시 그 사람 앞에 나타난다. 중생의 자력과 아미타불의 불력이 감응하여 서로 교류하기 때문"[18]이라고 이해한다. 정토종에서 자주 거론하는 이른바 '감응도교感應道交'가 바로 이것이다. 여기서 '감응'은 중생의 염원(感)과 아미타불의 호응(應)을 말한다. '도교'는 해석이 분명하지 않은데, 글자 그대로 풀이하면 길의 교차라고 할 수 있다.

주굉이『아미타경』의 '임종래영'에 대해 행한 해석은 정토종의 교리에 바탕을 둔 것이다. 이와 달리 순수하게 종교학적 차원에서 접근하면 단순하게는 신이 임종한 자, 혹은 임종한 영혼을 마중 나온 것이라고 할 수 있다. 물론 신이 아니라도 좋다. 현생과 내생 혹은 타계他界를 연계시키는 역할을 하는 자가 이런 역할을 담당한다.『무량수경』이나『아미타경』에서 '아미타불'이 담당한 역할이다. 이것을 불교적으로 표현하면 '윤회 혹은 왕생의 인도자'라고 할 수 있다. 그런데 이때 윤회는 지옥 등 악계惡界가 아니라 정토라는 선계善界로 한정된다. 그래서 '윤회'라는 말을 제한적으로 쓸 수밖에 없다.

행위의 기록자

『무량수경』에는 선악의 행위를 기록하는 자로서 천신이 등장한다. '선인락과善因樂果 악인고과惡因苦果'라는 불교의 인과설은 중국이나 한

---

18 袾宏,『阿彌陀經疏鈔』(『卍續藏經』22, 664c)

국에 불교가 처음 전래됐을 때 대표적인 불교교리로 간주됐다. 그것은 단순하지만 대단히 유용하게 불교의 입장을 드러냈다. 인간 행위는 빠짐없이 기록되어 다음 생으로 전달되고, 그 결과 '낙과'나 '고과'를 받게 된다.『무량수경』에서는 그 기록자이자 기록지로서 신명神明, 천신天神, 정신精神 등 다양한 개념을 제시한다.『무량수경』에서는 이런 개념들이 일관되게 정리되지 않고 쓰인다. '신神'이라는 공통분모를 가지고서 다양하게 변주되는 셈이다. 이런 논의는 주로『무량수경』'삼독오악단三毒五惡段'에 등장한다.

 '삼독오악단'에서는 악행은 한 치 오차 없이 반드시 기록된다고 말한다. 대표적인 언급은 "천신극지天神剋識 별기명적別其名籍"이다. 여기서 '극剋'은 '반드시'라는 의미다. '지識'는 '지誌'와 같은 뜻으로 '기록하다'라는 의미다. 그래서 '알다'는 의미의 '식'이 아니라 '적다'는 의미의 '지'로 읽어야 한다. 유사한 부분인 "신명기지神明記識 범자불사犯者不赦"도 마찬가지다. '별기명적'에서 '명적'은 행위가 기록되는 장부이다. 한자 '별別'은 '구분하다'라는 의미로 선과 악을 구분하고 그것의 경중을 꼼꼼하게 따져 기록함을 가리킨다. 그렇다면 위의 글은 "천신은 〔악행을〕 반드시 기록하여 선악 행위의 장부에 구분해 둔다."로 풀 수 있을 것이다.

 『무량수경』의 다양한 하늘 관념은 인도적인 의미의 하늘 관념과 중국적인 맥락에서 출현한 하늘 관념이 뒤섞여 있다. 인간 삶을 관장하고 때론 인간 운명을 조정하는 역할을 하기도 한다. 얼핏 비불교적으로 보이는 몇몇 하늘 관념도 실은 대단히 다양한 종교적 의미를 띠고 있다. 그것은 고대인에게는 단순히 불교교리로만 재단할 수 없는 풍부한 성격과 중요한 역할을 갖고 있다. 고대 불교의 하늘 관념이 보인 가장 큰 특징 가운데 하나는 그것이 업설과 결합했다는 점이다.『무량수경』의 다섯 가지 하늘 관념 가운데 마지막으로 지적한 '진리의 집행자로서 하늘'은 바로 이 점을 집중적으로 보여준다. 그것은 '인과응보'라는 이법을 수호하고 집행하는 하늘 관념이다.

Ⅲ. 업설의 등장과 하늘 관념의 변형

업설의 등장

동아시아에 불교가 수용되면서 가장 강력한 영향을 발휘한 불교교리는 업설이다. 이것은 일종의 인과론인데, 천이나 상제 혹은 자연신 등의 주재자에 운명을 기탁해야 하는 고대적 신 관념에 충격을 주었다. 불교 업설에 따르면 개인의 운명은 신에 의해 결정되는 것도 아니고, 우연적으로 획득한 기氣의 정精·추麤에 의해 결정되는 것도 아니다. 업설은 인간의 운명은 인간의 행위에 의해 결정됨을 주장한다. 업설은 두 가지 방식으로 작동했다. 첫째, 업설은 현재 인간 삶의 차별적인 상황을 이해하는 기제였다. 둘째, 업설은 자기 운명의 변혁 가능성에 대한 확신을 초래했다.

『무량수경』에서는 "세간의 제왕이 사람들 가운데 유독 존귀한 까닭은 숙세에 쌓은 공덕이 초래한 결과"라고 말한다. 군왕이나 귀족 등 지배계급은 이런 구절을 통해서 신분의 종교적 합법성을 획득할 수 있었을 것이다. 『무량수경』에서는 분명 높은 신분과 경제적 부를 '낙과'로 보고 있다. 이는 "왜! 내가 이런 취급을 받아야 하는가!"라고 소리치며 불만을 품은 자에게 그의 운명을 이해시키는 기제이다. 물론 사회과학적인 측면에서 업설은 사회적 문제를 개인의 문제로 국한시키는 역할을 했다고 할 수도 있다. 그런데 당시 업설의 현실적 역할은 신에 의한 개인 운명의 결정이나 음양 혹은 기氣에 의한 개인 운명의 결정을 거부하는 효과가 있었다.

> 인간은 애욕의 공간인 세간에 놓여, 홀로 나고(生) 홀로 죽으며(死), 홀로 가고(去) 홀로 온다(來). 육도를 윤회하여(至趣) 행복한 곳에 가거나 괴로운 곳에 가거나 대신해 줄 자 아무도 없이 자신이 온전히 그것을 감당해야 한다. 자신이 지은 선한 행위와 악한 행위는 변화하여 〔육도 가운데〕 '재앙을 받는 곳(殃處)'과 '행복을 누리는 곳(福處)'으로 나타난다. 숙세에 쌓은 업을 어김없이 갖고서 홀로 육도로 윤회할(趣入) 것이다.[19]

위 인용문에서 생·사나 거·래는 모두 윤회를 가리킨다. 윤회의 시간에 절대적으로 혼자이고, 그 운명을 전적으로 자신이 감당해야 함을 비장하게 말하고 있다. 어떻게 보면 이는 인간에게는 상당히 위협적인 언사라고 할 수 있다.『무량수경』에서 붓다는 세간 사람들은 "사람이 죽어서 다시 태어나고 은혜를 베풀면 복을 받는 것을 믿지 않는다."라고 안타까워한다. 또한 인과의 도리는 인간이 벗어날 수 없는 하나의 이법임을 강조한다. 앞 장에서『무량수경』에 등장하는 하늘 관념의 다섯 가지 유형 가운데 하나로 '진리 집행자'로서 하늘을 언급했다. 또한 이것은 결국 '이법으로서 천'에 해당한다고 지적했다. 이는 인간 삶에서 모종의 질서가 작동하도록 하는 힘이다. 이 힘에 의해서 나쁜 행위를 한

---

[19] 康僧鎧 譯,『佛說無量壽經』(『大正藏』12, 274c)

자는 그에 합당한 벌을 받고, 착한 행위를 한 자는 그에 따른 상을 받는다. 불교에서 말하는 인과응보의 도리이다.

『무량수경』에서 하늘 관념으로 인과응보의 원리를 인간 삶에 관철시키는 힘을 묘사하기도 하지만, '자연' 개념을 통해서 묘사하기도 한다. 이때 자연은 일종의 필연성으로 인과응보의 철칙을 강조한다. 그런데 주의해야 할 점은 이 '자연'은 중국에서 『무량수경』이 번역되는 과정에서 강하게 개입된 개념이라는 사실이다.[20] '자연'이란 어휘는 위역魏譯 『무량수경』에 56회 등장한다. 하지만 현존 산스크리트본 『무량수경』에서는 이 '자연'에 대응되는 어휘가 보이지 않는다고 한다.[21]

천도자연 天道自然

한역된 『무량수경』에서 '자연'의 의미는 크게 둘로 나눌 수 있다. 첫째는 '인위를 필요로 하지 않는 자동적인 작동으로서 자연'이다. 둘째는 '인위의 개입을 허락하지 않는 필연으로서 자연'이다.[22] '삼독오악단'에 등장하는 자연은 두 번째 의미가 많다. 위 인용문에 이어서 『무량수경』에서는 말한다. "〔윤회하여〕 볼 수 없을 정도로 먼 다른 곳에 태어나더라도 〔숙세의〕 선행과 악행은 필연적으로(自然) 그가 태어난 곳을 뒤따른다." 여기서 '자연'은 인위가 아니라 필연을 가리킨다.[23] 선을 행하고 악

---

20 山口益·櫻部建·森三樹三郎 譯, 『大乘佛典6-淨土三部經』(東京: 中央公論社, 1992), p.94
21 山田惠文, 「『無量壽經』漢譯諸本における'自然'について」, 『印度學仏教學硏究』 通号105 (東京: 日本印度學佛敎學會, 2004), p.79
22 森三樹三郎, 「無量經の漢吳魏三譯に見える「自然」の語について」, 『仏敎文化論攷: 坪井俊映博士頌壽記念』(京都: 佛敎大學, 1984), pp.782~791
23 山口益·櫻部建·森三樹三郎 譯, 『大乘佛典6-淨土三部經』, p.102

을 행하는 것은 분명 인위지만 그 결과는 기계적으로 다음 생에 전달된다는 법칙성을 강조하는 개념이라고 할 수 있다. 인과응보라는 업설은 천지에 작동하는 하나의 이법이다.

'천도는 필연적이라(天道自然)' 한 치 차질도 없다. 그래서 필연적으로 삼도를 윤회하면서 무량한 고통과 번뇌를 겪게 된다.[24]

위에서 '천도자연'이라는 말이 대단히 인상적이다. 『장자』「재유在宥」편에는 도에는 천도와 인도가 있음을 말하고 그 각각을 "인간의 작위 없이도 존귀한 것이 천도이고, 인간의 작위에 의해 축적된 것이 인도이다."라고 설명한다. 이는 세계가 신의 기획이라든가 의지의 산물임을 거부하는 입장이다. 중국 전국시대 철학자 순자는 「천론天論」편에서 "천의 운행에는 항상함(常, 원리)이 있다. 요 임금에 의해 보존되는 것도 아니고 걸 왕에 의해 패망하는 것도 아니다."라고 하면서 의지를 가진 주재자를 거부했다. 한대 유물론자 왕충은 『논형』「자연편」에서 기론氣論에 바탕해서 천도의 자연무위를 말한다. 중국철학사에서 보면 기본적으로 도가철학에 가까운 주장이다.

『노자』 제25장에서는 "사람은 땅을 본받고, 땅은 천을 본받고, 천은 도를 본받고, 도는 자연을 본받는다."고 말한다. 인간과 땅, 그리고 '천·도·자연'이라는 준거가 마련된다. 여기서 자연은 최종심급이다. '자연'을 글자 그대로 풀면 '저절로 그러함' 내지 '스스로 그러함'이다. '스스로'라는 표현을 선택하면 주체 관념을 부여하게 된다. 그렇기 때문

---

24 康僧鎧 譯,『佛說無量壽經』(『大正藏』12, 276c)

에 '저절로'라는 표현이 더 적절하다고 할 수 있다. '자연' 개념에서 주재자 관념은 비록 빠지지만 그것은 본받을 법으로 역할은 한다.

『무량수경』 번역 과정에서 중국철학의 영향을 받았겠지만 불교가 근거하는 것은 기론이 아니라 업설이다. 의지천이나 주재천 개념을 거부하는 방향에서 '천도자연' 개념을 수용한 것은 나름 적절했다고 할 수 있다. 물론 '자연' 개념은 분명 불교의 '연기' 개념과 어느 지점에서 충돌한다. 이때 이법으로 자연은 인격신으로서 천이 인간 삶에 개입하는 것을 차단하는 역할을 했다. 이런 측면에서는 불교가 외재하는 주재천을 거부한 점과 통한다고 할 수 있다. 의적은 『무량수경술의기』에서 '자연'에 대해 직접적으로 언급한다.

> 이 『무량수경』에서 여러 차례 '자연'을 말하는데 인과법을 나타내기 위해서 먼저 법이法爾를 확정했다.[25]

의적이 언급한 '법이法爾'는 이법으로 풀어도 가능하다. 여기서 법이는 법이도리法爾道理를 가리킨다. 법이는 '법연法然'이라고 쓰기도 한다. 앞의 『노자』 인용문에서 언급한 '도법자연道法自然'을 연상시키기도 하는데, '이爾'나 '연然'은 인위가 배제됐음을 의미한다. 『해심밀경』에 따르면 법이도리는 "여래께서 세상에 나오시든 그렇지 않든 법성은 머물며, 법성이 법계에 안주함"[26]이다. 예를 들면 연기법이라는 진리는 붓다가 출현하기 전이나 후 할 것 없이 세계에 존재한다. 그것은 일종의 법칙처럼 세계에 작동한다. 마치 신이 없이 하나의 이법에 따라 세계가 운행하

25　義寂, 『無量壽經述義記』(『韓佛全』 2, 345c).
26　玄奘 譯, 『解深密經』(『大正藏』 16, 710a).

는 것과 같다. 물론 불교에서 말하는 법이도리는 세계를 운행시키는 메커니즘은 분명 아니다.

업천業天

경흥은 『무량수경』 경문의 '천도'를 해석하면서 '천도'는 흔히 떠올리기 쉬운 '천하의 도'가 아님을 강조한다. 그는 천도는 불교의 업설이라고 강하게 해석한다. 경흥은 천도에서 천을 업으로 본다. 특히 그것을 악업의 도로 파악하는데, 그렇다면 그에게 천도는 악업도이다. 경흥은 업이 천이라는 예를 『유가사지론』에서 찾았다.[27] '업천'은 『유가사지론』 권9 "보살이 대비심으로 일체 빈궁·곤고·업천으로 번뇌에 싸인 중생들을 잘 살펴 음식과 재물과 곡식이 있는 곳간을 보시하여 그들로 하여금 충족하게 한다."[28]는 구절에서 등장한다. 다시 분석해 보면 원문 '업천소뇌중생業天所惱衆生'은 '업천에 의해서 번뇌를 당하는 중생'으로 해석할 수 있다.

신라의 둔륜遁倫은 『유가론기』에서 『유가사지론』의 '업천'을 다음과 같이 해석한다. "보통 사람들은 선과 악은 하늘에서 연유한다고 생각한다. 하지만 사실은 업에 연원한다. 그래서 업을 천이라고 이름 붙인다."[29] 둔륜은 업이 하나의 이법임을 분명히 하고 있다. 사실 경흥의 입장도 둔륜과 그렇게 다르지 않다. 경흥은 고대 중국에서 말한 천도라는 세계 운행의 원리를 불교의 인과설로 대체하려는 것이다. 선악에 대한

27　憬興, 『無量壽經連義述文贊』(『韓佛全』 2, 71c)
28　玄奘 譯, 『瑜伽師地論』(『大正藏』 30, 318c)
29　遁倫, 『瑜伽論記』(『韓佛全』 2, 472c)

평가와 상벌이라는 결과는 천이 아니라 업이라는 불교적 메커니즘이 담당하게 된다는 사실이다. 이제 이법은 천도 혹은 자연이 아니라 업설에 기반한 인과설이다.

IV. 신라 불교의 신명 해석과 천신 관념

선악의 기록자

신라 불교가 하늘 관념과 관련해서 보인 교리적 실험은 몇몇 주석서에 보인다. 특히 대승불교 철학의 가장 중요한 개념 가운데 하나인 아뢰야식을 천신이나 신명 등을 이해하는 데 사용했다. 경흥은 『무량수경연의술문찬』에서 유식학 입장에서 『무량수경』을 주석했다. 이 점은 『무량수경』 경문에 등장한 '신명' 개념을 해석할 때 잘 드러난다. 신명을 윤회 주체로 간주하는 『무량수경』의 입장이 유식학의 아뢰야식 개념과 연결되는 것은 어떻게 보면 자연스럽다. 아뢰야식 개념이 윤회 문제와 관련된 것은 중국이나 한국 불교에서 보인 특징이라기보다는 인도불교에서 이미 나타난 경향이다. 경흥은 『무량수경』 '삼독오악단'에서 제1악을 설명하면서 말한 '신명기지神明記識'에 대해서 이렇게 푼다. 먼저 '유설'이란 형태로 수나라 길장의 해석을 인용하여 말한다.

어떤 이(有說)는 "신명은 동생신同生神과 동명신同名神인데, 동생신은 [사람의] 오른쪽 어깨에 있으면서 지은 악행을 기록하고, 동명신은 왼쪽 어깨에 있으면서 지은 선행을 기록하기 때문에 (경문에서) '기록한다'고 말했다."고 설한다. 이는 잘못인 듯하다. 업의 과보로서 육취(육도)로 감응하는 것은 동생신과 동명신이 감당할 수 있는 것이 아니기 때문이다. 오히려 정신이 반드시 기록하는 것과 같다. 종자식의 공능이 사라지지 않고 명부에 기록하기 때문이다.[30]

'신명기지'는 인간이 저지른 악행을 신명이 기록한다는 의미다. 먼저 '신명'이 뭐냐는 물음에서 시작한다. 위 인용문에서 '어떤 이'는 길장이다. 길장은 『무량수경의소』에서 일체 중생은 동생신과 동명신을 가지는데 그들이 각각 선과 악의 행위를 기록한다고 말한다.[31] 『화엄경』「입법계품」에서는 불타발타라 역본과 실차난타 역본에서 공히 '동생천'과 '동명천'이라는 용어를 사용한다. 동생신(천)은 이 신이 그 사람과 동시에 생겨나고, 동명신(천)은 이 신이 그 사람의 이름과 함께 하기 때문에 붙은 이름이다. 이와 동일한 개념은 구생신俱生神이다. 탄생과 함께 존재하는 신이란 의미지만 실제 그 역할은 늘 각각의 인간을 따라다니면서 그 사람의 선악 행위(業)를 기록한다.

현장이 번역한 『약사유리광여래본원공덕경』에서는 "모든 유정에게 구생신이 있다. 유정이 지은 행위에 따라 죄를 짓거나 복을 짓거나 모두 빠짐없이 기록하였다가 염라법왕에게 가져다 제공한다."[32]고 말한다. 신라의 태현은 『본원약사경고적』에서 구생신에 대해서 이렇게 말한다. "본식本識 신체와 함께 출현하기 때문에 구생신俱生神이라고 한다."[33]

---

30 憬興,『無量壽經連義述文贊』(『韓佛全』2, 70b).
31 吉藏,『無量壽經義疏』(『大正藏』37, 124a).
32 玄奘 譯,『藥師琉璃光如來本願功德經』(『大正藏』14, 407b).
33 太賢,『本願藥師經古迹』(『韓佛全』3, 416b).

여기서 구생신은 본식인 아뢰야식이고, 그것은 훈습 작용을 한다. 태현의 경우 길장의 동생신·동명신 논의도 유식학 입장에서 이해했을 것이다. 왜냐하면 구생신 개념과 동생신·동명신 개념이 실은 거의 유사한 맥락에서 사용되기 때문이다.

아뢰야식과 신명

경흥은 동생신이나 구생신은 윤회하여 과보를 받는 일을 감당할 수가 없다고 본다. 그는 신명을 '정신'으로 보고 그것이 업인으로서 선악 행위를 기록한다고 본다. 이때 유식학에서 윤회를 설명할 때 이용하는 종자식 개념을 거론한다. 부파불교의 일파인 경량부 지말부에서는 일미온一味蘊이나 세의식細意識을 상정하여 이것이 선악 행위의 기록으로 종자를 간직하는 역할을 한다고 말한다.[34] 유식학에서는 아뢰야식이 종자 형태로 유정의 선악 행위를 보관한다. 그런 의미에서 장식藏識이다. 경흥도 유식학적 입장에서 이 문제를 해석한다.『무량수경』'삼독오악단'에는 네 번째 악을 말하면서 "악행을 저지른 그 명부가 신명에 기록된다(又其名籍 記在神明)."[35]는 구절이 등장한다. 경흥은 이 부분을 주석하면서 유식가의 견해를 소개한다.

어떤 이는 "명언(名)종자는 아뢰야신에 있고, 업종자가 그것이 현행하도록 견인하는데 반드시 육취의 과보가 있다. 그래서 명부가 신명에

---

34 길희성,『인도철학사』(서울: 민음사, 1993), p.72.
35 康僧鎧 譯,『佛說無量壽經』(『大正藏』12, 276c)

있다."고 말한다.[36]

이런 견해에 따르면 『무량수경』 경문의 '명적'은 명언(名)종자(籍)이다. 또한 경문의 신명神明을 아뢰야식으로 이해했다. 원문에서는 아뢰야 '신神'이란 표현을 썼다. '아뢰야신'이라는 표현은 대단히 특이하다. 명언종자가 아뢰야식에 훈습되는 것을 두고 기록된다(記)는 표현을 썼다고 할 수 있다. 그렇다면 어떻게 현행하나? 『성유식론』에서 밝혔듯 업종자(業種)가 아뢰야식에 보관된 명언종자의 현행을 돕는다(引生). 여기서 '유설'이 누구의 주장인지는 알 수 없다. 그런데 경흥이 이런 견해를 전폭적으로 수용했을까? 그렇지 않다. 만약 이런 식이라면 그가 바로 직전 인정한 "호세천신護世天神이 상제석에게 보고하면 악적惡籍에 기재한다."는 해석과 충돌한다.

경흥은 '유설'로 인용된 견해에서 약간 비켜 나간다. 그는 그것과 천신설을 결합시키려는 쪽이다. 경흥은 "수명이 다했을 때, 악업에 의해 이끌리고, 귀신이 그를 재촉해서 악도에 들게 된다. 명부에 따라서 고통의 과보를 받는다."고 말한다. 자신의 행위로서 업인과 천신(귀신)이 어김없이 과보를 초래케 한다. 의적도 『무량수경』 경문의 신명을 해석할 때, 유식학의 입장을 취한다. 그는 경문의 "결분정신結憤精神 자연극지自然尅識"라는 구절에 대해 다음과 같이 해석한다.

제8 장식(아뢰야식)을 정신精神이라고 이름 붙인다. 그 성품은 정미(精)하고 '신묘한 이해(神)'가 있기 때문이다. 거기(아뢰야식)에 훈습되기 때문

---

36 憬興, 『無量壽經連義述文贊』(『韓佛全』 2, 71c)

에 '분노가 맺힌다'고 했다. (중략) 극恵은 반드시 획득함이다. 식은 기록함이다. 업은 신식에 [기록되어] 있어서 끝내 사라지지 않는다.[37]

의적은 『오계본행경五戒本行經』에서 언급한 심장이 정신을 가리킨다고 주석하고 그것을 아뢰야식으로 간주한다. 『오계본행경』의 내용은 『황제내경』과 유사하다. 『황제내경』에서도 인간의 다섯 장기 가운데 "심은 신神을 품고, 폐는 백魄을 품고, 간은 혼魂을 품고, 비는 의意를 품고, 위는 정지精志를 품는다."고 말한다. 지금 보면 대단히 유치해 보이지만 몸에 대한 탐구에 집중한 『황제내경』의 저자는 정신을 육체와 강력하게 결합시켜 설명하려 했다. 이는 영육일원론靈肉一元論의 한 형태라고 할 수 있다. 의적의 입장이 영육일원론에 서 있는 것은 아니다. 그는 『오계본행경』에서 말하는 '정신' 개념을 아뢰야식과 유사하게 취급하여 그것의 구체성을 강조했다. 또한 그것의 역할에 실감을 부여하려고 한 것으로 보인다.

천신과 윤회

『무량수경』에서 인과응보의 메커니즘을 설명하기 위하여 신명, 혼신, 정신 등 다양한 개념을 동원했다고 앞서 언급했다. 또 한 가지 주목해야 할 개념은 천신이다. 천신은 신명이나 정신과 거의 동일한 의미로 사용되기도 하지만 그것과 달리 자연신과 비슷한 의미로 사용되기도 한다. 신라 주석가들은 이에 대해 다양한 견해를 제시한다. 『무량수경』 '삼독

---

37 義寂, 『無量壽經述義記』 『韓佛全』 2, 344a)

오악단'에서는 두 번째 악을 설명하면서 이렇게 말한다. "전생에 도덕을 믿지 않고 선한 업을 닦지 않았고 지금 다시 악을 행하면 천신이 그것을 기록하여 그 명부를 구분한다. 목숨이 다하면 신명(神)은 이동하여 악도에 떨어진다." 여기서 기록자로서 천신과 업의 최종 정보인 신명이 함께 등장한다. '삼독오악단'에서 네 번째 악을 말하면서도 "모든 악을 천신이 기록한다."고 말한다. 악행의 기록자로서 천신이다.

이와 관련해서 경흥은 경문의 '천신기지天神記識'를 "천신은 호세천護世天인데, 중생이 지은 악업을 기록하였다가 제석천에게 보고한다."[38]는 의미로 해석한다. 여기서 호세천은 사방 천하를 호위하는 사천왕을 가리킨다. 이렇게 천신이 등장하여 중생이 지은 선악을 기록하고 판단하는 장면은 불경에서 드물지 않게 등장한다. 이때 제석천은 선악 행위의 궁극적인 판단자이다. 여기서 판단은 과보로서 '윤회할 곳(趣)'을 결정하는 것이다. 『약사경』에서는 중생이 임종을 하면 "그 중생의 육신(身)은 본래 자리에 있지만 신식神識은 염마왕의 사자에 이끌려 염마왕 앞에 당도하게 되고, 구생신이 중생이 지은 바에 따라서 죄든 복덕이든 모두 적어 두었다가 염마법왕에게 아뢴다."[39]라고 한다. 『약사경』 주석서를 쓴 태현은 이와 관련하여 '중생, 신식, 염마사자, 염마법왕(귀신)'이라는 네 가지 역할을 통해서 인과응보에 따른 윤회를 설명한다. 이때 그는 인격신의 등장을 묵인한다.

불교에서 생사 문제는 윤회 문제와 관련되고, 또한 그것은 업설이라는 메커니즘에 의해 지지된다. 기본적으로 업설은 행위 정보가 오차 없이 기록되어 결과가 발생한다는 단순한 구조이다. 하지만 지금까지 보

---

38 憬興, 『無量壽經連義述文贊』(『韓佛全』 2, 71c)
39 玄奘 譯, 『藥師琉璃光如來本願功德經』(『大正藏』 14, 407b)

았듯 이런 메커니즘의 구현에 인격적인 존재자가 개입한다. 신라 주석가들은 대승불교의 아뢰야식설을 수용하여 업설이 좀더 철학화하고 세밀해진 상황에서도 신적 역능을 소유한 존재자의 개입을 허용하는 듯한 태도를 취한다. 이때 그들은 아뢰야식에 대한 변형을 시도한다.

윤리의 감시자

경흥이나 태현은 유식학의 아뢰야식설에 따라 행위가 종자로 훈습된다는 방식을 수용하면서도 천신을 상정하여 행위의 감시자 내지 판단자를 이중으로 설정한다. 이런 점에서는 의적도 마찬가지다. 경흥과 태현은 유식학을 원칙적으로 수용하였지만 오로지 그것만으로 『무량수경』을 해석하려고 하지는 않았음을 알 수 있다. 의적은 『무량수경술의기』에서 아뢰야식의 훈습과 천신의 기록이라는 이중구조를 거론한다.

선한 행위나 악한 행위를 단지 '자신의 아뢰야식이 내부로 훈습'할 뿐만 아니라 천신도 외부에서 그것을 기록한다. 이 두 곳에서 어찌 용서함이 있겠는가?[40]

위 인용문에서 '자식내훈自識內熏'은 행위자의 아뢰야식이 행위를 종자 형태로 훈습(기억)함을 말한다. 유식학에 따르면 행위 기록은 오로지 아뢰야식의 능력일 뿐이다. 거기에 다른 무엇이 개입하지는 않는다. 하지만 의적은 『무량수경』 경문에 충실하여 '천신' 개념을 개입시킨다. 여

---

40 義寂, 『無量壽經述義記』(『韓佛全』 2, 345b)

기서 아뢰야식설에 기반을 둔 이법으로서 종자설과 천신에 기반을 둔 인격신 개념이 결합된다. 의적은 이를 내외로 구분하여 설명한다. 더구나 자연신 개념도 등장한다. 경문에서는 "이와 같은 악은 사람과 귀신에게 발각되고, 해와 달이〔그것을〕환히 파악하고, 신명이 그것을 기록한다."고 말한다. 여기서 인귀, 일월, 신명은 인간 행위의 윤리적 감시자로 작동한다. 인간의 윤리적 행위를 견인하기 위해서 이중장치를 마련했다고 할 수 있다.

의적은 『무량수경술의기』에서 이에 대해 다음과 같이 말한다. "드러난 곳에서 지은 업은 인간에게 발각되고, 보이지 않는 곳에서 지은 업은 귀신에게 발각된다. 일월과 신명은 하나가 아니기 때문에〔행위자는〕벗어나 있을 수 없다."[41] 그는 이와 관련해 『장자』「경상초」를 인용한다. "환히 드러난 상황에서 불선을 행하면 사람이 그를 벌할 수 있고, 보이지 않는 곳에서 불선을 행하면 귀신이 그를 벌할 수 있다. 사람에게 떳떳하고 귀신에게 떳떳하고 나서야 독행할 수 있다." 의적은 『장자』를 인용하여 인간 행위의 윤리성을 감시하고 벌하는 자로서 인귀와 일월과 신명을 제시했다.

'독행獨行'은 공자가 말한 신독愼獨처럼 완벽하게 자기 절제된 행위이다. 윤리적 완성이라고 할 수 있다. 이렇게 보면 의적은 인간 공동체뿐만 아니라 귀신, 천지, 일월, 신명 등 천신과 자연도 인간 행위에 대해 감시하고 판단한다고 생각했음을 알 수 있다. 이는 그의 사유 속에서 일월성신과 천지신명으로 일컬어지는 불교 이전의 고대적인 천신관과 자연관이 지속하고 있음을 말한다. 그는 아뢰야식과 천신을 결합함으로써 인

---

41 義寂, 『無量壽經述義記』(『韓佛全』 2, 346b)

간에게 윤리적 행위를 요구하는 보다 강력한 이론 메커니즘을 제시했다.

V. 신라 불교 이후 천신 관념의 전개

제석천과 제석신앙

이상 몇몇 신라 승려가 『무량수경』에 대해 행한 주석 속에서 하늘 관념의 변용을 살펴보았다. 하늘 관념, 즉 천신 관념은 인간의 행위가 기록되어 다음 생까지 전달된다는 윤회와 인과보응 관념에 접하고 있다. 달리 말하면 천신 관념과 불교 업설의 조우다. 이 접점에서 신라 주석가는 아뢰야식이라는 대승불교철학의 중요한 개념을 동원하기도 하지만, 고래의 천신 관념을 강하게 끌어들이기도 한다. 이런 변용을 곧바로 '신라적'이라고 명명할 수는 없을 것이다. 하지만 신라 주석가들은 당시 신라라는 공간에서 재래신앙과 불교의 여러 관념을 고려했을 거라고 추측할 수 있다. 또한 저들이 천신 관념과 업설의 접점에서 행한 주석은 단순한 독특함을 넘어 신라 주석가의 경향성을 보여주는 사례가 될 수도 있을 것이라 생각한다.

신라 불교 이후 천신 관념은 이상과 같은 철학적이고 교리적인 논의 속에서 전개된 측면도 있지만 그보다는 다분히 신앙적이고 의례적인 측면에서 지속됐다. 고려시대 일연이 간행한 『삼국유사』가 실은 '고려'라는 시대성을 상당 부분 견지하고 있음을 고려한다면 우리는 『삼국유사』에서 말하는 천신 관념이 신라와 고려의 중첩임을 짐작할 수 있다. 특히 제석신앙은 신라시대는 물론이고 고려시대에도 불교 천신 관념의 한 형태로 왕실과 민간에서 중요한 신앙으로 지속됐다. 『삼국유사』 「기이편」에는 진평왕이 내제석궁內帝釋宮을 방문한 기사가 보인다. 이 내제석궁을 '천주사天柱寺'라고도 했는데, '천주'라는 표현에서 고대 천신 관념과 불교의 결합을 짐작할 수 있다. 고대 종교의 관념에서 천주는 '하늘기둥'으로 우주축이라고 할 수도 있다.[42] 그것은 인간과 하늘을 연결하고 그 관계를 지탱하는 역할을 담당했다.

고려가 건국되고 태조 2년(919) 왕건은 수도 개경에 10개 사찰을 건립했는데, 그 하나가 내제석원內帝釋院이었다. 왕건은 「훈요십조」에 사찰 건립 문제를 다룰 만큼 국가통치 기반으로서 불교 세력 혹은 불교 사원을 중요하게 취급했다. 신라의 내제석궁과 마찬가지로 고려의 내제석원은 왕궁 내에 건립된 사찰이다.[43] 태조 7년(924)에는 외제석원도 창건했다. 신라 진평왕 대에 내제석궁이 설치된 것과 유사하게 고려 태조가 내제석원을 건립했다는 점은 제석신앙이 왕실 내에서 특별한 위상을 차지하고 있음을 보여준다. 그리고 신라 왕실의 신앙 행태가 고려 왕실로 일부 계승됨을 보여준다고 할 수 있을 것이다.

신중신앙

고려시대에는 불교의 대표적인 천신 관념 가운데 하나인 제석천뿐만 아니라 불전에 등장하는 다양한 형태의 천신 관념이 크고 작은 신앙 형태로 민간신앙에서 구체화되었다. 특히 '신중神衆'은 불전에 자주 등장하는 신격으로 다양한 역할을 행하며 불보살뿐만 아니라 중생을 외호

---

42 안지원, 『고려의 국가 불교의례와 문화』(서울: 서울대학교출판부, 2005), p.244
43 안지원, 위의 책, p.253

한다. 초기 불전에서는 싯타르타가 출생하고 사문유관과 출가수행을 하는 과정에서 천신들이 지속적으로 등장한다. 대승경전인 『화엄경』에서는 다양한 신중을 소개하고 있다. 삶 속에서 갖가지 고난을 겪는 중생들은 불보살뿐만 아니라 특별한 역능을 지닌 신중도 신앙의 대상으로 삼았다. 이른바 신중신앙은 신라시대부터 유행했고, 고려시대에도 여전히 성행했다. 이런 이유로 외제석원과 함께 신중을 모시는 사찰로서 신중원神衆院이 창건되었다.

또한 『고려사』에 따르면 문종 14년(1060)을 시작으로 내제석원에서 제석도량이 개설되었다. 부정기적이기는 하나 대개 즉위 초기 정월에 개설된 국가 행사였다. 제석도량은 밀교와 관련성이 지적되기도 하는데, 천재지변이나 국난을 겪을 때 개최된 호국을 목적으로 한 도량이기도 했다.[44] 고려 명종 대에는 제석도량뿐만 아니라 제석재회帝釋齋會가 개설되기도 했다. 이상은 제도적인 차원에서 행해진 제석신앙의 형태인데, 민간에서 제석신앙은 불교적인 성격이 엷어지면서 무속화하는 경향을 보였다. 제석은 일종의 무격巫覡이 되어 갔다. 고려 후기 민간의 무당은 자신을 제석과 동일시하기도 했다.

오늘날에도 제석신앙은 민간신앙의 하나로 볼 수 있고, 법당에 설치된 신중단에는 제석천과 여러 신중을 모시고 있다. 천신 관념을 비롯한 재래의 무속 전통이 불교와 결합한 또 한 가지 예는 산신각의 수용이다. 산신각의 재래적인 형태는 신당神堂이다. 신당의 전통은 대단히 오래되어 중국 문헌인 『삼국지』「위지동이전」'고구려조'에도 관련 내용이 등장한다. 또한 『삼국유사』에서는 불교 사원이 재래 종교의 성역聖域에 건립

---

44 안지원, 위의 책, p.263

되는 사례를 보여준다.[45] 이는 불교가 재래의 신격을 제압하고 그 영지 靈地를 장악하는 과정을 묘사한 것이라고 할 수 있다. 하지만 기존 신격을 완전히 척결하는 방식이 아니라 그 일부를 수용하는 방식을 취한다.

산신각의 출현

재래적 천신 관념과 연결된 산신신앙은 다양한 명칭과 형태로 불교 전통 속에 잔존한다. 산신각, 칠성각, 독성각, 삼성각 등 다양한 종교 전통이 습합됐음을 짐작할 수 있는 명칭과 형식으로 지금까지 존재한다. 물론 그것이 불교 전통과 결합하지 않고 독자적인 방식으로 지금까지 전해진 경우도 있다.[46] 산신신앙이 불교와 결합하여 산신각이라는 구체적 형상으로 언제 출현했는지는 지금까지 확인되지 않았다. 고려시대 불교 사원 내에 산신각이 존재했다는 기록은 없으며, 임진왜란 이후인 17~18세기에 집중적으로 산신각이 출현한다. 또한 산신신앙과 칠성신앙은 신중신앙과 유사한 개념으로 불교와 강하게 결합했다. 이는 당시 불교신앙 형태가 민간신앙의 성격이 강화된 것으로 볼 수 있다.[47]

이렇게 민간신앙과 불교의 강력한 결합은 조선 후기의 특색이라고 할 수 있다. 불교 내부에서 산신신앙이나 신중신앙이 강화된 것을 분석해 보면, 불교 내부의 천신 관념이 강화됐다기보다는 불교의 교리적 자기동일성이 약화되면서 외부적 요소가 확대된 결과라고 할 수 있다. 물

---

[45] 최광식,「무속신앙이 한국불교에 끼친 영향」,『백산학보』26호 (서울: 백산학회, 1981), p.58
[46] 최광식, 위의 논문, p.53
[47] 윤열수,『산신도』(서울: 대원사, 1998), p.37; 최종석,「한국불교와 도교신앙의 교섭」,『한국불교학』61집 (서울: 한국불교학회, 2011), p.21 참조.

론 18세기 조선이라는 시간적 공간적 특징이 주요한 역할을 했을 것으로 보인다. 이때 보인 산신이나 신중 등 천신 관념은 다른 시기의 것과 비교된다. 신라불교에서 보인 천신 관념은 불교 내부의 천신 관념이 신라 재래의 천신 관념을 포용하면서 결합한 형태라고 할 수 있다. 고려의 제석신앙과 제석도량은 호국적인 성격의 종교 현상으로 국왕의 통치 기반이 되기도 했다. 그런데 조선 후기 불교 내부에서 보인 산신신앙은 국가나 공동체와 관련된 신앙이 아니라 지극히 개인의 구복에 집중됐다.

조선 후기 산신각이나 칠성각, 삼성각 등이 보인 신앙은 비록 그것이 불교 내부에 있는 듯하지만 상당한 독자성을 띠기도 한다. 이런 종교 현상과 신앙 형태는 대단히 오래된 것으로 보이지만 적어도 신라불교와 고려불교에는 현저하지 않았다. 그것이 조선 후기 불교에서 유독 강하게 나타난 것은 당시 불교가 교리적 정체성에 대한 강한 요구나 순결성에 대한 자기 검열이 약화된 까닭이기도 하다. 어떻게 보면 삼국시대 불교가 전래되면서 선별적으로 배제한 다양한 하늘 관념이 불교 속에서 다시 부활한 것이기도 하다. 이런 것을 보면 고대적 의미의 하늘 관념은 한국불교 주변에 늘 존속했고, 시기마다 다른 형식으로 불교와 교류했음을 알 수 있다.

근대 시기 한용운은 산신각이나 칠성각 등 조선불교가 수용한 재래적인 신앙 행태를 한국불교가 타파해야 할 악습으로 간주했다. 하지만 불교 내부에 존속한 천신 관념은 물론이고 재래신앙에서 불교로 진입한 천신 관념 또한 대단히 포괄적으로 불교라는 이름으로 현존한다. 이는 현재 한국에서 행해지는 불교신앙과 불교의례, 그리고 사원의 여러 상징물에서 쉽게 파악할 수 있다. 현재 한국불교는 대단히 풍부한 종교 전통을 종합적으로 보여준다고 할 수 있다.

하늘 관념과 한국불교

　지금까지『무량수경』신라 주석서를 중심으로 신라 불교의 하늘 관념을 분석하고, 나아가 신라 이후 불교계에서 하늘 관념이 어떻게 전개되는지 살펴보았다. 고대 세계에는 다양한 형태의 하늘 관념이 존재했고, 세계 각지에서 그것을 확인할 수 있다. 고대 한국에서도 마찬가지였다. 불교 전래 이전 기존 하늘 관념은 공동체 속에서 대단히 중요한 역할을 했다. 단지 종교적 역할만을 담당한 게 아니라 정치적 역할도 담당했다. 공동체는 그것을 통해 자신의 정체성을 확보하기도 하고, 위정자는 권력의 합법성을 획득하기도 했다. 고대 한국에서 이런 하늘 관념은 불교가 전래되자 중요한 변화를 겪기 시작한다. 불교는 기본적으로 인간 삶을 주재하는 절대자를 인정하지 않았다. 이 때문에 불교가 전파된 이후 재래의 종교 관념과 충돌하기도 했다.

　하지만『무량수경』신라 주석서에서 보이듯 고대 한국의 불교인은 결코 재래의 하늘 관념을 전면적으로 거부하지는 않았다. 그들은 순정한 불교에 대한 고집은 없었고 교리적으로 유연했다. 그들은 불교가 지향하는 가치가 공동체 속에서 인간의 윤리적 삶이라고 파악했다. 이 커다란 지향을 위해서 불교인들은 인간의 윤리적 삶을 견인하기 위한 장치로서 하늘 관념을 적극적으로 사유했다. 당시 불교인들은 인간은 자신의 행위에 대해 어떤 식으로든 책임을 져야 하고, 또한 자신의 삶과 운명을 바로 그 행위를 통해서 개척해야 한다는 불교 업설을 말하면서 하늘 관념을 불교적 맥락으로 끌어들였다. 그것은 인간 삶을 개선하고, 공동체 내에서 윤리적 공명을 불러오는 역할을 했다.

불교인들이 전통적인 하늘 관념을 불교 내로 끌어들이는 경향은 신라뿐만 아니라 고려와 조선에서도 유사하게 발견된다. 고려 불교가 보인 제석신앙이나 조선 불교가 보인 산신신앙과 칠성신앙 등은 불교와 유사 하늘 관념의 결합을 분명하게 보여준다. 다른 측면으로 이야기하면, 한국에서 재래의 하늘 관념은 불교라는 공간을 통해서 존속할 수 있었다. 공동체의 윤리를 지킨다는 차원에서 고대 한국불교가 재래의 하늘 관념을 수용하고 보호했다는 점 외에도 우리는 하늘 관념과 관련한 한국불교의 특수성을 또 한 가지 찾을 수 있다. 그것은 한국불교가 중국이나 일본 등 다른 동아시아 국가와는 전혀 다른 종교 지형에 놓여 있었음에서 확인할 수 있다.

중국의 경우, 도교가 일찍감치 교단으로 성립하여 현재까지 커다란 역할을 하고 있다. 도교는 재래의 하늘 관념이나 일월성신에 대한 신앙 등을 포괄적으로 수용하여 지키고 있다. 앞서 보았듯이 한국불교가 수용한 재래 신앙의 다양한 형식을 중국에서는 도교가 포괄했다. 일본의 경우, 지역 신앙이나 신도神道 등이 존재하여 하늘 관념뿐만 아니라 수목樹木신앙이나 다양한 정령신앙이 행해질 수 있었다. 이에 반해 한국은 고대부터 중국의 도교같이 세력을 가진 명실상부한 교단은 존재한 적이 없고, 일본의 지역 신앙과 신도 같은 종교 형태도 활발하지 않았다. 특히 조선시대에는 성리학적 체계가 강고해지면서 공적 공간에서 이러한 신앙 형태가 존속하기란 힘들었다. 바로 이런 이유로 하늘 관념에 기반을 둔 민간신앙은 불교 속에서 활동 공간을 확보하게 된다. 역으로 한국불교는 한국 재래의 다양한 종교문화를 위해 활동 공간을 제공했다고 할 수 있다.

이렇게 한국불교는 불교라는 동일한 출발점에서 시작했지만 한국이라는 지역적 상황 속에서 지속적으로 종교적 시도와 사유 실험을 감행했고, 그 결과 한국불교의 하늘 관념이 보여주듯 특별한 종교적 정서를 출현시켰다. 그런 이유로 하늘 관념은 고대 한국인의 종교적 삶을 파악할 수 있는 중요한 소재이고, 또한 한국불교의 특수성을 파악하는 한 가지 통로이기도 하다.

| 참고문헌 |

고익진,『한국고대불교사상사』(서울: 동국대학교출판부, 1987)
김양순,「경흥의『무량수경연의술문찬』연구」(성남: 한국학중앙연구원 박사학위논문, 2009)
김영미,『신라불교사상사연구』(서울: 민족사, 1994)
김영태,「신라불교천신고」,『불교학보』15집 (서울: 동국대 불교문화연구소, 1978)
김재천,「인도의 천관 연구」,『인도철학』19집 (서울: 인도철학회, 2005)
서영대,「한국 고대 신관념의 사회적 의미」(서울: 서울대 박사학위논문, 1991)
최광식,『한국 고대의 토착신앙과 불교』(서울: 고려대학교출판부, 2007)
溝口雄三・丸山松幸・池田知久 편, 김석근・김용천・박규태 옮김,『중국사상문화사전』(서울: 책과함께, 2011)
方立天,『中國古代哲學問題發展史』(北京: 中華書局, 1990)
森三樹三郎,「無量壽経の漢吳魏三譯に見える「自然」の語について」,『仏教文化論攷: 坪井俊映博士頌壽記念』(京都: 佛教大學, 1984)

제2부

종교와 국가

제정일치

원력

사전

제정일치 祭政一致

이자랑

I. 고대 사회에서 제사와 정치

　　천강 관념과 제정일치/ 시조묘 제사와 왕권/ 제정분리와 불교

II. 신라 중고기 왕실의 불교 수용과 왕권 강화책의 변용

　　신라의 불교 수용/ 전륜성왕의 이념화/ 진종설

III. 무교와 불교의 융합

　　신들의 융합/ 제사와 승려/ 원당과 성전사원

IV. 고려 이후의 정치와 불교

　　태조 왕건과 진전사원/ 훈요십조의 불교의례/ 억불과 숭불의 사이

■ 불교와 정치

I. 고대 사회에서 제사와 정치

천강 관념과 제정일치

동서양을 막론하고 고대 사회의 지배세력들은 대부분 초인간적인 존재와의 밀접한 관계 속에서 등장하곤 한다. 예를 들면, '하늘(天)' 혹은 '신神'과의 혈연적 관계이다. 이는 정치권력의 정당화를 위해서도 필요한 장치였을 것으로 생각되는데, 고대 한국 사회에서도 예외 없이 확인되는 현상이다. 기원전 2000년에 고조선을 세워 개국했다고 하는 단군檀君이 천신 환인桓因의 자손이라는 신화를 비롯하여, 이후 고구려의 오노부五奴部·백제의 십제十濟·신라의 육촌六村·가락의 육가야六伽倻 등과 같은 부족연맹의 최고 지도권을 장악하여 새로운 나라를 연 왕들 역시 한결같이 자신들이 하늘에서 내려온 '하느님의 아들(天帝子)'이거나 그 후손임을 자처한다.[1] 고대의 지배자들이 권력의 정당성을 하늘에서 찾는 것은 특히 천 중심의 무교적巫敎的 신앙에 기반을 둔 사회의 경우, 지극히 자연스러운 현상이었을 것이다.

『삼국지』「동이전」에 전해지는 부여의 영고迎鼓, 고구려의 동맹東盟, 예의 무천舞天, 삼한의 계절제季節祭 등은 고대 한국 사회에서 천신을 대상으로 한 제천의례가 이루어지고 있었음을 보여준다. 주로 천신을 제신祭神으로 받들어 가무로써 이들을 기쁘게 하고자 개최된 것으로 보이

---

1 고익진, 『한국고대불교사상사』 (서울: 동국대학교출판부, 1989), p.18

는데, 이들 의례는 지배 이데올로기적 성격도 지니고 있었다. 특히 부여의 영고나 고구려의 동맹은 국중대회國中大會라 하여 거국적인 규모의 제천행사였다. 부여의 영고는 매년 은정월殷正月에 수렵 의례로 천신에 제사지내는 것을 주관했고, 이를 통해 군왕은 왕권을 과시했다. 며칠간 먹고 마시고 노래하고 춤출 수 있는 경제력을 장악하여 재분배하였으며, 이때 법률을 집행하고 전쟁이 있을 때도 마찬가지로 제천의례를 거행하여 이를 통해 왕권을 강화하는 이데올로기로 활용하였다.[2] 매년 10월에 실행된 고구려의 동맹은 오곡 의례의 성격을 지니지만, 이때도 역시 재판과 형벌을 집행하는 등, 이 의례를 통해 법률이 집행되었음을 알 수 있다.[3] 이와 같이 고대 한국 사회에서 군주는 제천의례를 통해 자신을 천신과 교감하는 존재로 부각시켰으며, 종교적 행사의 주재자이자 정치의 주권자로서 제정일치 사회를 확립하고 이를 기반으로 신성한 권위를 확보하고자 했다.

이렇게 하늘에 근원을 두고 권력을 정당화한 천강왕天降王 내지 그 후손이 하늘의 혈통을 이어받은 자로서 절대적인 권력을 행사하게 될 것이라는 점은 의심할 여지가 없다. 하늘을 최고 지배신으로 하는 무교적 전통 기반 위에 서 있던 고대 한국 사회의 경우, 이들의 영향력은 절대적인 것으로 자연스럽게 정치와 종교를 아울러 관장하며 제정일치적인 왕권을 확립해 갔다. 이러한 현상은 고대 한국 사회에서 일반적으로 확인되는데, 신라의 경우에는 여러 대에 걸쳐 지속적으로 왕들이 신적인 성격을 지닌 사제적司祭的 통치자로서의 모습을 극명하게 드러낸다. 예를 들어 신라의 시조왕 박혁거세朴赫居世는 하늘로부터 내려온 천자天

---

[2] 최광식, 『고대한국의 국가와 제사』(서울: 한길사, 1994), p.147
[3] 최광식, 위의 책, p.153

子로 묘사되며,[4] 그를 이어 왕권을 계승했던 맏아들 남해南解왕은 무당을 의미하는 차차웅次次雄이라는 왕호를 사용하여 남해 차차웅이라 불리고 있다. 이는 고대 사회의 최고 지배자가 무적巫的 성격을 지닌 사제왕司祭王이었음을 시사한다. 이 외에도 제4대 탈해 이사금 및 '이사금尼師今'기의 다른 왕들에게서도 무적 사제로서의 성격이 확인되는 등[5] 신라 초기의 왕들은 종교적 권위를 기반으로 정치적 권력을 지속적으로 행사하고 있었다.

시조묘 제사와 왕권

신라 초기의 왕들 중에서도 특히 시조왕은 천신과 연결된 존재로 인식되며 건국의 정당성을 인정받았는데, 시조왕이 지닌 이러한 성격이 후대 왕들의 권위의 원천이자 그들이 지녀야 할 덕목으로 인식되었다는 점은 주목된다. 시조왕이 천신과 자신을 연결하며 그 신성과 건국의 정당성을 확보했듯이, 후대의 왕들 역시 자신들이 하늘에서 내려온 '하느님의 아들(天帝子)'이거나 후손임을 자처함으로써 그 입지를 확고히 했다. 특히 제정일치 사회에서 천강 관념에 근거하여 성립한 왕의 권위는 정세 변화에 따라 다른 부족이 힘을 얻게 될 경우 복잡한 상황을 야기할 수 있다는 점을 고려한다면, 후대의 왕들에게 있어 시조왕의 권위는 절실한 것이었다. 왜냐하면 천강 관념에 의해 성립한 종교권, 다시 말해 하늘의 아들이라는 혈연에 근거하여 성립한 권력은 힘의 논리로만 해결

---

4 『삼국유사』 권1, 「紀異」 제1, 新羅始祖 赫居世王

5 나희라, 「신라초기 왕의 성격과 제사」, 『한국사론』 23 (서울: 서울대학교 국사학과, 1990), pp.74~80

될 수 없는 것이기 때문이다. 천강 관념에 근거한 기존의 지배세력은 왕권은 빼앗겨도 여전히 귀족으로 남아 정치적 힘을 발휘하려 할 것이고 이렇게 되면 왕권과 종권의 분리 내지 대립 상황이 벌어지게 된다. 신라의 화백제도야말로 이와 같은 상황을 극명하게 보여준다고 할 것이다. 따라서 신라의 왕들은 자신의 권력을 정당화하는 한 방법으로 자신들의 혈통을 본계시조나 하늘에 연결시키고자 노력하게 된다.

예를 들어 신라의 시조묘始祖廟 제사나 신궁神宮 제사를 통해 엿볼 수 있는 바와 같이, 새로이 왕위에 오른 사람은 시조왕에게 제사를 지냄으로써 자신이 시조왕으로부터 비롯된 정통의 왕자王者이며, 또 시조왕이 지닌 신력을 부여받아 그 신력을 통한 자신의 지배는 정당한 것임을 천하에 공표했다. 특히 그 시조왕이 당시 최고의 신 관념이던 천신으로 여겨졌다면 시조묘에 친히 제사함으로써 즉위 의례를 마친 새로운 왕은 자신의 권력이 시조왕을 매개로 당시 최고 권위의 원천인 하늘로부터 나온 것임을 주장할 수 있었다.[6] 이렇게 해서 시조묘 제사를 통해 시조왕에게 부여되고 있던 천강 내지 천손 관념이 신왕新王에게로 이어지게 된다. 시조묘에 대한 제사는 즉위 의례로 정착하지만 왕계가 바뀌면서도 계속하여 역대 왕들은 여전히 이곳에 친사하며 전통의 천강신적 신성성과 관련된 종교적 권위를 찾음으로써 왕권, 곧 지배권의 계승을 합리화하고 있는 것이다.[7]

시조왕을 정기적으로 제사하는 관습은 삼국 모두에 있었는데, 신라의 경우 1년에 네 번 있는 시조신에 대한 정기적인 제사와 새로운 왕의

---

6 나희라, 「한국 고대의 신 관념과 왕권」, 『국사관논총』 69 (과천: 국사편찬위원회, 1996), p.120
7 김병곤, 『신라 왕권 성장사 연구』 (서울: 학연문화사, 2003), p.177

즉위 의례적 성격을 띤 시조신에 대한 대대적인 제사가 거행되었던 것을 볼 수 있으며, 이는 고구려나 백제의 경우에도 마찬가지이다. 특히 박혁거세의 경우 시조묘 제사에서 박혁거세 신화가 재현됨으로써 신라인들은 천신이자 농업신적 성격을 지닌 시조왕을 찬양하고, 새로운 왕의 즉위가 곧 그러한 성격을 가진 왕의 즉위임을 공감하였다. 따라서 새로운 왕이 즉위하면 시조묘에서 제사하면서 즉위를 보고했다. 또한 춘정월이나 2월에 있던 시조신의 제사와 함께 정치적 논의가 이루어지고 관리임명이나 하령下令 같은 정치적 결정이 공시되었다.[8] 왕위가 김씨에게로 독점적으로 세습되었던 5세기 신라에서는 제사 체계의 정비가 이루어져 국가 제사의 최고 위치에 이전의 시조묘 외에 신궁神宮이 설치되었다. 신궁은 487년(소지왕 9)에 설치되었는데, 이 역시 시조묘와 마찬가지로 왕실의 시조신을 모셨던 것으로 보인다.[9] 통일기 이후에도 시조묘와 신궁에 대한 제사는 그대로 유지되었으며, 제도상으로는 중국을 의식하여 시조묘 대신에 오묘로, 신궁 대신에 사직으로 제도화했지만 신라는 자신들의 독자적인 제사인 시조묘와 신궁에 계속 제사를 지냈다.[10]

제정분리와 불교

신라에서 제정일치가 언제까지 실행되었는가에 대해서는 아직 의견이 분분한 것 같다. 남해 차차웅이 자신의 여동생인 아노阿老에게 "주제

---

8 나희라,「고대사의 발전과 국가권력 —고대국가의 지배이데올로기」,『역사비평』통권 32 (서울: 역사비평사, 1995), pp.383~391
9 『삼국사기』권3,「신라본기」제3, 炤知麻立干. 신궁의 주신이 조상신이 아닌 천지신이라는 견해도 있다. 최광식, 앞의 책, pp.195~216
10 최광식, 위의 책, p.168

시조묘主祭始祖廟"하게 했다는 기록¹¹을 근거로 이때부터 제정이 분리되었다고 보는 견해도 있지만,¹² 이를 근거로 제주祭主가 왕이 아닌 왕실의 여성이었다고 단언하는 것은 무리인 것 같다. 제정분리라기보다는, 제사 업무의 분담, 다시 말해 아노의 역할은 제관祭官이었으며, 여전히 왕이 제사권을 장악하고 있었다고 보는 편이 더 자연스러울 것이다. 왜냐하면 이 이후에도 계속해서 왕의 무적 사제로서의 성격이 여러 사료에서 확인되기 때문이다. 이 점을 감안하여 최고 권위자의 성격에 종교적 색채가 농후하게 나타나며 국가운영에서도 종교가 중요한 역할을 했던 것은 왕의 명칭상 이사금尼師金에 속하는 흘해訖解 이사금 기(310~356년 재위) 혹은 마립간麻立干 기 초반에 속하는 실성 마립간實聖麻立干(402~417년 재위)까지로, 이 시기의 왕들은 명확히 무적 사제왕으로 판단되는 성격을 지닌다고 보는 의견도 있다.¹³ 어느 의견을 취하든지 하늘 혹은 신을 대변하는 제사장이 정치의 중심이 된다고 하는 엄밀한 의미에서의 제정일치는 이미 불교의 공식적인 수용 이전에 끝났다고 보아야 할 것이다. 하지만 고대의 제정일치 사회와 밀접하게 관련된 천강 혹은 천손 관념이 시조묘 제사나 신궁 제사 등을 통해 후대에도 이어져 갔다는 점을 감안한다면, 특히 신라의 경우 제사와 정치는 상당히 후대까지 불가분의 관계를 유지했으며, 이 양자를 아우르는 형태의 왕의 권위 역시 요구되었다고 보아야 할 것이다.

　　제정일치를 뒷받침하는 가장 중요한 논리는 천강 관념이다. 신라에서 천강 관념은 혈연 의식을 기반으로 뿌리 깊게 작용하고 있었는데, 천

---

11 『삼국사기』 권32, 「雜誌」 제1, 祭祀
12 이종욱, 『신라국가형성사 연구』 (서울: 일조각, 1982), p.72
13 나희라, 앞의 논문, p.81

신의 후예라는 논리에서 권위를 찾던 신라 왕실도 중앙집권화가 진전되면서 좀 더 강력하고 고차원적인 이념으로부터 왕권 강화의 논리를 필요로 하게 된다. 특히 국가 체제가 점차 정비되어 왕위 계승이 김씨가계로 독점되는 '마립간' 기부터는 왕의 성격도 변화하여 여전히 사제로서의 직능은 지니지만 이전보다 종교적 능력은 덜 기대되고, 윤리적·정치적으로 수식된 왕의 종교적 성격은 왕권 신장에 일익을 담당하게 된다.[14] 그리고 법흥왕 대에 이르러 좀 더 강력한 중앙집권적인 왕권 강화의 필요성이 대두될 무렵 신라 왕실은 기존의 신앙 체계를 능가할 수 있는 이데올로기를 새로운 종교인 불교에서 찾게 되었고, 이후 전륜성왕설, 진종설, 왕즉불 사상 등 불교를 기반으로 한 강력한 왕권 강화책이 등장하였다. 이러한 불교의 이념들은 신라 중고기 왕실의 왕권 강화에 크게 이바지하였고, 불교와 왕권은 상호 긴밀한 관계를 유지하며 발전하였다. 사실 천 중심의 무교적 신앙이 행해지는 한 제정일치적 체계 역시 어떤 형태로든 잔존했을 것이라는 점은 추측하기 어렵지 않은데, 보다 고차원적인 이념을 지닌 불교의 수용은 기존의 종교 내지 이에 기반을 둔 정치 체계에 여러 가지 변화를 발생시켰다고 생각된다. 본 글은 이러한 변화에 주목하며, 신라 중고기 왕실의 '왕권 확립'에 미쳤던 불교의 영향 및 전통 무교와의 융합 등을 통해 점차 불교가 국가와 밀착해 가는 모습을 살펴보고자 한다. 논의의 시기는 주로 신라이지만, 후반부에서 신라 이후의 발전 양상에 대해서도 간단히 언급할 것이다.

---

14 나희라, 위의 논문, p.104

Ⅱ. 신라 중고기 왕실의 불교 수용과 왕권 강화책의 변용

신라의 불교 수용

　삼국에 수용된 불교는 왕권 중심의 강력한 국가를 지향하던 당시 각국의 상황에 의해 왕실 차원에서 깊은 관심의 대상이 되었다. 삼국 중 가장 먼저 불교를 받아들인 곳은 고구려였다. 372년(소수림왕 2)에 전진前秦의 왕 부견符堅이 사신과 승려 순도順道를 통해 불상과 경문을 보낸 3년 후, 초문사肖門寺와 이불란사伊弗蘭寺 등의 사찰이 건축되는 등 비교적 순조롭게 불교가 수용되었다. 백제의 경우에도 384년(침류왕 1)에 동진東晋에서 마라난타摩羅難陀가 불교를 가져오자 왕이 맞이하여 공경하고, 이듬해에는 한산주에 절을 지어 10명을 출가시켜 거주하게 함으로써 불교를 공식적으로 수용하였다. 국가체제를 정비하기 위해 중국의 선진제도와 문물을 받아들일 필요가 있었던 고구려와 백제의 경우, 이 과정에서 접한 불교에 대해 매우 호의적인 태도를 보였다. 양국의 불교 수용 과정이 이처럼 순탄했던 데 비해 신라의 경우에는 불교가 공식적으로 인정되기까지 적지 않은 시간을 필요로 했으며 그 과정 또한 역경이었다. 신라에는 5세기 초부터 고구려를 통해 불교가 전해진 것으로 보이지만, 실제로 불교가 왕실 차원에서 공식적으로 수용된 것은 고구려나 백제보다 훨씬 늦은 527년(법흥왕 14)이었다. 신라의 불교 수용이 고구려나 백제에 비해 늦어진 이유로는 지리적인 여건상 중국과 교류가 활발하지 못했던 점, 그리고 불교를 수용할 수 있는 정치 체제의 정비가 상대적으로 늦었다는 점이 주로 거론된다. 고구려와 백제는 비교적 이른 시기에 왕실을 중심으로 하는 중앙집권적인 통치 체제를 갖추었지만, 신라는 6세기 초까지도 연맹체적인 정치 체제 속에 있었다. 따라서 왕실 차원에서 불교를 수용하고자 할 경우, 신라는 고구려와 백제와는 달리 귀족 세력의 반대에 부딪칠 수밖에 없는 정치적 상황을 안고 있었던 것이다.

이차돈의 순교 사건을 통해서도 알 수 있듯이, 신라에서 불교가 수용되는 과정은 그야말로 역경이었다. 즉, 불교의 수용을 적극적으로 찬성하는 세력과 반대하는 세력이 첨예하게 대립하며 갈등을 일으켰다. 불교의 수용에 찬성한 세력은 신라 왕실이었으며, 반대한 세력은 기존의 전통 신앙인 무교에 기반을 두고 천강天降 내지 천손天孫 관념으로 무장한 귀족이었다. 고구려나 백제도 전통 무교를 기반으로 하고 있었던 만큼 기존의 전통 신앙에 입각한 세력과의 갈등이 전혀 없었을 것으로 생각되지 않지만, 귀족들이 반대한 기록은 찾아보기 힘들다. 하지만 신라의 경우에는 법흥왕이 자신의 측근인 이차돈을 귀족들의 압력에 의해 사형에 처해야 할 만큼 왕실과 귀족 세력의 대립은 심했던 것으로 보인다. 불교가 수용될 당시 신라는 주변 지역을 정복하여 영토를 확장하고, 나아가 다양한 집단을 통합함으로써 율령 체제에 의한 중앙집권화를 이룩하고자 하는 상황이었다. 이러한 상황에서 기존의 전통 종교인 무교를 기반으로 천강족이라는 혈연 원리에 기초하여 기득권을 유지해 오던 귀족 세력은 걸림돌로 작용할 수밖에 없었다. 여러 가지 사료를 통해 귀족 세력이 실질적으로 정치에 관여하고 있었음을 알 수 있는데, 신라의 왕들은 시조묘 제사 등을 통해 왕자王者의 권위가 당시 최고 권위의 원천인 하늘로부터 나온 것임을 주장하고자 했지만 이는 귀족 세력을 누르기에는 역부족이었다. 따라서 신라에서 불교 공인은 귀족 세력을 누르고 왕권 강화를 통해 중앙집권적 통치 체제를 정비하려는 정책과 더불어 추진되게 된다. 불교 공인 자체가 국왕의 의지에 의해 이루어진 만큼 불교와 왕권은 처음부터 밀접한 관계를 유지했으며, 불교는 국가의 통치이념으로서 적극적으로 활용되었다.

전륜성왕의 이념화

불교는 교리적인 면에서 무교나 그 기반에 서서 권력을 강고히 한 귀족 세력의 힘을 약화시키고, 기존의 신앙을 능가하는 새로운 이념으로 사상적 통합의 원리로 작용했다. 불교가 전통적인 무교를 능가할 수 있었던 사상적 근거로는 몇 가지가 거론될 수 있겠지만, 모든 것이 윤회하는 존재임을 깨달은 자, 즉 붓다(Buddha, 覺者)를 불교 신앙의 중심에 두고 있다는 것이 가장 큰 특징이 아닐까 생각된다. 다시 말해 무교에서는 천신을 신앙의 최고 위치에 두고 있는 데 비해 불교에서는 천신 역시 윤회의 굴레를 벗어나지 못하는 존재이다. 불교 교리에 의하면 인간이 사는 세상 위에는 무수한 천이 있으며, 그 천에는 수많은 천신이 살고 있다. 이 천신은 선업을 닦아 육도六道 가운데 비교적 환경이 좋은 천상계에 태어났다는 점에서 인간보다 조금 나은 존재이기는 하지만, 그 업에 따라 육도를 윤회하는 존재라는 점에서 불완전한 존재인 것이다. 이에 비해 불교에서 신앙의 정점에 두는 부처는 진리를 깨달아 더 이상 윤회하지 않는 자로서 모든 존재를 능가한다. 이와 같은 불교의 교리는 천강이라는 신성성으로 권력의 정신적 토대를 세웠던 귀족들의 권위를 약화시키기에 매우 좋은 논리였을 것이다.[15]

---

15 서영대, 「신라의 불교수용과 천신 관념」, 『한국사상사학』 10 (서울: 한국사상사학

한편, 당시 중앙집권적 정치 체제를 지향하던 신라 왕실의 입장에서 볼 때 불교의 가장 매력적인 교리는 정법正法의 실현과 그 정법을 현실적으로 실현하는 전륜성왕轉輪聖王이라는 존재였던 것 같다. 전륜성왕의 이념은 원래 인도에서 오래전부터 전해지던 것으로, 이는 하늘로부터 받은 윤보輪寶를 굴려 천하를 정복하는데, 그 위덕에 눌려 히말라야에서 인도양까지 모든 영토의 왕들이 복종한다는 내용을 갖는다. 불교도들이 이를 받아들여 다르마(dharma, 法)의 이념과 결합시키고, 나아가 후세에 전 인도 지역을 통일한 아쇼까왕의 정치이념을 모방하여 전륜성왕 이념의 틀을 완성한 것으로 추측된다.[16]

불교의 전륜성왕 이념은 불법에 의거하여 분열된 나라들을 통합하고, 백성들을 행복하게 하며, 노년에는 출가하여 깨달음을 추구한다는 것이었다. 전륜성왕은 7종의 보물과 4종의 신덕神德을 갖춘 왕 중의 왕인데, 여러 형태의 전륜성왕들이 영토를 정복하는 방법에 따라 금륜金輪, 은륜銀輪, 동륜銅輪, 철륜鐵輪의 4종으로 분류되며, 『아육왕경』에 의하면 아쇼까왕은 염부제를 통치하는 철륜성왕이라고 한다.[17]

전륜성왕의 이러한 이념이 왕권을 강화하고 중앙집권적 통치 체제를 정비하고자 하는 고대국가의 통치 이념에 부응하는 면이 있었을 것이라는 점은 쉽게 납득할 수 있다. 즉, 오랜 정복 전쟁으로 인해 발생한 다양한 민족들을 통합할 수 있는 원리이자, 혈연 원리에 근거하여 막대한 권력을 발휘하며 중앙집권적인 왕권 강화를 방해하는 귀족 세력의 권위를

회), pp.29~30
16 Mohan, Pankaj N., 「신라 중고기의 전륜성왕 이념 인도-Asoka왕과 신라 진흥왕의 정치이념의 비교」(서울: 서울대학교 국사학과 석사학위논문, 1994), pp.8~10
17 Mukhopadhyaya, Sujitkumar(ed.), *The Aśokāvadāna: Sanskrit text compared with Chinese versions*, New Delhi: Sahitya Akademi, 1963, p.40

약화시키는 데 있어 천하를 정복하여 정법을 실현한다고 하는 전륜성왕의 이념은 지배자에게는 좋은 명분이 될 수 있었을 것이다.

실제로 불교 수용 이후 삼국의 왕들은 전륜성왕의 이념을 빌려 왕권을 강화했다. 고구려의 광개토왕은 '호태성왕好太聖王'이라 불렸고, 백제의 성왕은 생전에도 성왕으로 불렸는데, 이는 성왕 스스로 전륜성왕을 자처했기 때문으로 보인다.[18] 삼국 가운데 특히 전륜성왕설을 통해 적극적으로 왕권강화책을 강구한 나라는 신라였다. 신라에는 전륜성왕 이념이 진흥왕 시대에 도입되어 정복군주의 이미지를 부각시키고 정당화하는 데 획기적인 역할을 했다.[19] 진흥왕은 아들들의 이름을 전륜성왕을 나타내는 동륜銅輪과 사륜舍輪 등으로 짓고, 황룡사 장육존상丈六尊像을 조성하며, 순수비를 건립하였는데, 이는 그가 전륜성왕설을 알고 실천했음을 보여주는 대표적인 사례들로 거론된다.[20] 이들은 동시대 백제 성왕의 전륜성왕 의식을 모델로 삼아 더욱 발전시킨 것으로 보인다.[21]

진종설

한편 진흥왕 이후 진지왕을 거쳐 진평왕 대에 이르면 불교를 통한 보다 강력한 왕권 강화 방법으로 진종설眞種說과 왕즉불王卽佛 사상이 확

---

18 국사편찬위원회 편, 『신앙과 사상으로 본 불교 전통의 흐름』 (서울: 두산동아, 2007), p.30
19 Mohan, Pankaj. N., 앞의 논문, p.33
20 김영태, 「신라 진흥왕대의 信佛과 그 사상 연구」, 『불교학보』 5 (서울: 동국대학교 불교문화연구원, 1967), pp.19~30
21 최연식, 「6세기 동아시아 지역의 불교 확산 과정에 대한 재검토」, 『충청학과 충청문화』 13 (공주: 충청남도역사문화연구원, 2011), p.76

립된다. 이 중 진종설이란 '신라 왕족이 자신들을 석가족과 같은 진종眞種, 즉 찰제리종刹帝利種이라고 의식하는 것'을 가리키는 말로서, 신라 중고기 시대에 불교가 수용되면서 나타났던 하나의 특징으로 학계에서 일반적으로 거론된다. 학자들이 왜 이를 진종설이라고 부르는지 그 근거는 명확하지 않지만,[22] 『불설보요경佛說普曜經』 등의 경전에 묘사된 석가 보살과 그 부모에 관한 기술을 통해 볼 때,[23] 신라 왕들이 석가족을 진종, 즉 참된 종족으로 인식하고 있었을 가능성은 충분히 엿볼 수 있으며, 아마도 경전에 나타난 석가족의 순수한 혈통에 비유하여 자신들의 혈통을 특별한 것으로 내세울 실마리를 찾았던 것은 아닐까 생각된다.

진흥왕 이후 진덕여왕에 이르는 신라 중고기 왕실에서는 '진眞'이라는 글자를 붙인 왕호를 빈번하게 사용하고 있는데, 나아가 진평왕은 극히 한정된 자신의 가족에게 석가 왕족의 이름을 사용하고 있다. 『삼국사기』에서는 다음과 같이 기술한다.

> 진평왕이 왕위에 올랐다. 이름은 백정白淨이고, 진흥왕의 태자인 동륜銅輪의 아들이다. 어머니는 김씨金氏 만호萬呼 또는 만내萬內 부인이라고도 하였다. 갈문왕葛文王 입종立宗의 딸이다. 왕비는 김씨 마야摩耶 부인으로 갈문왕 복승福勝의 딸이다.[24]

친동생인 백반伯飯을 진정갈문왕眞正葛文王으로, 국반國飯을 진안갈

---

22 이 점에 대해 논한 연구로는 김철준, 「신라 상대 사회의 Dual Organization」(하), 『역사학보』 2 (서울: 역사학회, 1952), pp.251~255가 유일한 것 같다.
23 『불설보요경』(『대정장』 3, 485b)
24 『삼국사기』 권4, 「신라본기」 제4, 진평왕

문왕眞安葛文王으로 봉하였다.[25]

진평왕 자신은 석가모니의 아버지 이름을 따서 백정이라 하고, 왕비는 석가모니의 어머니 이름을 따서 마야부인이라 하고 있다. 또한 아우들도 백반, 국반이라고 하여 석가모니의 아버지인 정반왕의 아우들 이름을 사용하고 있다. 인도 까삘라국의 석가 왕실을 진평왕 대의 신라 왕실에 재현해 놓고 있는데, 마치 자신의 왕실에서 석가와 같은 위대한 전륜성왕이 나오기를 바라는 진평왕의 절실한 바람이 담겨 있는 듯하다. 신라 왕실이 자신들을 진종이라 표현한 예가 발견되지 않기 때문에 논의의 여지는 남지만, 만약 『불설보요경』 등을 통해 신라 왕들이 석가족을 참된 종족이라고 인식하고 있었다면, 『삼국사기』에 보이는 위의 기술은 이보다 한 단계 나아가 신라 왕실이 '석가 왕실=참된 종족=신라 왕실'이라는 인식을 갖게 되었음을 보여준다고도 볼 수 있을 것이다. 석가족을 의미하는 찰제리는 원래 인도의 사성계급 가운데 왕족·무사라는 계급상의 신분을 가리키는 끄샤뜨리야(kṣatriya)라는 말의 음사어이다. 진평왕은 찰제리종, 즉 계급적 신분으로서의 석가족이 아닌, 순수한 혈통을 지닌 석가족에 주목함으로써 '석가 왕실=신라 왕실=성스럽고 참된 가계'라는 인식을 통해 왕실을 불교적으로 신성화하고 권위를 높이고 있는 것이다.

한편 국왕을 부처와 동일시하는 왕즉불 사상은 진흥왕 대에 이미 고구려를 통해 신라에 도입되었으나 확립된 것은 진평왕 대로 보인다. 이것이 진평왕 대에 확립된 것은 지극히 당연한 결과일 것이다. 진종설

---

25 『삼국사기』 권4, 위의 주와 동일.

을 통해 극히 한정된 신라 왕실의 권위를 보증받았을 때, 비로소 왕이 곧 부처라는 공식 역시 무리 없이 성립할 수 있을 것이기 때문이다. 이와 같이 신라 중고기 왕실에서는 시조묘 제사나 신궁 제사 등을 통해 신력을 이어받음으로써 자신의 권력이 시조왕을 매개로 당시 최고 권위의 원천인 하늘로부터 나온 것임을 주장하면서도, 또 다른 한편으로는 불교를 기반으로 다양한 왕권강화책을 강구함으로써 귀족 세력과 맞서며 자신들의 권위를 확보해 갔다.

Ⅲ. 무교와 불교의 융합

신들의 융합

불교는 기존의 무교 전통 위에 선 귀족 세력을 누를 수 있는 고차원적인 이념을 제공하며 중고기 신라 왕실의 권위 확보에 일조하였지만, 불교의 수용 이후에도 여전히 신라의 왕들은 많은 제사에 직접 참여하여 그 권위와 위신을 유지해 갔다. 시조묘 제사, 신궁 제사, 오묘제, 사직 제사, 농경 제사, 그리고 명산대천 제사 등 수많은 제사가 신라시대에 왕실 차원에서 이루어졌음을 『삼국사기』나 『삼국유사』를 통해 엿볼 수 있다. 물론 이 제사들의 대상이나 목적은 다양하며 제정일치라는 특성으로 획일적으로 이해할 수 있는 것은 아니다. 하지만 고대 사회에서 제사는 곧 정치라고 하는 일반적인 특징을 고려할 때, 신라 사회에서 이루어진 이러한 제사들이 왕의 권위 확보라고 하는 정치적 목적과 어떤 식으로든 밀접한 관련을 지니고 있음은 부정하기 어려울 듯하다. 신왕의 즉위의례로서, 혹은 국가에 큰 재난이 발생했을 때 국가의 평안을 위해, 불교가 왕실에 의해 수용되어 적극적으로 옹호되는 5세기 이후에도 신라의 왕들은 여전히 다양한 제사에 참석하고 있었으며, 심지어 신라 중고기 말의 선덕여왕과 진덕여왕이 무녀왕巫女王적 성격을 지니고 있었다는 지적도 있다.[26] 따라서 불교 수용 후에도 제사와 정치는 불가분의 관계를 갖고 있었던 것으로 보인다. 그렇다면 이런 상황에서 불교는 기존의 체제와 어떤 영향을 주고받으며 발전해 갔던 것일까?

결론부터 말하자면, 불교는 무교와 융화하는 방식으로 신라 사회에 정착해 갔던 것으로 보인다. 먼저 무교 신앙의 중심지나 제사 대상에 있어 불교의 수용과 발전으로 인한 영향이 확인된다. 신라는 명산대천名山大川만으로 대·중·소사를 편제하고 있는데, 신라 명산대천 중 가장 중요한 제사 대상이 바로 삼산三山과 오악五岳이다. 삼산은 왕도에 둘, 양주에 하나 있었고, 오악은 동의 토함산, 남의 지리산, 서의 계룡산, 북의 태백산, 중앙의 부악父岳(公山)을 일컫는다. 삼산과 오악은 각각 대사大祀와 중사中祀의 대우를 받으며 신라 말까지 국가의 제사 대상으로 그 지위를 유지했는데, 이곳의 산신들이 왕을 모셨다는 것으로 볼 때 이들 산천에 대한 제사가 왕과 밀접한 관련을 가지고 있음을 알 수 있다. 그런데 국가의 수호신이 있는 것으로 믿었던 명산대천에 점차 부처나 보살의 이름이 붙여지게 되는 등 불교의 확산과 더불어 무교와 관련된 신성 지역이 불교 성지로 바뀌게 된다. 이는 과거불 신앙과 관련하여 재래의 신성 지역이 과거불과 깊은 인연이 있다고 하는 불연국토설佛緣國土說의 경우에도 확인된다.

---

26 나희라, 앞의 논문, p.86

또한 『삼국유사』에 의하면, 진평왕 대에 지혜智慧라는 비구니가 있어 안흥사安興寺에 살며 새로 불전을 닦고자 하였으나 힘이 모자랐다. 그런데 꿈에 선도산仙桃山의 신모神母가 나타나 불사에 동참할 의향을 밝히며 "주존主尊과 삼상三像을 장식하고 벽 위에 53불佛과 6류 성중聖衆, 그리고 여러 천신과 오악의 신군神君을 벽에 그리고, 해마다 봄가을 두 철에 열흘 동안 남녀 신도를 많이 모아 모든 중생을 위해 점찰법회占察法會를 베푸는 것으로 일정한 규정을 삼으라."고 했다고 한다.[27] 이 내용으로 본다면 아마 주존 삼상의 본존이 상수上首의 자리에 있고, 나머지 보살·53불·성중·천신·산신 등이 본존의 설법을 듣고 본존을 보호하는 존재로서 자리하고 있었던 것 같은데, 당시 유행한 삼존불상의 조각이 대부분 석가나 미륵이었다는 점에서 선도산 안흥사의 삼존 본존도 석가 또는 미륵이었을 것으로 추측된다.[28] 선도성모수희불사仙桃聖母隨喜佛事의 이 전승으로부터 전통 무교 신앙과 불교가 갈등 없이 융화되었음은 물론이거니와,[29] 점차 기존의 천신·산신을 대신하여 부처가 최고의 신앙대상으로 자리 잡아 갔던 당시의 상황 역시 엿볼 수 있다.[30]

이와 같은 무·불의 융합 현상은 천신을 최고신으로 하여 천지산천의 모든 신들을 제사의 대상으로 삼았던 기존의 무교적 전통이 불교 교리와 상통하는 점이 있었다는 것과도 무관하지 않다. 전통 무교 신앙의 중심은 천신인데 이는 불교의 제석천帝釋天과 통하는 점이 있다. 불교의 우주론에 의하면, 제석은 욕계 제2천 도리천忉利天에 머물고 있는데, 도

---

27 『삼국유사』 권5, 「感通」 제7, 仙桃聖母隨喜佛事
28 박광연, 「圓光의 占察法會 시행과 그 의미」, 『역사와 현실』 43 (서울: 한국역사연구회, 2002), pp.131~133
29 국사편찬위원회 편, 앞의 책, p.46
30 박광연, 앞의 논문, p.133

리천은 이 세계의 주축을 이루는 수미산 정상에 위치하며 모두 33천으로 구성되어 있다. 제석은 33천의 중앙에 있는 선견성善見城에 머물며 33천을 다스리기 때문에 '제천諸天의 임금'이라 불린다. 이런 점에서 제석천은 무교적 전통의 천신과 상통한다.

천신을 대신하여 제석천이 점차 신라 왕의 권위를 뒷받침해 주는 존재로 나타나게 된다. 예를 들면 진평왕은 즉위한 원년에 하늘에서 상제가 내려준 옥대玉帶를 차고 사직과 종묘의 제사를 주관한다.[31] 여기서 상제란 제석을 가리키는 것으로 진평왕이 제석으로부터 절대적 권위를 부여받았음을 보여주며, 교묘대사에 이 옥대를 착용했다는 것은 왕권 신성화 작업의 일환이었을 것으로 추측된다.

진평왕 대에 교묘대사는 시조묘 제사와 신궁 제사를 가리키는 것으로, 시조묘 제사는 조상을 모시는 묘사 성격의 제사이고, 신궁 제사는 시조의 지고천신적 성격을 부각하여 왕과 천을 보다 직접적으로 연결시키는 교사 성격의 제사라고 할 때, 진평왕은 이들 제사에서 제석천, 즉 하늘의 호위를 받는 통치자로 자신을 미화함으로써 기존의 귀족들과 자신을 차별화하여 부처와 다름없는 초월적인 존재로 상징화하고자 했다고 한다.[32]

또한 진평왕 대에 신라 궁궐에 있었던 내제석궁 곧 천주사天柱寺는 천주, 즉 하늘기둥이라는 표현으로 볼 때 이는 천상과의 의사소통을 가능하게 하는 우주수로 생각된다.[33] 이는 토착종교적 성격을 띤 이름으

---

31 『삼국유사』 권1, 「기이」 제1, 天賜玉帶
32 안지원, 『고려의 불교의례와 문화』 (서울: 서울대학교출판문화원, 2005), pp.252~253
33 안지원, 위의 책, p.248

로, 이런 곳이 불교의 제석신앙의 영향을 받아 내제석궁이라 명명된 것은 고대적 천신 관념과 제석신앙이 결합되면서 제석신앙이 지배이데올로기로 표방되었음을 추측케 한다.[34] 이렇듯 불교는 전통 무교 신앙에 기반을 두고 있던 기존의 제사 및 이를 통한 왕권 확보에 적지 않은 영향을 미친 것으로 보인다.

제사와 승려

무교 신앙의 중심지나 제사 대상에 있어 무·불의 융합이 확인되므로, 불교 승려가 국가 제사에 어떤 식으로든 관여하고 있었을 가능성도 배제할 수 없는데, 아직 이 점에 대해서는 분명하지 않다. 이런 가운데 국가 제사와 승려의 관계를 부분적으로나마 엿볼 수 있는 자료나 연구들이 존재한다.

하나는 비문 자료의 기록이다. 법흥왕 대의 「울진봉평신라비」에 의하면 남무라고 추측되는 자들이 왕을 뒤따르고 있는데, 진흥왕 29년(568)에 건립된 황초령·마운령 순수비에서는 왕의 순수에 사문도인沙門道人 법장法藏과 혜인慧忍이 수행하고 있다는 기록이 나타나 승려가 뒤따르고 있음을 알 수 있다.[35] 그것도 사문도인이 가장 먼저 기재되고 일관日官이나 점인占人이 그보다 뒤에 나온다.[36] 새로 정복한 지역의 민심을 수습하는 행사에 수행한 사람들의 첫머리에 승려가 기록되고 있다는 사실

---

34 안지원, 앞의 주와 동일
35 김영미, 『신라불교사상사 연구』(서울: 민족사, 1994), pp.54~56; 최광식, 앞의 책, pp.268~269
36 허흥식 편, 『韓國金石全文』(서울: 아세아문화사, 1984), p.41

은 무교와 불교의 위치 변화를 보여준다는 점에서 주목되며,[37] 또한 제사와 관련된 순행에 승려가 동행하고 있다는 점에서도 의미하는 바가 크다고 생각된다.

한편, 화랑과 승려의 밀접한 관계 및 이로 인해 승려가 화랑의 역할을 일부 대신했을 가능성도 고려해 볼 수 있다. 화랑의 기원이나 그 사상적 측면에 관해서는 다양한 설이 있으나, 주지하다시피 불교의 미륵신앙과 깊은 연관성을 보여준다. 불교가 도입된 후 삼국 불교에서 먼저 신앙의 중심이 된 것은 석가불이었다. 그러나 점차 인간의 의지적 행위의 과보인 업의 결과에 따라 숙세·현세·내세의 삼세에 걸쳐 윤회전생하게 된다는 교리가 정착하면서 석가불 신앙은 과거불과 미래불 신앙으로 연결되었고, 과거불 신앙은 불연국토설로, 미래불인 미륵신앙은 전륜성왕설과 결부되면서 크게 발전했던 것으로 보인다. 이미 위에서 언급한 바와 같이 특히 전륜성왕설은 불교 전래 후 신라 왕실이 왕권 강화를 위해 중점적으로 활용했던 불교의 대표적인 이념인데, 전륜성왕은 미래불인 미륵이 출현하여 용화회상을 건립하기 위한 준비 과정이라는 점에서 양자는 불가분의 관계이다. 전륜성왕이 나타나 지상낙원을 건설한 후 비로소 미륵이 이 세상에 출현한다는 것이다. 그런데 흥미롭게도 신라시대에 국가의 중심인물을 배출하는 등 중요한 역할을 했던 화랑이 미륵의 화신으로 간주되고 있다.

『삼국유사』 권3에 의하면, 진지왕 대에 흥륜사에 있던 진자眞慈 혹은 정자貞慈라 불리는 승려가 항상 미륵상을 향하여 기도하면서 미륵보살이 화랑으로 세상에 출현하면 자신이 직접 모시겠다고 서원했다. 어느

---

37 김영미, 앞의 책, p.56

날 밤 한 승려가 꿈에 나타나 웅천熊川(지금의 공주)의 수원사水源寺에 가면 미륵선화彌勒仙花를 만날 것이라 가르쳐 주었고, 이에 따라 수원사를 방문하지만 수원사 입구에서 용모가 남다른 한 젊은 소년을 만났음에도 미처 그가 미륵선화임을 깨닫지 못하고 헤어진다. 하지만 수원사 승려들의 도움으로 천산千山에 간 진자는 산신령으로부터 수원사에서 만난 소년이 미륵의 화신임을 깨닫게 되고, 그 길로 돌아와 미시랑未尸郎을 찾아내어 미륵선화로 받들었다고 한다.[38] 이 설화로부터 화랑을 미륵의 화신으로 여길 만큼 양자의 관계가 밀접했음을 엿볼 수 있다.

『삼국유사』권2에 전하는 죽지랑竹旨郎[39]도 미륵의 화신으로 볼 수 있다. 또한 『삼국사기』권41에 의하면, 김유신이 나이 15세에 화랑이 되었는데, 당시 사람들이 아주 잘 따랐으며 용화향도龍華香徒라고 불렸다고 한다.[40] 김유신이 거느린 낭도 집단의 명칭으로 등장하는 '용화'는 미래세에 미륵이 성불하여 모든 중생을 제도한다고 하는 용화수 아래의 세 차례에 걸친 설법에서 기인하는 것으로, 그 무리가 용화향도라 불렸다는 점으로부터 화랑과 미륵의 밀접한 관계를 엿볼 수 있다. 이런 점들에 근거하여 기존에 화랑은 불교의 미륵사상에 의하여 이루어졌다는 주장이 제기되기도 했다.[41]

한편, 화랑이 국가의 제사 실행에 밀접하게 관계했을 가능성을 다양한 연구 성과를 통해 엿볼 수 있다. 최치원의 「난랑비서鸞郎碑序」에 의하면, 풍류도風流徒의 역사는 『선사仙史』라는 책에 상세히 기술되어 있다고

---

38 『삼국유사』권3, 「塔像」제4, 彌勒仙花 · 未尸郎 · 眞慈師
39 『삼국유사』권2, 「기이」제2, 孝昭王代竹旨郎
40 『삼국사기』권41, 「列傳」제1, 金庾信 상
41 김영태, 「미륵선화고」, 『불교학보』3 · 4합집(서울: 동국대 불교문화연구원, 1966), p.268

한다.⁴² 이로부터 풍류도가 선도仙道임을 알 수 있는데, 화랑을 국선國仙이라고 한 점이나 그 수련 내용 등으로 보아 신라시대에는 선도가 화랑도를 통해 전승되었을 가능성이 높다.⁴³ 그런데 선도仙道는 신라의 토착신앙의 전통을 계승한 것으로, 신궁에서 제사의례를 집행하는 일을 주로 했다고 한다.⁴⁴ 이렇게 볼 때 화랑이 제사 실행에서 중대한 역할을 했을 가능성은 상당히 높아 보인다.⁴⁵ 또한 어린 진흥왕을 대신하여 섭정했던 지소 부인智炤夫人은 제사권을 통해 상당한 권한을 확보했던 것 같은데, 화랑의 기원인 원화源花가 지소 부인을 시중들어 제사에 관여하며 보좌하는 역할을 했을 것으로 추정되고 있다.⁴⁶ 위에서 살펴본 바와 같이 화랑은 미륵의 화신으로 여겨질 정도로 불교와는 밀접한 관계를 지니고 있었다. 화랑이 제사 실행에 직접적으로나 간접적으로 관계하고 있었다면, 당시 고구려나 백제와의 전쟁으로 긴박한 상황에 놓여 있던 신라가 화랑집단을 전쟁에 투여하면서 승려가 제사 실행에서 그들의 역할을 대신했을 수도 있지 않을까 싶다.⁴⁷

---

42 『삼국사기』 권4, 「新羅本紀」 제4, 진흥왕
43 서영대, 「한국 선도의 역사적 흐름」, 『선도문화』 5 (천안: 국제뇌교육종합대학원대학교 국학연구원, 2008), p.9~12
44 최광식, 앞의 책, p.293
45 『화랑세기』의 사료적 가치가 아직 확정되지 않은 상황이므로 신중히 재검토할 여지는 있으나, 『화랑세기』 서문에 등장하는 "仙徒只以奉神爲主"라는 말로 본다면, 화랑이 그동안 강조되어 온 바와 같은 무사 집단이 아닌 신에게 제사지내는 것을 주목적으로 한 제사 집단, 즉 종교 집단적 성격을 지녔을 가능성도 배제할 수는 없을 것 같다. 최광식, 앞의 책, pp.272~297; 이재호, 「화랑세기의 사료적 가치」, 『정신문화연구』 36 (성남: 한국학중앙연구원, 1989), pp.107~123
46 고현아, 「신라 원화제 시행의 배경과 성격」, 『역사와 현실』 67 (서울: 한국역사연구회, 2008), pp.114~120
47 福士慈稔은 최근에 간행한 한 공저에서 불교가 수용될 무렵 신라 왕실에서 제사는

원당과 성전사원

신라에 의해 삼국통일이 달성되어 통일신라시대로 접어들게 되면, 선왕들을 위한 원찰願刹이나 성전사원成典寺院의 건립이 본격화된다. 원찰이란 창건주가 자신의 소원을 빌거나 혹은 특정한 인물의 명복을 빌기 위해 세운 절로, 이 사찰에는 명복을 비는 특정 인물의 진영眞影을 봉안하게 된다. 진영을 모신 건물을 중심으로 할 때는 원당願堂이라고도 한다.

신라 중대(654~780)에 접어들면, 본격적인 원찰의 건립과 더불어 원찰 내지 특정 사원에 성전이라는 관부官府를 설치하는 제도가 성립한다. 성전이 설치된 사원으로는 『삼국사기』 직관지職官志에 전하는 사천왕사四天王寺 성전, 봉성사奉聖寺 성전, 감은사感恩寺 성전, 봉덕사奉德寺 성전, 봉은사奉恩寺 성전, 영묘사靈廟寺 성전, 영흥사永興寺 성전의 7사의 성전과,[48] 금석문 자료에 보이는 황룡사 성전 등 모두 8곳이다. 이 성전사원의 창건자는 모두 왕이나 왕비이므로, 성전사원이 왕실 사원의 범주를 벗어나지 않는다는 점은 분명하다. 성전사원은 관원을 파견하여 관리하는 등 국가 차원에서 관리했던 것으로 보이는데, 그 구체적인 역할에 관

왕족의 여성이 관장했지만, 그 왕족의 여성들이 主催하고 있던 천신을 제사지내는 등의 제사의 집행과 제사를 주최하는 샤먼적 기능을 계승한 것은 화랑이었다고 주장한다. 그리고 그는 점차 국가로부터 전투 집단으로서의 기능을 요청받게 된 화랑을 대신하여 지도적 입장에 있던 승려가 화랑이 가지고 있던 샤먼적 기능을 대신 이어받게 되었고, 결국 7세기 초부터의 국가적 제사는 승려가 중심이 되어 이루어지게 되었다고 기술한다. 단, 구체적인 근거를 제시하지 않아 검토의 여지가 있다. 福士慈稔, 「佛敎受容と民間信仰」, 『漢字文化圏への廣がり 新アジア佛敎史10』 (東京: 佼成出版社, 2010), pp.43~46

48 『삼국사기』 권38, 「잡지」 제7, 職官 상

해서는 아직 불명확한 점이 많다. 불교계에 대한 승정기구로서의 통제적 기능 및 왕실의 원당으로서의 봉사奉祀 기능 등이었을 것으로 생각되며, 신라 통일기 직후의 중대 초기에는 국가불교를 지향하는 과정에서 전자의 기능이 강조되었으나, 차츰 중대 말기로 오면서 후자의 기능이 크게 부각되었을 것으로 추정되고 있다.[49]

성전사원은 왕실의 원당으로서 중요시되었던 만큼 국가의 비중 있는 국가 의례가 개최되기도 하였다. 국가의 대표적 불교의례인 백좌강회百座講會와 간등看燈 행사가 성전사원에서 실행되었으며, 사천왕사에서는 명랑明朗 법사의 문두루비법에 의해 국가적 위기를 극복할 수 있었다.[50]

그런데 성전사원은 전통 무교신앙과도 밀접하게 연관되어 있었던 것으로 보인다. 『삼국사기』 제사지에 의하면 "영묘사 남쪽에서 오성제五星祭를 거행한다."고 하여, 성신星神에 대한 재래 신앙에서 비롯된 봉사와 관련하여 성전이 설치되었을 가능성을 보여준다.[51] 또한 성전사원이 오묘제 이하 각종 제사와 대·중·소사의 전통적인 국가 의례의 거행 장소로 사용되었을 가능성도 제기되고 있다.[52]

위에서도 언급한 바와 같이, 선도산성모가 여승 지혜의 꿈에 나타나 53불佛과 6류 성중聖衆, 그리고 여러 천신과 오악五岳의 신군神君을 벽에

---

49 채상식, 「신라통일기의 성전사원의 구조와 기능」, 『역사와 경계』 8 (부산: 부산경남사학회, 1984), p.116
50 이영호, 「신라 성전사원의 성립」, 『신라문화제학술발표논문집』 14 (서울: 동국대학교 신라문화연구소, 1993), p.278
51 채상식, 앞의 논문, pp.96~97
52 윤선태, 「신라 중대의 성전사원과 국가의례－대·중·소사의 제장과 관련하여」, 『신라문화제학술발표논문집』 23 (서울: 동국대학교 신라문화연구소, 2002), pp.83~120

그리고 자신을 위해 불교의례를 베풀어 줄 것을 요구하는 것 등을 통해 볼 때 신라의 각 산신들이 불교적 세계 속에 자리 잡고 있었음은 분명하다. 이러한 현상은 불교사원과 재래신을 자연스럽게 연결시키는 역할을 했을 것이다.

성전사원의 역할은 사천왕사의 예를 통해 추측해 볼 수 있을 것 같다. 사천왕사에서 베풀어진 문두루비법은 불국토를 수호하는 오방신과 사천왕의 힘을 빌려 중고기 이래 불국토로 인식되어 온 신라를 지키기 위해 거행된 밀교 의례였다. 따라서 사천왕사는 신라 왕경의 일부에 불과하지만, 의례 속에서는 신과 만나는 세계의 중심이며, 오방신과 사천왕으로 수호되는 신라 불국토 전체를 상징하는 특별한 국가 의례의 장으로서 기능하고 있다.[53] 신라의 대·중·소사의 구체적인 장소나 방법에 관해 알 수 있는 자료는 남아 있지 않으나, 성전사원이 왕경의 중앙과 왕경의 사방으로 나가는 관도의 첫머리에 의도적으로 배치되어 왕경과 지방을 연결하는 접점으로서 신라 국토 전체를 상징한다는 점, 혹은 성전 관원의 직명들이 의례와 밀접히 관련되어 있다는 점 등을 고려해 본다면, 성전사원이 신라의 국가 의례와 밀접하게 관련되어 있었을 가능성은 생각해 볼 수 있을 것이다.[54]

---

53 윤선태, 위의 논문, p.119
54 윤선태, 위의 논문, pp.109~117

Ⅳ. 고려 이후의 정치와 불교

태조 왕건과 진전사원

고려시대에 접어들면 태조 왕건의 숭불 정책으로 인해 불교의 입지는 더욱 강고해졌고, 국가 운영이나 왕실의 안정에 있어 불교에 거는 기대 역시 지대하였다. 후삼국을 통일한 후 왕건은 논산 지역에 개태사를 지어 이를 기념하며 전쟁에서 승리한 것은 부처와 신령의 은덕이며 앞으로도 불교의 음조를 받아 국가의 안정과 발전을 기원한다고 하고 있다. 왕건의 불교에 대한 호의적 태도는 오랜 전란으로 인해 피폐해진 민심을 수습하는 데 있어 불교가 큰 역할을 해 줄 것이라는 정치적 목적도 있었지만, 개인적인 관심도 크게 한몫했다. 그는 왕위에 오르기 전부터 이미 많은 승려들과 친밀하게 교류하는 등 불교에 호의적인 입장을 보였다. 특히 국가의 대업大業이 제불諸佛의 호위와 삼한 산천의 음덕에 의한 것이라며 불법을 숭상하고 사찰을 보호할 것, 그리고 연등회나 팔관회와 같은 불교 행사를 항시적으로 설행할 것을 당부한「훈요訓要십조」의 가르침[55]은 후대에까지 큰 영향을 미쳤고, 그로부터 시작된 숭불 정책은 고려가 멸망할 때까지 이어지게 된다.

후삼국을 통일하고, 독자적 세력 기반을 지닌 각지의 호족들을 폭넓게 규합해 가는 강력한 정치력을 보여주었던 왕건이기에, 그는 고려 건국의 시조로서 정통성을 지닐 뿐만 아니라 후손들에 의해 신화화되고 절대적인 경배 대상으로 존재하게 된다. 그가 제시했던 주요한 정책 방

---

55 『고려사』 권2, 世家2 태조 26년 4월

향은 국시國是처럼 생각되어, 후왕들 역시 이 틀 안에서 정치적 방향을 제시하게 된다. 따라서 불교에 대한 왕건의 호의적인 태도와 그 보호 정책은 후왕들에 의해서도 기본적으로 유지되었다.

왕건의 사후 고려 왕실에서는 왕건의 신성한 권위를 표현하는 데 불교를 적극적으로 활용하고 있다. 대표적인 예로 왕건 동상 및 그 진전사원眞殿寺院의 조영이다. 왕건상 및 봉은사 태조 진전은 고려 태조의 신성한 권위를 상징하는 상징물임과 동시에, 그를 계승한 왕 및 왕실의 신성한 권위의 원천적 토대의 상징물이기도 했다.[56] 왕건상은 민간에서 오랜 전통적 토속신앙에서 신성하게 받드는 동명왕상東明王像의 양식으로 표현되고 있지만, 특히 신체 여러 부위의 형태는 불상에 많이 반영되는 32대인상大人相이라는 특징을 반영하여 제작되어 있다. 32대인상이란 붓다와 전륜성왕이 지닌다고 하는 32종의 신체적 특징을 말한다. 즉 왕건을 표현하는 데 32대인상을 사용한 것은 그를 불교에서 말하는 이상적 왕인 전륜성왕으로 생각하고 있음을 보여주는 것으로, 온 천하를 지배하는 힘과 신성함을 갖는 전륜성왕의 관념과 상징을 빌려 고려를 건국한 왕건의 힘과 신성한 권위를 형상화한 것이라고 한다.[57]

한편, 왕건상의 제작과 관련하여 태조 진전의 창건도 주목된다. 『고려사』에 의하면, 951년(광종 2)에 성 남쪽에 대봉은사大奉恩寺를 창건하여 태조의 원당願堂으로 삼고, 또 불일사佛日寺를 개경 동쪽 교외에 창건하여 돌아가신 어머니 유씨柳氏의 원당으로 삼았다고 한다.[58] 봉은사, 봉은사 태조 진전, 그리고 왕건상은 모두 광종 2년 무렵에 만들어진 것으로

---

56 노명호, 『고려 태조왕건의 동상』(서울: 지식산업사, 2012), p.149
57 노명호, 위의 책, pp.129~141
58 『고려사』 권2, 世家2, 광종 2년

추측된다.

고려시대에도 고대 국가의 예제를 계승한 연장선상에서 다양한 국가 제사가 이루어졌는데, 그 중에서도 국왕의 영정을 모시고 제사를 지내는 진전사원은 고려 왕실의 불교에 대한 귀의를 상징적으로 보여주는 것이자 불교가 왕실의 조상을 숭배하는 대표적인 국가 제사에 주도적으로 참여하게 되었음을 시사하는 현상으로 주목할 만하다. 공식적으로 국왕의 제사를 지내는 종묘와 경령전(景寧殿, 影寧殿)이 있음에도 불구하고 국왕의 진전사원을 따로 설치한 것은 종묘 등에서 거행하는 유교 의례와는 별도로 생전에 신앙하였던 불교 제사가 필요했기 때문이라고 한다.[59] 이들 진전사원에는 왕과 왕비의 진영을 봉안하고, 기일에는 국왕이 직접 행차하였으며, 왕실에서는 승려를 초청하여 재齋를 여는 거대한 반승飯僧 행사를 자주 거행했다. 이렇게 함으로써 사후세계가 안녕하고 선왕先王의 보살핌으로 살아 있는 후손 왕들은 국태민안의 치세를 유지한다고 믿었다.[60]

삼국 초기에도 왕실의 시조신을 조각하여 숭배하는 신앙행위가 자리잡고 있었다고 하는데, 고려시대에는 초상화를 사용한 왕실의 진전이 태조 때부터 사원 창건의 동기가 되었다. 개경의 중요 사원은 거의 진전사원으로 출발했고, 왕실의 조상숭배는 국가적 행사의 중요 부분을 차지하고 있었다. 진전사원을 중심으로 조상숭배가 이루어지게 된 배경에는 고려 왕실은 태조가 즉위하기 전부터 불교와 각별한 관계가 있다고 하는, 즉 고려 왕실의 먼 조상들은 불교를 보호한 전세의 업이 응보로 현세에 나타났다는, 장구한 시간선상에서 파악하는 윤회설이 기능하고

---

59 국사편찬위원회편, 앞의 책, p.141
60 허흥식, 『고려불교사연구』(서울: 일조각, 1986), p.47

있다고 한다.[61]

훈요십조의 불교의례

고려시대에 각종 불교의례는 불교의 테두리 안에 토착 신앙을 국가적으로 종합하며, 오랜 전란으로 피폐해진 민심을 수습하고 왕실의 안정을 도모하는 데 큰 역할을 했다. 태조 왕건이 남긴 훈요십조에서는 불교의례 가운데 특히 연등회와 팔관회의 준수를 강조한다. 이들은 삼국시대와 통일신라시대에 이미 설행된 적이 있는데, 왕건은 이를 상원上元 연등회와 중동仲冬팔관회라고 하여 국가행사로 법제화했다. 상원연등회는 2월 14일과 15일 양일간에 걸쳐 궁궐의 강안전과 봉은사 두 곳에서 순차적으로 진행되었다. 연등회의 기본적인 목적은 부처를 섬기고 연등 공양을 통해 복을 기원하는 것에 있지만, 연등회와 관련하여 주목할 점은 조진배알의식이 의례의 주요한 부분을 이루었고, 그 안에 태조신앙이 중핵으로 자리 잡고 있다는 사실이다. 조진배알의식은 국조國祖인 왕건의 진영을 부처님과 동격으로 숭배하는 의식으로, 연등회 의례 때에 왕은 봉은사에 직접 행차하여 태조의 영정에 향을 올리고 친히 제사를 올렸다. 이는 후삼국의 전란을 종식시키고 통일왕조를 이룩한 태조의 위업을 기리며 고려 왕실이 태조신앙을 연등회에 포섭하여 고려만의 국가 의례로 성립시킨 것으로 보인다.[62]

한편, 팔관회는 연등회에 비해 전통 신앙과의 융합이 농후하게 발견된다. 『고려사』 길례吉禮 잡의조雜儀條에 의하면, 팔관회는 "천령天靈과

---

61 허흥식, 위의 책, p.60
62 안지원, 앞의 책, p.106

오악五嶽·명산名山·대천大川·용신龍神을 섬기고자 하는 것"이며, "부처를 공양하고 신을 즐겁게 하는 모임(供佛樂神之會)"이라고 한다.[63] 즉, 부처와 신령을 함께 섬기는 성격의 법회로 나타난다.

원래 팔관회는 재가불자들의 계율 수지를 위해 인도의 초기 불교교단에서 실행했던 팔관재八關齋에 기원을 둔다. 매월 8·14·15·23·29·30일의 6일을 재일齋日로 삼아 이 날이 되면 재가자들은 가까운 승원에 가서 설법을 듣거나 명상을 하고, 또 출가자로부터 팔관재계를 받아 지키며 청정한 하루를 보냈다.[64] 팔관재계란 생물을 해치지 마라, 받지 않은 물건을 취하지 마라, 거짓말을 하지 마라, 술을 마시지 마라, 성행위를 자제하라, 밤에 때가 아닌 식사를 하지 마라, 꽃 장식을 하지 마라, 향료를 사용하지 마라, 지상에 펼친 침구만을 사용하라고 하는 여덟 가지 계이다.[65] 8·14·15·23·29·30일이 재일인 이유는, 보름 가운데 제8일째는 사대왕四大王의 부하가, 14일째는 사대왕의 왕자가, 15일째는 사대왕 자신이 세간을 순찰하며 사람들이 "부모에게 효도하며, 사문·바라문을 존경하고, 장로를 존경하며, 재계를 잘 지키고 복업을 쌓고 있는가, 가난한 사람에게 보시하며 그들을 잘 보살피고 있는가" 등을 조사하여 33천에게 보고하기 때문이라고 한다.[66] 즉, 제석천을 기쁘게 하여 자신의 공덕을 쌓는 행사가 팔관재였는데, 신라에서는 전사자의 명복을 비는 법회로 성격이 바뀌었고, 고려에서는 부처와 신령을 함께 섬기는 법회로서 무엇보다 국왕의 권위와 위상을 만천하에 과시하는

---

63 『고려사절요』 권1, 태조 원년 11월
64 *Aṅguttara-nikāya*, vol.1, PTS, p.144
65 *Suttanipāta*, PTS, p.70
66 *Aṅguttara-nikāya*, vol. 1, PTS, pp.142~143; 『별역잡아함경』 권3 (『大正藏』 2, 389a); 『증일아함경』 권16 (『大正藏』 2, 624b~c).

국가 의례의 성격을 지니게 된다.

태조 왕건은 흩어진 민심을 수습하기 위해 불교를 적극적으로 이용했는데, 특히 팔관회는 수도 개경을 중심으로 전국적 연계망을 형성하고 각 지역의 제사를 중앙에서 종합적으로 개최하였다는 점과, 하표賀表를 가진 신하들이 그 지역을 대표해서 참가하였다는 점에서 전국적인 성격을 띤 국가 의례였다고 한다.[67]

이와 같이 팔관회는 불교라는 큰 테두리 속에 토착 신앙을 흡수시키고, 나아가 이를 군신관계를 상징하는 조하朝賀의식과 연결시키는 등 고려 사회를 통합하는 국가 최대의 의례로 자리 잡고 있었다. 고려는 건국 초부터 정치는 유교에 입각하여 실행한다는 원칙을 세우고 있었으므로 불교와 정치는 분리되어 있었지만, 왕권 강화와 민심 수습이라는 점에서 불교의 정치적 영향력은 무시할 수 없었다. 따라서 고려는 국초부터 불교의례를 국가적 차원에서 실행하여 불교를 통한 사회 대통합을 이루어 갔다. 물론 불교계의 폐단 등이 문제시되어 일시적으로 국가적인 불교 행사가 중지되거나 국내외 정세의 변화로 인해 연등회나 팔관회가 이전의 면모를 상실하며 그 위상이 다소 추락하는 경향이 발생하기도 했으나, 고려 말까지 대체로 불교의 정치적 영향력은 지속되었던 것으로 보인다.

억불과 숭불의 사이

조선시대로 접어들면 성리학을 기반으로 한 유교 사회 속에서 불교

---

[67] 국사편찬위원회 편, 앞의 책, pp.200~201

는 공식적인 폐불廢佛의 수난을 겪으며 주류 사회에서 배제된다. 경제적으로 비대화하고 도덕적으로 타락했던 고려 말의 불교를 대신하여, 성리학은 사회 경제적 모순과 정치적 혼란을 타개할 수 있는 이념으로 등장했다. 하지만 불교가 왕실을 외호하고 국가를 번영하게 한다는 고려 이래의 관념이 뿌리 깊이 작용하면서, 조선 왕실의 숭불은 쉽게 사라지지 않았다. 태조는 유교를 국교로 표명하였으나 고려의 불교 정책은 그대로 답습하였다. 그는 불교를 통해 민심을 수습하고 국가와 왕권의 토대를 다지고자 했다. 궁궐 안에 내불당을 존속시켰으며, 고려의 왕사王師·국사國師 제도를 받아들여 즉위 초에는 선승인 무학자초無學自超(1327~1405)를 왕사로 삼고 천태종 승려인 조구祖丘를 국사로 임명하기도 했다. 왕사나 국사 제도는 고려시대에 실행되던 것으로 명망 있는 고승을 국왕이 스승으로 모시는 제도이다. 이들을 임명할 때 국왕은 직접 제자의 예를 갖췄으며, 이들은 때로 직접 불교 정책에 관여하기도 했다.

대대적인 불교 개혁을 단행한 것은 태종이었다. 1405년(태종 5)에 국가가 지정한 사원을 제외하고 나머지 사찰에 속해 있는 전답과 노비를 환수하여 국가에 귀속시켰다. 하지만 부왕 태조와 관련된 불사에 대해서만은 태종 역시 관대한 입장을 보이고 있다. 태조 사후에는 사십구재를 지내고 원찰인 흥덕사의 창건을 도왔다. 태종은 왕릉 옆에 사찰을 두는 능사陵寺 제도를 혁파한다고 하면서도 태조를 위해서 재궁齋宮으로 개경사開慶寺를 세우기도 했다. 또한 수륙재水陸齋와 같은 왕실 불교 행사도 계속 거행하였다. 세종은 초반에는 억불 정책을 폈지만 후반에는 숭불 태도로 전환했으며, 사후에는 그의 유지에 따라 사십구재와 소상小祥 전후의 불사 등 불교식 의례를 거행하였다. 세조 대에 왕실의 숭불은 정점을 이루었고, 이에 대한 반발로 오히려 세조 사후에는 억불 정책이 강화되기도 하였지만, 이후에도 왕실의 불교 신앙과 후원은 면면히 유지되었다. 연산군 때 폐불의 위기를 맞이하지만 독실한 불교 신자였던 인수대비로 인해 본격적인 척불은 이루어지지 않았으며, 오히려 즉위 초에 성종을 위한 수륙재를 진관사津寬寺 등에서 열었고, 성종의 선릉宣陵 근처에 새로 봉은사를 창건하기도 하였다.

조선시대에는 국가 의례와 같은 공적 영역과 사대부 계층에서 불교 신앙과 재회齋會가 배격되었고 불교 제례와 의례 또한 유교식으로 대체되었다.[68] 그러나 위에서 언급한 바와 같이, 왕실에서는 여전히 수륙재나 사십구재와 같은 불교의례를 실행했으며, 민간에서도 불교식 제의는 사라지지 않았다. 특히 제의의 형식을 둘러싼 논란이 조선 개국 초부터 후기까지 이어졌는데, 한 가지 예로 제례에 고기를 올리는 것이 숭불 행위인지 아니면 왕실의 전통 및 관행인지를 두고 논란이 일기도 했다.[69] 제례에 고기를 올리지 않는 것은 불교식이며, 유교식 제례에 의하면 고기를 올리는 것이 원칙이기 때문이다. 대규모 불교 행사인 수륙재는 조선시대 내내 대규모로 거행되었다. 수륙재는 물과 땅에 퍼져 있는 혼령이나 귀신의 고통을 구제하기 위한 재의이며 사후의 명복을 비는 의식인데, 왕실에서는 선왕과 왕후의 명복을 빌거나 왕족의 쾌차를 기원하기 위해 자주 거행했다.[70] 사십구재 역시 조선시대 내내 유지되었으며, 왕실 행사는 원당 등 관련 사찰에서 거행되었다.

이와 같이 조선시대의 불교는 억불 정책 속에서도 왕실의 후원을 받

---

68 김용태, 『조선후기 불교사 연구』(서울: 신구문화사, 2010), p.92
69 박병선, 「조선 후기 원당의 정치적 기반-관인 및 왕실의 불교 인식을 중심으로」, 『민족문화논총』 25 (경산: 영남대학교 민족문화연구소, 2002), pp.122~123
70 국사편찬위원회 편, 앞의 책, p.265

으며 적지 않은 영향력을 발휘하고 있었다. 하지만 이런 흐름에도 불구하고 조선이 불교가 아닌 유교를 정치적 이념으로 삼고 있다는 것은 1421년(세종 3)에 왕세자로 책봉된 훗날의 문종이 성균관에 입학하여 공자의 위패에 절한 사례에서도 엿볼 수 있다.[71] 고려시대에 왕이 왕사나 국사에게 친히 절한 것과 비교해 볼 때, 조선의 왕세자가 공자에게 절하고 의례적인 사제관계를 맺은 일은 불교에서 유교로 국교가 바뀌었음을 상징적으로 보여준다.[72] 왕실의 외호는 있었으나 이는 고려시대처럼 불교가 국가적 차원에서 지지되며 국왕의 권위를 적극적으로 뒷받침하는 이념으로서 더 이상 존재하지 않게 되었음을 보여주는 것이기도 하다.

---

71 『세종실록』 권14, 세종 3년 12월 갑인
72 국사편찬위원회 편, 앞의 책, pp.244~245

불교와 정치

　기원전 6~5세기경 불교가 발생할 무렵, 인도 사회는 '사성四姓'이라 불리는 엄격한 신분제도하에 움직이고 있었다. 이 사성 가운데 제1계급이 바로 바라문이라 불리는 사제들이었다. 이들은 제2계급인 왕의 권위를 실질적으로 뒷받침하는 원리로 작용하는 등 정치적으로 무시할 수 없는 힘을 발휘한다. 왕권신수설王權神授說을 근거로 한 바라문들의 절대적 영향력은 필연적으로 왕권이 바라문 사제를 배제할 수 없는 제정일치 내지 신정일치神政一致 사회를 만들어내게 된다.
　하지만 불교의 입장은 달랐다. 바라문교의 왕권신수설과는 달리 불교는 국왕계약설國王契約說을 가지고 있었다. 왕은 사유재산의 제도화로 인해 발생하게 된 사회적 문제의 조정을 위해 민의民意에 따라 선출된 자일 뿐 결코 신성한 종교적 그 무엇과 연관될 필연성도 필요성도 없는 존재였다. 붓다는 왕을 교화의 대상으로 삼기는 했지만 결코 권력과 결탁하려 하지 않았으며, 또한 종속되는 일도 없었다. 왕 역시 붓다를 존경하고 그 가르침에 따르며 승가僧伽를 외호했지만 결코 붓다나 승가를 자신의 권력 밑에 두고자 하지 않았다. 붓다는 승가가 국법과 충돌하지 않도록 세심하게 배려했고, 국가는 승가의 자치권을 인정해 주었다. 이와 같이 본래 승가는 정치와 적절한 거리를 유지하며 출세간의 영역으로서 존재했다.
　하지만 동아시아로 전파되면서 불교교단은 원래의 입장과는 사뭇 다른 양상을 보이게 된다. 동아시아의 국가들은 대부분 통치 이념의 수립을 위해 불교를 수용해 온 경향이 있다. 중국의 경우 한 무제에 의해 서역과 교통로가 열리며 불교는 자연스럽게 전래되었으나, 확실히 토대를 잡기 시작한 것은 동한東漢시대이다. 중국불교는 초기 단계부터 정치권력의 필요성에 의해 수용된 경향이 있으며, 이렇게 수용된 불교는 국가 내지 왕권에 종속되고 또한 결탁할 수밖에 없었다. 한국의 경우에도 삼국 왕실의 적극적인 불교 수용과 공인에는 정치적 요인이 크게 작용했다. 특히 신라의 경우, 불교 공인은 기존의 전통 신앙인 무교에 기반을 두고 천강 내지 천손 관념으로 무장한 귀족 세력을 누르고 왕권 강화를 통해 중앙집권적 통치 체제를 정비하려는 정책과 더불어 이루어졌다. 불교 공인 자체가 국왕의 의지에 의해 이루어진 만큼 불교와 왕권은 처음부터 밀접한 관계를 지닐 수밖에 없었다. 동아시아 국가에서 불교교단의 양상은 고대 국가에서 정치 구조가 전래되는 종교의 성격을 결정짓는다는 사실을 적나라하게 보여준다.

이처럼 고대 한국의 불교 수용과 전개 과정은 기본적으로 다른 동아시아 국가의 그것과 많은 유사점을 지니지만, 한편으로는 한국 사회의 현실적 상황을 반영한 독자적인 특징도 존재한다. 본 글에서 살펴본 바와 같이 불교의 공식적인 수용 이전에 신라에서는 하늘 혹은 신을 대변하는 제사장이 정치의 중심이 된다고 하는 제정일치는 끝나고 정교분리가 이루어진 상태였던 것으로 보인다. 하지만 고대의 제정일치 사회와 밀접한 관련을 지니는 천강 혹은 천손 관념이 시조묘 제사나 신궁 제사 등을 통해 후대에도 이어지며 제사와 정치는 불가분의 관계를 유지하고 있었다.

이러한 상황에서 불교는 대략 두 가지 방향으로 한국 사회에 정착, 발전해 갔던 것으로 보인다. 먼저 불교를 수용했던 신라 중고기 왕실의 경우 불교는 왕실의 왕권 강화책으로 활용되면서 왕실의 신성함을 보장하는 종교로서 그 위치를 확고히 했다. 불교는 중앙집권화를 지향하던 당시 신라 왕실에게 천강 관념의 기반으로 뿌리 깊게 작용하고 있던 전통적인 무교 신앙의 최고 위치를 차지하는 '천'을 능가하는 고차원적인 교리를 제공하며, 천강이라는 신성성으로 권력의 정신적 토대를 세웠던 귀족들의 권위를 약화시켰다. 나아가 전륜성왕, 진종설, 왕즉불과 같은 실질적인 왕권 강화책의 이론을 제공하며 신라 중고기 왕실의 왕권 확립에 지대한 역할을 했다.

이 중 정법의 실현과 그 정법을 현실적으로 실현하는 전륜성왕 이념, 그리고 왕즉불 사상은 중국불교에서 이미 확인되지만, 진종설은 한국불교에서만 확인되는 매우 강력한 왕권 강화책이었던 것으로 보인다. 진종설이란 신라 왕족이 자신들을 석가족과 같은 진종眞種으로 의식했던 것을 의미하는데, 진흥왕 이후 진덕여왕에 이르는 신라 중고기 왕실에서는 '진眞'이라는 글자를 붙인 왕호를 빈번하게 사용하며, 특히 진평왕은 자신의 가족에게 석가 왕족의 이름을 그대로 가져다 사용하고 있다. 이는 자신의 왕실에서 석가와 같은 위대한 전륜성왕이 나오기를 바라는 진평왕의 절실한 바람을 담고 있는 것이자, 신라 왕실이야말로 석가 왕실처럼 성스럽고 참된 종족으로서 전륜성왕을 생산해 내기에 가장 적합한 가계라고 하는 인식을 담고 있다. 진종설은 불교를 기반으로 한 가장 강력한 왕권 강화책이다.

또 한편으로 불교는 이후의 발전 과정에서 기존에 정치와 밀접하게 연관되어 있던 토착 종교를 매우 유연하게 섭화하며 자연스럽게 그 위치를 대신해 간다. 특히 신라 사회에서 큰 비중을 차지하고 있던 '제사'와 관련하여, 그 대상이나 중심지에 불교적 영향이 크게 나타난다. 신라는 명산대천만으로 대·중·소사를 편찬하고 있는데, 이 명산대천에 점차 부처나 보살의 이름이 붙여지는 등 무교와 관련된 신성 지역이 불교 성지로 바뀌게 된다. 또한 제사의 대상에 부처를 비롯한 불교의 성중聖衆이 포함되어 가기도 한다. 제사의 실행에 승려가 개입했을 가능성 또한 엿보인다. 토착 종교와 불교의 융합은 이후 불교가 국가와 보다 자연스럽게 밀착해 갈 수 있는 상황을 만들어내게 된다. 신라 중대에 접어들면, 왕실의 원찰 내지 특정 사원에 성전이라는 관부官府를 설치하는 제도가 성립하는데, 이러한 성전사원에서는 국가의 비중 있는 국가 의례가 개최되거나 국가의 대표적 불교의례인 백좌강회와 간등행사 등이 실행되었다.

고려시대로 접어들면 불교는 태조 왕건의 숭불 정책으로 인해 더욱더 입지를 굳건히 했는데, 특히 국왕의 영정을 모시고 제사를 지내는 진전사원은 고려 왕실의 불교에 대한 귀의를 상징적으로 보여주는 것이자, 불교가 왕실의 조상을 숭배하는 대표적인 국가 제사에 주도적으로 참여하게 되었음을 시사하는 현상으로 주목할 만하다. 조선시대에 유교적 사회에서 불교는 여러 가지 수난을 겪게 되지만, 불교가 왕실을 외호하고 국가를 번영하게 한다는 고려 이래의 관념이 뿌리 깊게 작용하면서 왕실의 숭불 현상은 쉽게 사라지지 않았다. 토착 종교 및 그 토착 종교를 기반으로 한 국가적 차원의 뿌리 깊은 현상들과 유연하게 융합하면서 그 입지를 확고히 해 나간 한국불교의 이러한 발전 과정은 세간과 출세간의 영역을 명확히 구분하며 국가와 거리를 두었던 인도불교의 행보와도 다르며, 또한 유가儒家 및 도가의 높은 벽을 넘지 못한 채 충돌을 반복했던 중국불교의 발전 과정과도 다른 한국불교의 고유한 모습일 것이다.

| 참고문헌 |

고익진, 『한국고대불교사상사』 (서울: 동국대학교출판부, 1989)
국사편찬위원회 편, 『신앙과 사상으로 본 불교 전통의 흐름』 (서울: 두산동아, 2007)
김용태, 『조선후기 불교사 연구』 (서울: 신구문화사, 2010)
나희라, 『신라의 국가 제사』 (서울: 지식산업사, 2003)
서영대, 「신라의 불교수용과 천신 관념」, 『한국사상사학』 제10호 (서울: 한국사상사학회, 1998)
신종원, 『신라초기불교사연구』 (서울: 민족사, 1992)
윤선태, 「신라 중대의 성전사원과 국가의례-대·중·소사의 제장과 관련하여」, 『신라문화제학술발표논문집』 23 (서울: 동국대학교 신라문화연구소, 2002)
최광식, 『고대한국의 국가와 제사』 (서울: 한길사, 1994)
한국사특강편찬위원회 편, 『한국사특강』 (서울: 서울대학교출판부, 1990)
채미하, 『신라 국가제사와 왕권』 (서울: 혜안, 2008)
Mohan, Pankaj N., 「신라 중고기의 전륜성왕 이념-인도 Asoka왕과 신라 진흥왕의 정치 이념의 비교」, (서울: 서울대학교 석사학위논문, 1994)

원력 願力

고승학

I. '원력'의 정의와 『삼국유사』에 나타난 원력

　　원력으로서의 불교/ '원력'의 개념 규정/ 『삼국유사』에 나타난 원력

II. 신라의 불교 수용과 왕실의 원력

　　신라인의 세계관과 불교 수용/ 무속적 세계관의 대체/ 왕실의 국가적 원력

III. 통일신라시대의 원력의 양상

　　호국과 득자의 원력/ 불교신앙의 확산/ 신라 불교의 종합적 특성

IV. 고려 이후 원력의 양상

　　국가 종교로서의 고려 불교/ 수륙재와 조선 왕실의 원력

■ 원력으로서의 한국불교

I. '원력'의 정의와 『삼국유사』에 나타난 원력

원력으로서의 불교

일반적으로 불교는 지혜와 자비의 종교라고 일컬어진다. 그러나 그것은 출가 수행승들이 표방하는 종교적 이상일 뿐 오늘날 재가자들의 불교 신앙 형태는 이러한 이상과는 거리가 멀어 보인다. 전국의 유명 사찰들은 대개 개인과 가족, 나아가 사회와 국가의 안위와 경제적·사회적 성공 등과 관련하여 영험靈驗이 풍부한 기도 도량으로서 잘 알려져 있는 것이 현실이다. 이는 재가자들의 불교신앙이 자신이 바라는 세속적인 목표를 간절한 마음으로 부처와 보살에게 전달하고 그것의 실현을 추구하는 방식으로 이루어지고 있음을 보여준다. 우리가 흔히 '원력願力'이라고 부르는 개념은 이러한 바람을 가리킨다고 할 수 있을 것이다. 그러나 이 개념의 사전적 정의는 원래 출가자들이 대승 보살로서 가져야 할 이상적인 수행의 목표와 관련되어 있음에 주의해야 한다.

예컨대 나카무라 하지메가 편찬한 『광설불교어대사전』에서는 '원력'은 '본원력本願力' 또는 '숙원력宿願力'의 약칭으로서 범어 'praṇidhāna-bala', 'adhiṣṭhāna', 'āvedha-vaśa' 등을 번역한 것이며, 『아비달마구사론』, 『화엄오교장』 등에서 그 전거를 찾을 수 있다고 해설하였다.[1] 『구사론』 권12는 부처가 시공간적으로 하나인가 다수인가 하는 논란에 대하여 여

---

1 中村元, 『廣說佛教語大辭典』 권1 (東京: 東京書籍, 2001), p.247b

러 부처들이 과거에 보살이었을 때 일체 중생을 위하여 "구할 것도 의지할 것도 없는 암흑 같은 세상에서 등정각을 성취하리라."는 크나큰 서원을 세웠기에 하나의 시공간에 하나의 부처만으로 충분하다고 주장한다.² 또『오교장』권2는 보살 수행의 단계에 따른 차이(行位差別)를 설명하면서 제6주에 이른 보살에게도 퇴전退轉이 있음을 설한『보살영락본업경』등의 대승시교大乘始敎와 달리『대승기신론』으로 대표되는 대승종교大乘終敎의 경우 보살이 초발심주初發心住에 들면 물러남이 없게 되는데, 그것은 원력에 의해 몸을 자유자재로 받아 업에 얽매이지 않기 때문이라고 설명한다.³ 대승불교의 원력 개념은 또한『승만경』을 통해서도 살펴볼 수 있는데,「십수장十受章」에 나타난 승만 부인이 받아들인 열 가지 '수受'란 붓다 앞에서 스스로 "…을 하겠다."라며 다짐하는 것(自誓戒)이므로 결국 '원願'이라는 말로 바꿔 쓸 수 있다.⁴

이런 맥락에서 '원력'은 정토교에서 이야기하는 보살의 과거 생에서의 서원, 곧 본원 또는 숙원(pūrva-praṇidhāna)과 통한다고 볼 수 있는데, 그

---

2 世親 造, 玄奘 譯,『阿毘達磨俱舍論』卷12(『大正藏』29, 65a18~21). 범본 *Abhidharmakośabhāṣya*의 해당 문장은 P. Pradhan (ed.), *Abhidharmakośabhāṣyam of Vasubandhu* (Patna: K. P. Jayaswal Research Center, 1975), p.185에 다음과 같이 나와 있다. "praṇidhānavaśācca / evaṃ hi bodhisattvāḥ praṇidhānaṃ kurvanti aho vatāhamandhe loke 'pariṇāyake buddho loka utpadyeyamanāthānāṃ nātha iti."
여기에서 원력에 해당하는 단어는 'praṇidhānavaśa' 또는 'praṇidhāna'임을 알 수 있다. 이 문장의 영어 번역으로는 Louis de La Vallee Poussin, Leo M. Pruden (trans.), *Abhidharmakosabhasyam of Vasubandhu* (Berkeley: Asian Humanities Press, 1990), vol. 2, p.486 참조.
3 法藏,『華嚴一乘敎義分齊章』권2(『大正藏』45, 489b2-8)
4 이인혜,『『승만경』의 願 사상에 대한 一考』,『불교학보』제57집 (서울: 동국대학교 불교문화연구원, 2010), pp.4, 10

단초는 초기 불교 경전인 전생담에서 찾을 수 있을 것이다.[5] 또한 이러한 원력은 대승 경론들에서 사홍서원이라는 형태로 나타나는 불보살의 공통된 서원(總願)과 각각의 정토를 장엄하여 중생들의 고통을 덜어 주겠다고 하는 여러 보살들의 개별적인 서원(別願)으로 대별할 수 있을 것이다.[6]

'원력'의 개념 규정

그런데 불교가 도입된 이후 국가 이데올로기로서의 역할을 강하게 수행했던 고대 한국의 불교 관계 문헌에서 '원력'이라는 단어가 사용된 다수의 사례들은 깨달음을 추구하고 중생을 구제한다(上求菩提 下化衆生)고 하는 보살의 자력自力적인 행원行願과는 거리가 멀어 보인다. 특히 『삼국유사』나 석탑기石塔記 및 사적寺跡류 등에는 관세음보살, 미륵보살 등을 친견함으로써 자신의 수행을 검증받고자 하는 수행자들의 개인적 원력 또는 불법의 힘을 빌려 기근과 한발 등을 극복하고 전쟁에서 승리하고자 하는 왕실의 국가적 원력에 관한 언급이 풍부하다. 이는 오늘날 한국의 재가 불자들과 마찬가지로 고대의 신라인들에게도 '원력'이라는 단어의 1차적 의미가 스스로 보살이 되어 타인을 구제하는 것이 아니라, 기도를 통해 개인의 소박한 종교적 소망을 달성하고 당면한 국가적 현

---

5 한보광, 「불교에서 願의 문제」, 『정토학연구』 제10집 (서울: 한국정토학회, 2007), p.24

6 이에 대하여 우리는 신라의 불교도들이 『숫타니파타』 등에 암시된 "업의 결박을 끊고 좋은 결과를 얻고자 하는" 정도의 서원 또는 相應部 경전에 언급된, 천상에 태어나거나 전륜성왕이 되고자 하는 "세속적이고 재가적인 욕망" 등의 초기적 형태의 원력에 머물러 있었다는 비판을 가할 수 있을 것이다. 한보광, 위의 논문, p.29

안을 해결하는 것이었으며, 나아가 다소 타력他力적인 것이었음을 보여주는 것이다.[7]

그러나 위에 언급한 '원력'에 대응하는 범어 가운데 'praṇidhāna-bala'와 'āvedha-vaśa'가 맹세, 의지, 욕구 등을 강조하지만, 'adhiṣṭhāna'는 힘, 은총, 권위 등에 초점을 맞추고 있다는 점에 주의할 필요가 있다. 여기에서 우리는 후자의 용어에서 볼 수 있는 원력의 타력 신앙적인 함축이 반드시 전자의 자력 신앙적 측면과 모순된다고 볼 필요는 없다. 왜냐하면 회향廻向(pariṇāmanā)과 가지加持라는 개념을 통해 이 두 측면을 다음과 같이 화해和會시킬 수 있기 때문이다.

1) 중생이 불보살에게 자신의 소망을 간절한 마음으로 전달할 때, 불보살은 중생의 보편적 구제라는 자신의 원력의 힘을 이들에게 회향한다.
2) 그 과정에서 중생은 불보살로부터 가지를 받아 그 소원을 달성하기 위해 더욱 정진하게 된다.

그렇다면 'adhiṣṭhāna'라는 말에 내포된 '은총' 또는 '힘'은 바로 이러

---

[7] 한보광은 위의 논문에서 『숫타니파타』에 강조된 업설이 숙명론적인 함축을 지녔으므로 개인의 의지와 서원을 강조하는 또 다른 흐름이 나타나게 되었고, 이것이 정토교의 기원이 되었다고 본 가가와 다카오(香川孝雄)의 견해를 소개하고 있다. 그는 또한 상응부 경전에 제시된 서원이 주로 "生天·福樂·轉輪聖王 등"과 관련된 "세속적이고 재가적인 욕망"이었다는 후지타 고다츠(藤田宏達)의 이론도 소개하고 있다. 그러면서도 그는 후지타와는 달리 초기 경전 역시 "스스로 바른 서원을 세우는 것", "自勤愼", "知諦願" 등 숙세의 선업을 강조하는 표현이 있음을 들어 초기 불교의 서원 개념이 반드시 재가적이거나 세속적인 것만은 아님을 주장하였다. 한보광, 위의 논문, pp.13~14, 21~24

한 원력의 상승작용을 함축한다고 할 수 있다.[8] 또한 신라의 몇몇 국왕이나 고승들의 경우 스스로 국가와 사찰을 수호하겠다는 서원을 세웠다는 점에서 이들의 발원은 위에 언급한 처음의 두 범어 단어에 함축된, 원력의 자력 신앙적 측면과도 결코 무관하지 않은 것이다.

그러나 불교가 도입된 이후에도 신라인들이 불보살 이외에 용이나 하늘처럼 전통적으로 숭배되어 오던 초월적 대상에게 자신의 소원을 비는 모습이 자주 발견되므로, 불교 수용 이후 신라인들 내지 이후 한국인들의 신앙 양태를 보다 포괄적으로 다루기 위해서는 원력의 개념을 재정의할 필요가 있으리라 생각된다. 이에 필자는 가설적으로 '원력'을 "자기 자신과 자기가 속한 공동체를 위하여 스스로 헌신하고자 다짐하거나 초월적 대상에 의지하여 기구祈求하는 행위"로 규정하고자 한다.

『삼국유사』에 나타난 원력

이하에서는 이렇게 재정의한 원력 개념을 통해 신라 불교도들의 신앙 양태를 고찰하되, 『삼국유사』를 준거로 삼고자 한다.[9] 그런데 제목에 포함된 '유사遺事'라는 표현은 이 텍스트가 『삼국사기』 등 정사正史에 대

---

8 실제로 'adhiṣṭhāna'는 불보살이 불가사의한 힘으로 중생을 보호한다는 뜻에서 '加持'로 漢譯되는 경우가 많다. 中村元, 앞의 책, 권1, p.203c

9 이 텍스트의 찬술 연대와 찬자에 관해서는 아직 확정된 결론이 나오지 않았다. 『삼국유사』 총5권 가운데 마지막 권5의 앞부분에만 一然(1206~1289)의 이름이 찬자로서 적시되어 있는데다가 권3과 권4에는 그의 제자로 알려진 寶鑑國師 混丘(無極, 1251~1322)가 기록하였다는 언급이 있으므로, 그 완성이 빨라야 일연 사후 십수 년에 이루어진 일임을 알 수 있다. 남동신, 「『三國遺事』의 史書로서의 特性」, 『불교학연구』 제16호 (서울: 불교학연구회, 2007), pp.48~50

해 보조적 자료로서의 가치를 가지고 있음을 함축하며, 각훈(覺訓, 생몰년 미상)의 『해동고승전』 및 일연 자신이 저술한 여타의 선종사와 비교해 볼 때에도 이러한 '유사적' 특성을 발견할 수 있다.[10] 특히 이 작품이 고려 시대에 구전되던 자료를 많이 채록하고 있으므로 우리는 『삼국유사』가 고대 문화에 대한 '원형'을 "고려인들의 인식"을 통해 표현한 것으로 간주해야 할 것이다.[11]

그러나 『삼국유사』를 사료로서의 측면보다는 설화집이라는 일종의 문학 작품의 관점에서 바라볼 때에는 이 문헌의 긍정적인 가치가 부각될 수 있을 것이다. 특히 『삼국유사』의 기사들은 일반적인 설화 분류법에 따라 신화, 전설, 민간설화(민담)로 구분할 경우, 절대다수의 설화가 불교와 관련된 것이므로 '불교 연기'의 항목을 별도로 설정할 수 있을 정도이다.[12] 이하에서 검토하고자 하는 내용들도 이 불교 연기에 해당하는 설화들에서 추출한 것이다. 또한 고려 말에 편찬된 『삼국유사』의 불교 설화들이 비록 신라 당시의 실상을 있는 그대로 반영하지는 못할지라도 일연이 "신라 중심, 경북 중심"적인 태도를 견지하였다는 점을 감안할 때 등장인물들에 대한 그의 평가와 서술 방식을 통계적으로 검토함으로써 신라인들의 사유 구조 내지 불교관을 간접적으로나마 드러낼 수 있을 것이다.[13]

이러한 방법론은 오스토(Douglas Osto)가 채택한 '문헌에 대한 체계 접

---

10 남동신, 위의 논문, pp.54~62
11 남동신, 위의 논문, pp.62, 67
12 장덕순, 「『三國遺事』所載의 說話 分類」, 『인문과학』 제2집 (서울: 연세대학교 인문과학연구소, 1958), p.125
13 이정훈, 「『三國遺事』義解의 성격 고찰 II-中國 高僧傳과의 비교를 통하여」, 『건지인문학』 제6집 (전주: 전북대학교 인문학연구소, 2011), p.276

근법(systems approach to literature)'과도 비교할 수 있는데, 그는 범본『화엄경』
「입법계품(Gaṇḍavyūha)」에 등장하는 각각의 선지식들이 어떤 지점(position)
에서 어떤 비중(weight)으로 서술되는지 관찰함으로써 그들의 지위(status)
를 판별해 낼 수 있다고 보았다.[14] 이러한 주장은 경전이나 사서史書와
같은 하나의 텍스트는 당대의 이념(ideology) 또는 사회적·종교적 위계질
서(hierarchy)를 담아내는 그릇임을 전제하고 있다. 그렇다면『삼국유사』를
통해 우리는 신라인들의 어떠한 종교적 심성과 이념적 지향을 읽어낼
수 있을까? 이와 관련하여 위에 언급한 오스토가 제안한 텍스트 분석법
을『삼국유사』에 적용하여 신라인들의 원력과 관련된 기사들을 추출해
보면 다음과 같은 결과를 얻을 수 있다(부록의 도표 참조).

우선 해당 기사의 길이를 고려하지 않을 경우 원력과 관계된 기사들
(총 48개 항목)이 전체 텍스트(총 136개 항목)에서 차지하는 비중이 35%에
달함을 알 수 있다.[15] 보다 세부적으로는 원력을 발한 주체로는 승려가
가장 많고(30건, 48%), 국왕을 포함한 왕실(10건, 16%), 화랑을 포함한 귀

---

14 그의 고찰 결과를 요약하면 다음과 같다. ① 善財(Sudhana)동자가 처음에 만나는
세 명의 선지식들이 승려라는 점은 초기의 인도 대승불교도들은 일반 신도들에 대
한 승단의 우위를 일단은 인정하였음을 암시한다. ② 선재동자가 만난 선지식들 대
부분이 세속적인 권력과 부, 신체적 아름다움을 소유하고 있다는 점은 인도인들이
이 속성들을 정신적 경지를 나타내는 지표로 간주했음을 보여준다. ③ 각각의 선
지식들은 자신들의 무지를 언급하면서 선재동자를 다음의 선지식으로 인도하는데,
이는 최후에 등장하는 선지식인 보현보살이 최고의 종교적 경지를 나타냄을 의미
한다. Douglas Osto, *Power, Wealth and Women in Indian Mahāyāna Buddhism: The
Gaṇḍavyūha-sūtra*(London and New York: Routledge, 2008), pp.4, 40~41
15 35%라는 이 데이터는 각각의 기사들이 단일한 주제로 이루어져 있음을 상정하여
대략적으로 추정한 것으로서 '원력'이라는 주제가『삼국유사』라는 텍스트에서 차지
하는 비중을 보다 정확하게 산출하기 위해서는 각각의 기사(條)에 포함된 여러 주
제들을 모두 나열하여 종합적인 통계를 낼 필요가 있을 것이다.

족(9건, 15%), 평민 또는 천민(9건, 15%), 용을 포함한 천신(4건, 6%) 등이 뒤를 잇고 있다. 이들이 기원을 올린 대상 역시 불보살이 압도적인데(46건, 74%), 이는 승려뿐만 아니라 귀족과 평민, 천신들까지도 불교에 귀의하였음을 의미한다. 이 경우 승려들이 불보살을 친견하거나 자신의 왕생을 위해 발원한 경우가 대다수이지만, 때로 그들은 국왕의 후사를 잇거나 가뭄이나 외적의 침입과 같은 국가적 위기 상황을 타개하기 위해 기원을 올리기도 하였다.

그러나 이러한 승려들이 지닌 영험함으로 인하여 그 자신이 평민층과 천신이 기구하는 대상이 되거나 스스로가 원력의 대상이 되는 경우도 있다(3건, 5%).[16] 또한 〈미추왕 죽엽군〉과 〈문호왕 법민〉조에서 보듯이 국왕 스스로가 호국신이 되고자 서원하고 국가적 재난이 닥쳤을 때 위신력을 발휘한 경우도 있다(2건, 3%). 이러한 왕실의 원력과 더불어 「기이」편 〈장춘랑 파랑〉조에는 통일 전쟁이라는 국가적 과업을 달성하고자 죽으면서까지 발원한 두 화랑, 곧 귀족층의 원력 기사도 실려 있다(1건, 2%).

그런데 이와 같은 소수의 사례를 제외하고 신라인들의 기원 대상은 불보살 다음으로 용신을 포함한 재래 신앙의 천신들이 다수였다는 사실에 주목할 필요가 있다(9건, 15%). 불교가 법흥왕(514~540 재위) 대에 공인되기 이전에는 천신이 종교적 숭배와 기원의 주된 대상이 된 것은 당연하겠지만, 통일 전쟁 당시는 물론 그 이후에도 이러한 경향은 계속 이어져 왔던 것이다. 「기이」편 〈태종 춘추공〉조와 〈만파식적〉조에 실린 김유신(595~673)의 산신 기도와 신문왕의 제사는 각각 화랑도와 국가 제사

---

16 『三國遺事』卷4, 「義解」, 〈圓光西學〉; 卷4, 「義解」, 〈寶壤梨木〉; 卷4, 「義解」, 〈二惠同塵〉

라는 차원에서 이해할 수 있으나,[17] 〈경덕왕 충담사 표훈대덕〉조의 표훈(8세기 중엽)이 왕의 후사를 위해 불보살이 아닌 하늘에 제사를 올렸다는 대목은 납득하기 어렵다. 그러나 불교 도입 후 천신들은 특히 〈황룡사 구층탑〉조의 경우에서 잘 나타나듯이 호국과 호법의 화신으로 변화되는 경향이 있었는데, 〈흥륜사 벽화 보현〉조와 〈보양이목〉조에서도 천신 스스로가 호법신이 되겠다는 원력을 세웠음을 볼 수 있다. 따라서 신라인의 신앙 생활에 있어서 천신들은 불보살에 대하여 보조적 역할을 수행하였다고 평가하는 것이 좋을 것이다.

위에서도 언급했지만, 신라인들의 원력은 대개 불보살을 향하고 있고 대부분이 승려들에 의해 발해졌으므로, 그 내용은 진신 친견, 성불, 수계 등 자신의 종교적 완성을 추구하는 경우가 가장 많다(20건, 27%). 그 다음으로는 사찰과 사탑을 건립하고 보호하거나 중수하는 등 호법護法을 목적으로 하는 경우(14건, 19%)와 외침으로부터 나라를 구하거나 나라를 세우고자 하는 경우(12건, 16%)가 뒤를 잇는다. 이어 가뭄과 전염병, 기상이변, 정치적 불안 등을 해소하여 내정을 안정하고자 하는 경우(8건, 11%)와 가족의 안위와 건강을 기원하는 경우(7건, 10%)가 두드러지며, 귀족과 평민을 가리지 않고 불보살 또는 천신의 위신력을 빌려 자식을 낳고자 하는 욕구 역시 확인할 수 있다(6건, 8%). 그 밖에 왕실 또는 승려의 치병을 위한 기원(3건, 4%), 불가능한 사랑의 실현(1건, 1%) 등 신라인들의 다양한 원력의 내용을 확인할 수 있다. 이러한 사례들을 종합하면 신라인들에게 원력의 1차적인 목표는 불보살에 의지하여 개인적인 왕생 내지는 성불을 이루는 것이었으며, 그 다음으로는 불국토로서의 신라를

---

17 일연의 김유신에 대한 평가에 관해서는 김상현, 「一然의 一統三韓 認識」, 『신라문화』 제38집 (경주: 동국대학교 신라문화연구소, 2011), pp.233~237 참조.

융성케 하고 가족 단위로부터 국가 단위에 이르는 공동체의 안위를 보장받으려는 것이었다고 할 수 있을 것이다. 다음 장에서는 이러한 원력의 '내용'을 중심으로 신라인들에게 불교란 어떤 의미였으며, 불교 신앙에 의해 그들의 원력에 어떤 변화가 생기게 되었는지 보다 구체적으로 분석해 보기로 한다.

II. 신라의 불교 수용과 왕실의 원력

신라인의 세계관과 불교 수용

이도흠에 따르면, 고대 신라인들의 세계관은 '신라적 신선사상이자 샤머니즘'인 풍류도가 지배하고 있었다.[18] 그는 풍류도가 진흥왕(540~576 재위)에 의한 화랑도 창건과 밀접한 관련이 있으며, 융천사, 월명사 등이 향가를 지어 혜성의 출현과 두 해의 출현 등 천계의 이상현상을 바로잡았다는 『삼국유사』의 기사도 이들이 정식 승려라기보다는 화랑 집단의 '정신적 지주'이자 '당대 최고의 샤먼'이었음을 반영한다고 주장한다.[19] 특히 그는 이들의 활동 시기가 불교 공인 이후이긴 하지만, 일연이 국선과 승려를 각각 '사師'와 '석釋'으로 구분한 점과 발원문을 지어 올리라는 경덕왕의 명령에 월명사가 "국선의 무리에 속해 있어 향가는 알지만 범패는 모른다."고 답한 사실로부터 이들을 "정통 불교 승

---

18 이도흠, 『신라인의 마음으로 삼국유사를 읽는다』 (서울: 푸른역사, 2000), p.19
19 이도흠, 위의 책, p.31

려와는 구분되는 집단"으로 간주한다.[20] 조동일은 이에 대하여 경덕왕이 정치적 위기를 겪고서 기존의 불교 교단에 속한 승려가 아닌, 새로운 지지세력으로서 "주변으로 밀려나 세력을 잃었던" 화랑의 무리에게 접근한 것으로 해석한다.[21] 두 가지 해석 모두 풍류도, 곧 신라의 전통적 세계관이 불교 도입 이후에도 끈질긴 생명력을 유지하고 있었음을 전제하고 있는데, 이는 신라의 불교 수용이 늦어진 이유와 간접적으로 관련이 된다.

신라에서 최초의 불교 전래에 대하여 『삼국유사』 「흥법」편 〈아도기라〉조는 눌지왕(417~457 재위) 대에 고구려로부터 묵호자가 와서 신라에 불교를 전파했다고 전하는 한편, 그보다 이른 미추왕 2년(263)에 고구려로부터 아도가 와서 불교를 소개했다고도 기록하고 있다. 기록에 따르면, 아도의 어머니는 고구려는 아직 불법을 모르지만 250년 후 신라에 성왕聖王이 출현하여 불법을 크게 일으키고 천경림을 포함한 7개소에 큰 가람을 세우게 될 것이라고 예언하면서 아들을 신라로 보냈다. 그러나 일연은 이 고사故事를 전한 다음 고구려보다 신라에 불교가 먼저 수용되었을 리가 없으므로 후자의 기록은 신빙성이 없다고 비판하고, 또한 처음에 언급한 묵호자에 대해서는 소수림왕 4년(374)에 고구려에 들어온 아도 화상과 동일 인물로 간주한다.

실제로 신라에서 불교의 공인은 이보다 훨씬 뒤인 법흥왕 14년(527) 이차돈의 순교에 따른 흥륜사의 건립(535)으로부터 이루어지게 된다. 이 사원은 진흥왕 5년(544)에 완성되었는데, 그는 인도의 정복군주인 아쇼카왕을 모델로 하여 영토 확장에 힘쓰고, 미륵신앙에 기반한 화랑도를

---

20 이도흠, 위의 책, p.102; 『三國遺事』卷5, 「感通」, 〈月明師 兜率歌〉
21 조동일, 『한국문학통사』 권1 (서울: 지식산업사, 2005), p.171

조직하였다.[22] 아쇼카왕이 전륜성왕으로 자처한 것처럼 진흥왕과 그 이후의 진평왕(579~632 재위), 선덕여왕, 진덕여왕(647~654 재위) 등도 자신의 가계家系를 석가족 내지는 덕만 부인, 승만 부인 등과 동일시함으로써 왕권을 신성시하였다.[23] 한편, 진골 귀족들 역시 불교의 미륵신앙과 화랑도를 결합함으로써 왕권을 견제하면서 자신들의 권력 기반을 강화하였다.[24] 이와 같이 초전기의 신라 불교는 왕실과 귀족층 모두에게 일종의 지배 이데올로기로서의 기능을 충실히 수행하였다.[25]

그럼에도 불구하고 신라인들은 자신들의 신앙이 인도의 석가모니 당시 불교로부터 시공간적으로 멀리 떨어져 있을 뿐만 아니라 이웃한 고구려나 백제의 불교보다도 뒤떨어져 있다는 사실을 자각했던 것 같다. 그것은 위에서 언급한 '시대착오적인' 아도의 불교 전래 고사가 고려시

---

22 진흥왕의 말년 출가 역시 미륵신앙 및 전륜성왕설과 관련되는데, 특히 『미륵하생경』은 미륵의 설법과 전륜성왕의 출현을 연결하고 있고, 미륵은 화랑과 관련되므로 화랑도를 시행한 진흥왕의 사상적 배경으로 미륵신앙을 들 수 있다. 남동신, 「新羅 中古期 佛敎治國策과 黃龍寺」, 『신라문화제 학술발표회 논문집』 제22집 (경주: 동국대학교 신라문화연구소, 2001), p.17
23 Richard D. McBride, II, *Domesticating the Dharma: Buddhist Cults And the Hwaŏm Synthesis in Silla Korea* (Honolulu: University of Hawaii Press, 2008), p.19
24 무열왕의 즉위(654년)는 일반적으로 신라 왕실이 성골에서 진골로 전환한 것으로 해석된다. 이는 왕실의 혼인관계와도 관련되지만, 진덕여왕까지는 석가족과 왕실을 동일시한 것과 달리 무열왕부터는 보다 중국적인 天命사상의 영향을 받은 것으로도 해석된다. Sem Vermeersch, *The Power of the Buddhas: The Politics of Buddhism during the Koryŏ Dynasty (918~1392)* (Cambridge and London: Harvard University Asian Center, 2008), p.42
25 이도흠은 통일 전쟁 후 신라 사회가 관료화됨으로써 "풍류와 무사 집단인 화랑 세력은 힘을 잃기 시작"했다고 지적한다. 그에 따르면, 일부 신라 국왕은 이에 대한 타개책으로 귀족층을 견제하고자 화랑을 왕의 직속 부대에 편입시켜 화랑 세력과 손잡았다고 한다. 〈효소왕대 죽지랑〉조는 당시 화랑이 "왕권으로부터 보호" 받을 정도로 쇠락했음을 보여준다고 볼 수 있다. 이도흠, 앞의 책, pp.169~170

대까지도 전해지고 있었고, 일연이 그 설의 오류를 알고 있었음에도 제일 처음에 언급했다는 점으로부터 알 수 있다. 따라서 이 고사는 자신들의 불교가 이웃 국가들의 종교보다 좀더 유서 깊은 것처럼 보이게 꾸미고 싶었던 신라인들의 욕구를 반영한 것이라고 볼 수 있는 것이다.

이러한 '주변부 의식(borderline complex)'과 그것에 대한 극복은 『삼국유사』 「탑상」편 중 〈황룡사 장육〉조에 보다 선명히 나타나 있다.[26] 이에 따르면 자장(생몰년 미상)은 중국에 머물던 당시 오대산에 올라 문수보살을 친견하고, 그로부터 황룡사가 옛날 석가모니와 가섭불이 설법하던 곳이며 가섭불의 연좌석이 보존되어 있고 그러한 인연으로 인도의 아쇼카왕이 금과 쇠를 실어 띄워 보낸 배가 신라에 이르러 장육존상이 조성되었다는 말을 듣는다. 중국인들이 『대방광불화엄경』 「보살주처품」 등에 근거하여 오대산을 문수사리가 머문 성소聖所로 간주함으로써 인도 문명의 수용국에서 탈피하여 중국 중심의 세계관을 재천명하려 하였다면,[27] 신라인들은 이 오대산신앙을 신라 땅에 이식하고 그들의 국토를 불국토로 고양함으로써 주변부 의식을 극복하려 했음을 엿볼 수 있다. 그러한 사실은 또한 고구려나 백제에 비해 불교의 수용과 공인이 늦어짐으로 인해 발생한 일종의 '문화 지체'를 극복하기 위해 벌인 일련의 노력과도 연관되는데, 자장이 당에서 귀국(643)한 뒤로 승통 등 당의 승관 제도를 도입한 것에서도 확인할 수 있다.[28]

---

26 중국 불교사를 주변부 의식과 그 극복 과정으로 보는 시각에 대해서는 Tansen Sen, *Diplomacy, Buddhism and Trade: The Realignment of Sino-Indian Relations, 600~1400* (Honolulu: University of Hawaii Press, 2002), pp.8, 11 참조.
27 중국인들의 오대산신앙과 그 이데올로기적 함축에 대해서는 Sen, 위의 책, pp.77~86과 McBride, 앞의 책, p.110을 보라.
28 McBride, 위의 책, p.162, n. 24

무속적 세계관의 대체

　이처럼 신라의 불교 수용이 왕실의 정치적 의도와 밀접하게 관련되어 있었다면, 그들이 정치적·국가적 위기상황에 대처하는 방식 역시 불교 수용을 계기로 변화를 겪게 되었을 것이다. 예컨대 아달라왕 대에 해당하는 「기이」편 〈연오랑 세오녀〉조에는 연오랑과 세오녀가 바위에 실려 일본 땅으로 떠나가 그곳의 왕이 되었다는 이야기를 전하는데, 이들이 신라 땅에서 사라지는 것은 곧바로 해와 달이 소멸되는 일로 나타나게 되었다. 『삼국유사』는 신라의 왕실이 연오랑의 지시에 따라 비단을 가지고 하늘에 제사지냄으로써 변괴를 극복했다고 하는데, 이들의 제사 양식은 샤머니즘의 원형을 따랐을 것으로 추측된다. 이어지는 〈미추왕 죽엽군〉조 역시 미추왕의 혼령이 댓잎을 귀에 꽂은 군사를 이끌어 외적을 방어하고, 혜공왕 때 김유신의 자손이 억울하게 죽자 그 원한을 달래주었다고 전하면서 이를 미추왕의 "호국에의 원력"으로 돌리고 있다. 이처럼 불교 도입 이후에도 왕실은 산신에 의지하거나, 사후 용왕이나 천신이 되었으리라 여겨지던 자신들의 선조에게 기원을 올리는 신앙 형태를 유지하고 있었던 것이다. 그 대표적인 사례는 신문왕(681~692 재위)대의 〈만파식적〉조로서 선왕인 문무왕(661~681 재위)과 김유신이 각각 용왕과 천신이 되어 신라를 지킨다고 언급하면서 이들이 신라를 지켜줄 보배, 곧 만파식적을 내렸음을 전하고 있다.

　이러한 기사들에서 하나의 공통된 패턴을 발견할 수 있는데, 〈연오랑 세오녀〉조를 제외하고는 모두 왕실의 국가 수호에 대한 원력이 그들이 사후에 신적인 존재로 변모함으로써 실현되었음을 명시하고 있는 점이다. 이는 당시의 신라인들이 이들 신(사후 세계)과 인간을 매개하는 존재

(샤먼)를 내세워 제사를 올렸음을 전제할 때 보다 설득력 있게 설명되며, 특히 미추왕의 혼령이 김유신의 원혼을 위무했다는 것은 이들의 무속적 세계관을 잘 대변하고 있다고 할 수 있다.

그러나 이러한 무속적 세계관에 따라 원력을 세우고 실현한다는 것은, 특히 국가적 현안을 해결함에 있어서 여러 가지로 비효율적임을 지적할 수 있다. 우선 사후 세계와 현실 세계를 중개할 제사장이 반드시 있어야만 하며, 여기에는 왕실과 귀족도 예외일 수가 없었다. 그것은 또한 자신이 뜻한 바를 생전에 이룬다는 것이 현실적으로 어려움을 함축한다. 이와 달리 불교의 세계관은, 특히 대승불교의 경우 불보살의 가지와 회향에 힘입어 그들에 의지함으로써 국가적 현안을 달성하기가 보다 단순해지고, 그것은 반드시 자신이 호국룡이 된다거나 하는 절차를 밟지 않고도 가능하게 된다.

왕실의 국가적 원력

그렇다면 신라인들, 특히 왕실에서 세운 국가적 차원의 원력은 불교 수용을 거치면서 구체적으로 어떤 변화를 겪게 되는가? 『삼국유사』「흥법」편 〈원종흥법 염촉멸신〉조는 법흥왕(514~540 재위)의 흥불興佛과 호법護法에의 원력을 강조하고 있다. 그는 한나라 명제처럼 불교를 숭앙하려 했으나 신하들의 반대로 난관에 부딪혀 절망에 빠졌는데, 이차돈(박염촉)이 목숨을 바쳐 이적異蹟을 보이겠다고 간하자 그를 참수하고 그 이적을 계기로 그간 진행하던 흥륜사 공사를 착공하여 그 다음 왕인 진흥왕 5년에 마무리지었다. 이후 신라에는 "절들이 별처럼 들어서게" 되었는데, 특히 흥륜사가 낙성되자 법흥왕은 몸소 궁 안의 친척을 절의 노비로 삼게 하고 국왕 자신은 절의 주지로 있었다고 한다. 이러한 극단적인 호불군주로서의 면모는 그의 자식과 며느리에게도 이어져 모두가 출가하여 비구와 비구니가 되었다고 『삼국유사』는 기록하고 있다.

이후 「탑상」편은 이렇게 신라 땅에 정착된 불교가 어떻게 국가 종교로서 기능하였고, 신라인들이 불교를 통해 국가적 당면 과제를 해결하려 하였는지를 잘 보여준다. 먼저 〈황룡사 구층탑〉조는 이 탑이 중국의 아육왕탑과 마찬가지로 자장이 오대산에서 받은 사리를 봉안한 탑이라는 점과 각 층이 구한九韓을 상징한다는 점을 강조한다. 이로부터 신라인들이 이 탑을 통해 불교의 이상 군주인 전륜성왕과 같은 업적을 이루려는 종교적 원력을 세웠음을 알 수 있다. 그러나 이 탑의 조성 배경으로 중국 대화지에서 만난 신인의 입을 빌려 당시의 국왕(선덕여왕)이 여성이어서 위엄이 없다는 비판이 있었음을 언급하고 있기 때문에 그러한 종교 행위가 다소 주체성을 결여한 것처럼 보인다. 또한 「기이」편 〈문호왕 법민〉조와 「신주」편 〈명랑 신인〉조에 언급된, 당 수군의 침입을 격퇴하기 위해 명랑이 사용한 문두루비법의 기사는 신라의 불교가 국가적 아젠다에 종속적이었다는 사실을 그대로 드러내어 준다.

요컨대 신라 왕실에 있어서 원력은 주로 호국과 내정 안정을 기원하는 것이었지만, 불교 도입 이전에는 자연신을 기구의 대상으로 삼았고 불교 수용 이후에는 부처와 보살의 위신력에 의지하는 방식으로 변화하였다고 할 수 있다. 이는 왕과 귀족이 사후에야 호국룡이나 수호신이 되어 국가적 원력을 이룰 수 있음을 전제하는 무속적 세계관의 비효율성을, 불보살의 보편적 원력과 가지에 의해 극복하였음을 함축한다. 그럼에도 불구하고 통일 전쟁을 수행할 때까지의 신라 왕실은 불교를 국가적 아젠다를 이루기 위한 도구적 가치로 여겼다는 점을 지적하지 않을 수 없다.

Ⅲ. 통일신라시대의 원력의 양상

호국과 득자의 원력

통일기 이후 신라인들은 기상이변과 같은 경우를 제외하고는 국가적 현안보다는 개인과 가족의 안위를 위한 원력을 세우고 수행하는 경향이 있었다. 그것은 삼국통일 이후 사회가 안정되고 불교신앙이 기층민에 이르기까지 널리 보급되었기 때문이리라고 추정할 수 있다. 그러나 신라인들의 원력의 내용이 현세적이고 재가적인 경향이 있음에도 불구하고 그것이 표출된 미륵·관세음·아미타 신앙을 비불교적이라고 단정할 수만은 없을 것이다. 그것은 이러한 신앙이 자장, 원효, 의상 등 불교계의 엘리트층인 학승들에 의해 주도적으로 보급되었고, 어떤 의미에서는 대승불교의 철학적 기반인 공空과 불이不二, 그리고 회향의 정신을 표현하는 것이기 때문이다. 이하에서는 이들 엘리트 학승들을 포함한 신라 귀족층의 원력의 양상을 살펴보기로 한다.

먼저 미륵신앙과 관련하여 「탑상」편 〈미륵선화 미시랑 진자사〉조는 진흥왕 대부터 시작된 화랑도를 자세히 언급하고 있다. 여기에는 진지왕(576~579 재위) 대 흥륜사의 승려였던 진자가 미륵상 앞에서 미륵불을 친견할 것을 발원하였는데, 꿈에서 한 승려가 그에게 웅천 수원사에 갈 것을 권유하였다는 대목이 있다. 진자는 꿈에서 안내받은 대로 그 절에 이르러 한 소년을 만나고서 헤어졌는데, 후에 그가 미륵의 화신임을 알고 수도에 돌아와 그를 찾다가 영묘사 앞에서 다시 만나게 되었다. 그 소년이 진자에게 자신의 이름이 미시(미리, '龍'을 뜻하는 이두)이며 고아로 자랐다고 말하자 진자가 그를 궁으로 데려가 국선(화랑)으로 삼게 하였는데, 이로부터 신라의 고유 신앙에서 시작된 화랑도가 진지왕 대에는 미륵신앙과 토속신앙인 용신龍神신앙에 결합되었음을 알 수 있다. 이 이야기는 한편으로 신라 귀족층의 호국에의 염원이 백제 지역으로부터의 미륵신앙 수입과 화랑도와의 결합이라는 형태로 나타났고, 다른 한편으로는 그들의 개인적인 원력, 특히 득자得子의 소망이 미륵상 앞에서의 기도라는 양태로 표출된 것이라고 해석할 수 있다.29

이 득자의 원력과 관련하여 「기이」편 〈효소왕대 죽지랑〉조는 술종공이 삭주도독사가 되어 부임지로 가는 도중 죽지령에서 한 거사를 만났고, 나중에 공과 그 부인이 꿈에 그 거사가 방에 들어오는 것을 보았다는 이야기를 전한다. 이들 부부는 이 거사가 방에 들어온 것을 그가 죽어 자신들의 자식으로 환생할 것으로 이해하고는 죽지령에 있는 그의 무덤을 찾아 그곳에 미륵상을 안치하였다. 그 부인이 꿈을 꾼 날 회임하여 낳은 아이가 바로 김유신(595~673)을 도와 삼국통일에 공을 세운 죽지랑인데, 이로부터 호국불교의 이념과 연결되는 미륵신앙이 신라의 북쪽 지방에까지 확산되었음을 알 수 있다. 여기에서 주의할 것은 당시만 하더라도 미륵이 화랑의 몸을 통해 하생下生한다는 관념이 귀족층의 정치·사회적 지배력을 증진하는 방편으로 이용되었을 뿐 미륵불의 도래를 통해 구체제를 전복하고 신체제를 수립하는 방향으로는 나아가지 않

---

29 McBride, 앞의 책, pp.38~40. 그러나 得子의 원력은 관음신앙을 통해 보다 직접적으로 표출된다.

앉다는 점이다.[30]

　신라의 미륵신앙은 8세기 중엽까지도 성행하였는데, 그것은 「기이」편 〈경덕왕 충담사 표훈대덕〉조에 실린 경덕왕(742~765 재위) 대의 충담사가 3월 삼짇날과 9월 중양절에 삼화령 미륵존상 앞에 차를 공양했다는 기록으로 알 수 있다.[31] 충담은 또한 「찬기파랑가」, 「안민가」 등의 향가를 지은 것으로도 알려져 있는데, 신라의 승려낭도들에 의해 지어진 다른 향가들 역시 미륵신앙과 밀접한 연관이 있다. 「감통」편에 실린 〈도솔가〉조는 경덕왕 대에 하늘에 두 개의 태양이 나타나자 월명사가 꽃을 뿌리고 미륵의 감화를 받아 그 변괴를 없앴다는 내용이다.[32] 여기에서 월명이 자신이 국선임을 밝힌 부분과 그가 이 향가를 지어 임금으로부터 차와 108염주를 받자 동자로 화현한 미륵이 나타나 그것들을 내원의 미륵 벽화 앞에 두고 사라졌다는 대목이 특히 주목된다. 이는 신라인들이 화랑과 연결된 미륵을 통해 국가적인 재앙을 극복하려는 원력을 표현하였음을 의미하는 것이다. 아울러 향가라는 장르가 이 시기에 활발히 제작되었다는 것은 신라인들이 신라 불국토설에 이끌려 자신들의 문화적 위상이 인도와 중국 문명에 뒤지지 않는 것으로 자신(自信)하게 된 것과 밀접한 관련이 있다. "성범(聲梵)을 알지 못한" 월명이 지은 향가가 범패만큼이나 효험이 있었다고 하는 언급은 이 시기 신라인들이 '주변부 의식'을 벗어나고 있었음을 보여주는 것으로 해석할 수 있다.[33]

30　McBride, 위의 책, pp.40~41
31　『三國遺事』 卷2, 「紀異」, 〈景德王 忠談師 表訓大德〉
32　『三國遺事』 卷5, 「感通」, 〈月明師 兜率歌〉
33　이와 관련하여 정병삼은 「감통」편에 실린 향가들은 "일반인들에게 감통을 전달할 수 있는 가장 친근한 제재"였으며, 이는 승려뿐만 아니라 일반인들이 '감통의 주체'가 될 수 있음을 나타낸다고 보았다. 정병삼, 『삼국유사』 神呪편과 感通편의 이

앞에서 미륵이 귀족층에서 자식을 얻고자 하는 원력과 관계가 있음을 암시하였는데, 이는 미륵상을 귀족의 무덤에 두었다는 등의 언급으로부터 추론해 볼 수 있다. 그런데 미륵상의 영험과 관련한 보다 직접적인 증거는 「탑상」편 〈낙산 이대성 관음 정취 조신〉조에서 찾을 수 있다. 이 기사의 마지막에 실린 조신의 설화에는 조신이 사모하던 김흔공의 딸과 꿈속에 가족을 이루어 살다가 여러 우환이 겹치고 특히 15세 된 큰 아이가 굶주려 죽어 땅에 묻었다는 내용이 나온다. 이어 설화는 이들이 결국 생활고를 못 이기고 헤어졌다가 문득 꿈을 깨었고 그 아이를 묻었던 자리를 파 보니 돌미륵이 나왔다고 전한다.

「탑상」편 〈생의사 석미륵〉조 역시 비슷한 맥락으로 해석할 수 있다. 여기에 등장하는 선덕여왕 대 도중사의 주지인 생의는 꿈에 한 승려에게 이끌려 남산으로 가서 한 지점에 풀을 묶어 표시하고 그로부터 자신이 거기에 묻혀 있으므로 고개 위로 이장해 달라는 말을 듣는다. 생의가 꿈에서 깨어 그곳을 찾아 돌미륵이 묻혀 있는 것을 보고 절을 지었는데 이곳이 나중에 삼화령의 생의사가 되었다고 한다. 이 이야기는 단순히 신라 불교도들이 미륵의 화신을 꿈에서 만난 일종의 종교 체험을 기술한 것으로 해석할 수도 있지만, 당시에 귀족층 사이에서 자식을 바라는 원력을 세워 미륵상을 땅에 묻은 관습이 일반적이었음을 반영하는 것으로 볼 수도 있을 것이다.[34]

한편, 신라의 귀족층들은 미륵 외에 관세음보살을 통해서도 국가적 현안과 관련된 원력을 세웠음을 확인할 수 있다. 예컨대 「기이」편 〈문호

해」, 『신라문화제 학술발표회 논문집』 제32집 (경주: 동국대학교 신라문화연구소, 2011), pp.20, 24

34 McBride, 앞의 책, p.42

왕 법민〉조에는 무열왕(654~661 재위)의 차자이자 문무왕(661~681 재위)의 동생인 김인문(629~694)이 당에 포로로 잡혀 있을 당시 신라에서 그를 위해 인용사라는 절을 세워 관음도량을 열었다가 그가 당에서 돌아오다 해상에서 죽자 미타도량으로 바꾸었다는 기록이 있다. 이는 당시 신라 왕실과 귀족층에서 가족 구성원의 생전의 안위를 위해서는 관세음보살을, 사후의 왕생을 위해서는 아미타불을 신앙했음을 보여준다. 또 「탑상」편 〈백율사〉조는 효소왕 3년(693)에 국선 부례랑이 국경에서 여진족에게 납치되고 신적神笛과 현금玄琴을 잃어버리는 사건이 발생하는데, 부례랑의 부모가 백율사 관음상 앞에 기도하여 이 보물들을 되찾고 자식이 돌아오자 부례랑의 가족이 모두 벼슬에 봉해졌다는 이야기를 전하고 있다. 이는 신라의 물적·인적 자원이 관세음보살의 보호를 받고 있었다는 것을 상징하며, 신라인들이 이 보살에 대한 기도가 국가의 안위에 효험이 있다고 믿고 있었음을 잘 보여주는 것이다.

불교신앙의 확산

『삼국유사』에서 위에 언급한 미륵신앙이 신라의 일반 대중들에게까지 확산되었음을 가장 극적으로 나타내주는 것은 「탑상」편에 실린 성덕왕 8년(709)의 〈남백월이성 노힐부득 달달박박〉조이다. 승려와 귀족층이 등장하는 앞의 이야기들과는 달리 이 이야기에는 노힐부득과 달달박박이라는 두 평민이 등장한다. 이들은 각각 미륵불과 아미타불을 친견하려는 원력을 세우고 사실상의 출가 수행을 한다. 어느 날 한 낭자가 찾아와 유숙을 청하는데, 달달박박은 그 청을 거절하나 노힐부득은 그녀를 재워주고 심지어 출산을 돕고 그녀의 목욕을 도와주기까지 하였다.

그런데 그 목욕물은 이내 금색으로 변하고 노힐부득이 거기에 몸을 담그자 미륵존상이 되었고, 이튿날 그의 '파계'를 비난하러 찾아온 달달박박 역시 그 남은 물에 의해 아미타불이 되었다고 한다. 『삼국유사』는 이러한 인연으로 성소聖所가 된 이들의 수행처에 경덕왕의 칙령에 따라 757년에서 764년에 걸쳐 백월산 남사가 세워졌음을 전하는데, 이로부터 8세기 중반까지는 민간에서도 미륵불과 이미타불을 신앙하기는 하였으나, 불상을 제작하고 절을 세우는 등의 일은 귀족과 왕실에 의해 주도되었음을 알 수 있다.[35]

그런데 위의 이야기에 등장하는 낭자는 성聖과 속俗, 염染과 정淨에 대한 이분법적 집착을 타파하여 두 수행자들을 해탈로 이끄는 역할을 수행하고 있으며, 관세음보살의 화신으로 간주되고 있다. 이 보살은 『반야심경』에서도 색色과 공空이 불이不二의 관계임을 알려주는 화자로 등장하는데, 일반적으로 관세음보살은 미륵불 및 아미타불과 더불어 동아시아 불교도들에게 가장 친근한 신앙의 대상이다. 『묘법연화경』「관세음보살보문품」은 『관음경』이라는 별도의 경전으로 간행될 정도로 대중들에게 인기가 있었으며, 특히 관세음보살의 명호를 칭념하는 것은 중세 아시아에서 가장 보편적인 수행법 중의 하나가 되었다. 관세음보살은 중생들 앞에 11면, 33신, 천수천안, 백의白衣 등의 다양한 형태로 나타나 풍랑 등의 위기를 벗어나고 죄악을 소멸해 주며 득자 등의 절실한 소원을 이루어 준다고 믿어졌는데,[36] 그 신앙은 정토와 법화사상 및 화엄신

---

35 McBride, 앞의 책, p.46
36 11면관음과 천수관음에 대한 신라인들의 신앙에 대해서는 김영태, 「新羅의 觀音思想—三國遺事를 中心으로」, 『불교학보』 제13집 (서울: 동국대학교 불교문화연구원, 1979), pp.14~19 참조.

앙의 보급에 의해 확산되었다.[37]

　이러한 관음신앙은 삼국통일기 이후 신라에서는 위에서 다룬 미륵신앙보다 더 우위를 점하게 되었다. 여기에서 주의할 점은 미륵신앙의 경우와 마찬가지로 그것이 확산되었으리라 추정되는 7세기 초 무렵만 하더라도 관음신앙은 귀족층과 학승들에 의해 주도되었다는 사실이다. 예컨대 자장의 부친인 김무림이 아들을 얻기 위해 천부千部 관음 앞에서 발원했다는 기록이 『삼국유사』「의해」편 〈자장정률〉조에 나와 있다.

　「탑상」편의 〈민장사〉조는 구세자로서의 관음에 대하여 언급하면서, 경덕왕 대의 가난한 여인 보개가 집을 떠나 돌아오지 않는 아들 장춘을 위해 관음상 앞에 기도하자 바다에서 난파당한 아들이 기적적으로 돌아왔음을 전한다. 마찬가지로 경덕왕 대의 이야기인 〈분황사 천수대비 맹아득안〉조는 희명이 맹인이 된 어린 아이를 위해 분황사 관음도 앞에서 천 개의 눈을 가진 관세음보살에게 눈 하나를 보내줄 것을 기도하는 노래(〈도천수대비가〉)를 지어 그 소원을 이루었다고 전한다. 이 이야기들에서는 모두 고통의 당사자가 아닌 그를 대신한 가족의 원력이 효험을 발하였는데, 여기에는 대승불교의 공空(śūnya)사상에 입각하여 자타의 구분을 무화無化하고 자신이 쌓은 공덕을 타인에게 돌아가게 한다는 회향 개념이 내포되어 있다고 볼 수 있다. 또한 이러한 고사들은 앞에서 미륵신앙과 관련하여 살펴본 월명의 향가와 마찬가지로 신라인들이 자신의 원력을 고유의 언어로 표현하는 것을 범패만큼이나 효과적인 방편으로 간주하고 있음을 보여주는 것이다.

---

[37] 『삼국유사』의 관세음보살 관련 설화와 화엄사상과의 연관성에 대해서는 김영재, 「『三國遺事』「南白月二聖」條의『華嚴經』普賢行願思想」, 『한국사상과 문화』 제19집 (서울: 한국사상문화학회, 2003) 참조.

신라 불교의 종합적 특성

한편, 입당하여 지엄(602~668)으로부터 화엄 교학을 배워온 의상(625~702)에 의해 신라에는 화엄신앙과 관음신앙의 결합이 활발히 전개되었는데, 「탑상」편 〈낙산 이대성 관음정취 조신〉조는 10세기경 중국의 보타산이 관음성지로 각광받기 수 세기 전에 그가 신라의 낙산(오봉산)에서 7일 재계 후 염주를 받고 관음의 진신眞身을 만나 낙산사를 창건했음을 전하고 있다.[38] 여기에는 원효(617~686) 역시 그곳에 참배하러 오다가 월수백月水帛을 세탁하는 백의白衣의 여인을 보았지만, 이 여인이 마시라는 더러운 물을 버림으로써 결국 이 관음의 화신을 다시는 못 만나고 말았다는 고사가 이어진다.[39] 이는 위에서 언급한 관세음보살을 통해 신라 불국토설과 성속불이聖俗不二를 말하려는 것임을 알 수 있다. 그런데 이 이야기에서 의상은 7일간의 목욕재계 끝에 관세음보살의 진신을 보았다고는 하지만, 그 모습에 대한 자세한 묘사 대신 산꼭대기에 절을 지으라는 그의 명령만이 전해져 있다. 또 원효 역시 염染 · 정淨에 대한 분별을 버리지 못하여 그 진신을 끝내 보지 못하였다고 하였는데, 사굴산파의 조사인 범일에 대해서는 사뭇 다른 방식의 서술이 이어진다. 그는

---

38 의상과 원효의 활동 시기는 관음보살의 주처를 소백산(보타락가)으로 언급한 80권본 및 40권본 『화엄경』이 역출되기 이전이므로, 낙산과 관음을 연결하는 『삼국유사』의 기록은 다소 의심스럽다. 김영태, 앞의 논문, pp.13~14

39 여기에서 원효는 관음의 화신이 논에서 벼를 베는 여인으로, 우물가에서 빨래하는 여인으로, 그리고 "醍醐를 마다한 화상이여!"라고 외치며 날아간 파랑새로 세 차례나 化現했음에도 알아채지 못한 것으로 그려지고 있다. 그러나 김상현은 이 고사를 그가 관음의 화신과 농담을 주고받을 정도로 도력이 높았음을 강조한 것으로 해석한다. 김상현, 「『三國遺事』 元曉 關係 記錄의 檢討」, 『신라문화제 학술발표회 논문집』 제14집 (경주: 동국대학교 신라문화연구소, 1993), pp.202~203

처음에 왼쪽 귀가 없는 사미로부터 집을 지어달라는 부탁을 받았는데, 나중에 한 여인의 집에 사는 천진한 어린 아이의 놀이 상대인 금빛 동자의 왼쪽 귀가 떨어져 나간 것을 보고서 처음의 그 사미가 정취보살임을 알게 된다. 이러한 구도는 『삼국유사』의 찬자가 어떠한 삶을 진정한 의미의 대승적 보살도로 여겼는지를 암시해 준다. 조동일의 표현을 빌리자면 원효의 노선은 "비속한 것을 애써 찾아 숭고한 것을 파괴하고자" 하는 것이라면, 범일의 노선은 "있는 그대로의 상황을 아무런 전제나 의도 없이 인정"한 것이라고 할 수 있다.[40]

그러나 이러한 현실 긍정적인 사고방식은 어디까지나 선종의 영향력이 확대된 이후에 확산된 것이고, 신라의 일반 대중들은 고달픈 현실로부터 벗어나기를 갈구했다고 보는 것이 옳을 것이다. 신라 중대 이후로 아미타불은 그러한 원력의 주요 대상이 되었는데, 「감통」편의 〈욱면비 염불서승〉조와 〈광덕 엄장〉조는 이를 잘 보여준다. 아간 귀진의 노비였던 욱면이 주인을 따라 절에 가서 염불을 따라하자 귀진은 그에게 매일 많은 곡식을 하룻저녁에 다 찧게 하여 그의 신행을 방해하였다. 그러나 욱면은 이러한 탄압에도 불구하고 "뜰의 좌우에 긴 말뚝을 세우고 두 손바닥을 뚫어 합장하였다."고 전해진다.[41] 이처럼 극한 상황에서 조금도 게으름을 피우지 않고 정진한 결과 그는 몸이 하늘로 솟아 그대로 진신眞身으로 변했다고 하며, 이어지는 〈광덕 엄장〉조에서 욱면은 정결

---

40 조동일, 「삼국유사 불교설화와 숭고하고 비속한 삶」, 영남대 민족문화연구소 편, 『三國遺事硏究』上 (서울: 일지사, 1975), pp.123~124
41 조동일은 이 상황을 주제넘게 스님을 따라 염불하는 노비를 억압하기 위해 그가 합장을 하지 못하게 한 상황을 가리키는 것이라고 해석한다. 그러나 욱면의 그러한 행동은 그가 자발적으로 졸음을 쫓기 위해 행한 것으로 볼 수도 있다. 조동일, 위의 논문, p.132 참조.

을 지킨 광덕의 처로 등장한다. 여기에서 광덕과 엄장 두 사람의 신분은 사문이라고 전해지지만, 신을 삼거나 농사를 지으며 처자를 거느렸다는 말로 보아 당시의 평민층을 가리킨다고 보아야 할 것이다. 이들이 염불 수행에 전념했다는 것은 생계에 바쁜 일반민들에게 칭명염불稱名念佛이라는 '이행도易行道'를 권했기 때문이라고도 할 수 있다.42

여기에서 신라인들에게 이들 여러 불보살들은 결코 배타적으로 수용되지 않았음에 주목해야 한다. 이러한 사실은 앞에 언급한 〈낙산 이대성 관음정취 조신〉에 실린 조신의 설화에 잘 나타나 있다. 조신이 관음상 앞에 기도하였다가 꿈을 꾸고, 꿈에 자신의 아이를 묻은 자리에서 돌미륵을 발견하고서 정토사(아미타 신앙)를 세웠다는 기록은 신라 불교 신앙의 종합적(syncretic) 속성을 잘 보여준다고 할 수 있다.

Ⅳ. 고려 이후 원력의 양상

국가 종교로서의 고려 불교

신라 말기에는 정치적 혼란을 겪으면서 불교의 국가 종교로서의 기능도 쇠퇴하게 되지만,43 스스로 미륵의 화신임을 자처한 후고구려(태

---

42 김영미는 광덕과 엄장을 隨院僧徒로 보면서도, 그들이 실제로 수행했던 것은 『관무량수경』에 제시된 16觀法 중의 하나인 칭명염불이었다고 주장한다. 그에 따르면 이 수행법은 원효와 경흥 등 신라의 학승들이 권장한 것이다. 김영미, 「『三國遺事』 感通篇 「廣德嚴莊」조와 阿彌陀信仰」, 『신라문화제 학술발표 논문집』 제32집 (경주: 동국대학교 신라문화연구소, 2011), pp.193~194

43 고익진은 당시 교학의 쇠퇴와 九山禪門의 성립이 지방 호족 세력의 성장과 밀접

봉) 궁예의 사례에서 알 수 있듯이 여전히 불교는 국가권력을 정당화하는 기능을 유지하고 있었다.⁴⁴ 궁예의 휘하에 있었던 왕건(태조, 918~943 재위)은 후삼국을 통일하고 고려를 개국하면서 대외적으로 고구려의 계승을 표방하는 한편, 대내적으로는 신라의 전통을 유지 내지 보완하려 하였다. 이것은 그가 이전 왕조의 이데올로기인 불교를 그대로 유지하고 신라에서 유래한 불교 행사인 팔관회를 고려 사회에 널리 장려한 데에서 알 수 있다.⁴⁵ 특히 연등회와 팔관회의 설행設行은 그의 「훈요십조」 중 제6조에서 그의 "지극한 바람(朕所至願)"으로서 명기되어 있다.⁴⁶ 이러한 태조의 호불護佛에의 원력은 고려 초기의 여러 국왕들에게 계승되었는데, 예컨대 정종(945~949 재위)은 개국사에 부처의 사리를 봉안하고 큰 사찰들에 불명경보를 두어 불법을 배울 것을 권하였다.⁴⁷

태조는 또한 국왕 개인의 종교적 문제에 대해 자문을 구하고 국가의 상징적인 정신적 지도자를 세우기 위해 왕사王師와 국사國師를 임명하였다. 이후 고려의 국왕들은 즉위하면서 왕사로부터 대개 보살계를 받았는데, 이를 통해 자신의 왕권이 신성한 것임을 과시할 수 있었다. 이처럼 고려의 왕실은 불교의 종교적 권위를 인정하면서도, 다른 한편으로 비보裨補사찰을 지정하여 사찰의 수를 제한하는 등 종교의 영역을 정

한 연관을 가졌다고 간주하였다. 고익진, 『한국의 불교사상』 (서울: 동국대학교출판부, 1987), p.30. 그러나 Vermeesch는 호족 세력과 선문은 그다지 유기적인 연관을 가지지 못했고 신라 왕실은 오히려 선종 사찰들을 후원하여 국가의 파편화 (fragmentation)를 막으려 했다고 지적한다. Vermeesch, 앞의 책, p.70

44 Vermeesch, 위의 책, p.73
45 Vermeesch, 위의 책, p.85
46 『高麗史』卷2, 太祖 26년 4월
47 『高麗史』卷2, 定宗 원년 1월; Vermeesch, 앞의 책, pp.264~265

치의 영향력 아래에 두려는 태도를 보이기도 하였다.[48] 그러나 고려시대의 사찰들이 국가로부터 위탁받은 토지 외에 사유지를 가지고 있었던 것처럼, 직접 왕실과 관련되지 않은 사찰들도 존재하고 있었던 점에 주의해야 한다. 특히 원찰願刹이라고 불리는 이러한 사찰들의 창건에는 고려 귀족들의 원력이 나타나 있다.

예컨대 최승로(927~989)의 손자이자 문하시중이었던 최제안(?~1046?)은 신라 말 폐허가 된 천룡사를 중수하면서 국왕의 장수와 국태민안을 발원하였는데, 이 절에 기존의 승려들이 아닌 새로운 고승이 주석할 것을 희망하였다. 아울러 그가 이 사찰의 수호신이 되었다는 『삼국유사』의 기술로 보아 그에게 있어서 이 절은 자신을 위한 원찰로 기능했음을 알 수 있다.[49] 이러한 경향은 김부식(1075~1151)의 아들 김돈중(?~1170)이 관란사를 중수하면서 의종(1146~1170 재위)을 위해 축원하였다는 기록을 통해서도 확인된다.[50] 무신 정권 이후에는 이러한 원찰이 보다 많이 생겨났는데 명종(1170~1197 재위) 대의 김영의(생몰년 미상)가 소림사를 중수하고, 최항(?~1024)이 자신의 집을 사원처럼 꾸미고, 이승휴(1224~1300)가 암자로 은거하여 승려들에게 공양했다는 기록 등도 모두 이와 관련된다. 이러한 사찰은 몽고 지배기에는 귀족층뿐만 아니라 왕실에 의해서도 공공연히 건립되었는데, 특히 충선왕(1308~1313 재위)은 퇴위 후 몽고에 원당을 건립하였다고 한다.[51]

한편, 개성의 봉은사는 고려 태조의 초상을 모시고 왕실 제사를 거행

---

48 Vermeesch, 위의 책, p.304
49 Vermeesch, 위의 책, p.306
50 『高麗史』卷98, 「金富軾」
51 Vermeesch, 앞의 책, pp.309~310

하는 장소(眞殿)로서 중요한 역할을 수행했는데, 광종(949~975 재위)을 비롯한 여러 국왕들이 300회 이상이나 방문하였고 특히 인종(1122~1146 재위)은 가뭄 해소를 위해 기도하던 중 이 사찰을 방문하였다고 한다.52 고려의 국왕들이 조상 숭배를 위해 세운 사찰들(이른바 '진전사원')은 그밖에도 현화사, 흥왕사, 천수사 등이 있는데, 특히 봉은사에는 태조의 진영이 안치되어 있고 일관日官 등이 그 앞에서 신탁神託을 구하는 일이 있었던 것으로 보인다.53

고려 불교의 국가적 성격을 가장 잘 보여주는 것은 무엇보다도 팔만대장경의 판각과 관련된 고려인들의 원력일 것이다. 대장경의 판각과 사경寫經은 무엇보다도 거란과 몽고 침략이라는 국난을 극복하려는 원력에서 행해졌으리라 생각되지만, 건강을 회복하고 집안의 대를 잇거나 또는 국왕이 장수하고 국가가 번영하기를 기원하는 등 다양한 내용의 발원문이 경판에 부기된 점으로부터 개인적 신앙적 행위의 측면도 살펴볼 수 있다.54 그러나 스스로를 '보살계 제자'라 밝힌 강감찬(948~1031)이 홍국사 석탑에 남긴 "우리나라가 영원히 태평하며 먼 곳과 가까운 곳이 항상 평안하기(邦家永泰遐邇常安)"를 기원한 글은 이 시기(현종 대) 고려인들의 원력의 가장 전형적인 사례로 보아야 할 것이다. 대장경의 판각은 한편으로는 고려라는 국가를 건립하고 보호해 주었던 유형의 불교적 상징들이 전란으로 파괴된 가운데 무형의 부처의 말씀을 보존할 수 있는 유일한 수단이었기에 촉발되었다고도 할 수 있을 것이며, 이는 고려의 국왕이 법의 수호자 역할을 하고 있다는 사실을 대외적으로 선전하는

---

52 『高麗史』卷16, 仁宗 11년
53 Vermeesch, 앞의 책, p.348
54 Vermeesch, 위의 책, p.354

수단으로서의 역할도 수행했을 것이다.[55]

수륙재와 조선 왕실의 원력

조선의 태조(1392~1398 재위)와 개국 공신들은 고려의 쇠퇴가 과도한 불교의례와 연관되었다고 보고 숭유억불 정책을 시행하였다. 그러나 고려가 신라의 정치 및 종교 체계와 완전히 단절하지 않았던 것처럼 조선 역시 개국 초기에는 고려 왕실의 불교 전통을 이어받았다. 특히 9세기 후반부터 중국에서 널리 설행된 수륙재水陸齋는 10세기 말에는 고려에서도 시행되었고, 13세기에는 모든 중생들의 구제를 위한 목적으로 행해져 이색(1328~1396)과 같은 유학자가 참여하기도 하였다.[56] 이 의례는 고려 말에는 왕실 조상들의 넋을 달래기 위한 추모제의 성격으로 변모해 갔으며, 조선 초에는 한강 주변에 3단으로 된 제단을 세우고 최하단부에 왕실 조상들의 신주를 모시기도 하였다. 중국의 수륙재가 2단으로 된 제단을 세우고 강가에서 행해지지 않았던 것과 달리 고려 말부터 시작한 한국의 수륙재는 3단의 제단을 세우고 강가에서도 행해졌다는 점은 특기할 만하다.[57] 특히 태조는 수륙재를 1년에 2회씩 행하도록 명하였는데, 이는 그가 고려 왕실의 수많은 정적들을 제거하고 권력을 잡았던 일과 재위 3년째인 1394년에 반란 모의를 이유로 왕씨 성을 가진 모든 남성들을 살해한 사건과 관련된다. 그는 자신의 학살로 인해 후손이

---

55 Vermeesch, 위의 책, p.364
56 Choi Mihwa, "State Suppression of Buddhism and Royal Patronage of the Ritual of Water and Land in the Early Chosŏn Dynasty," *Seoul Journal of Korean Studies* Vol. 22, No. 2 (Seoul: The Kyujanggak Institute for Korean Studies, 2009), pp.184~186
57 Choi, 위의 논문, pp.188~189

끊겨 제사를 못 지내게 된 왕씨의 자손들을 위하여 제사를 모셔준다는 명목으로 사회적 통합을 시도했던 것이다. 그는 이후 두 차례의 왕자의 난(1398, 1400)을 통해 자식들을 잃는 개인적인 비극을 겪으면서 수륙재를 비롯한 불교의례에 더욱 몰두하게 되었다. 세조(1455~1468 재위) 또한 자신의 왕위 찬탈로 죽게 된 이들의 영혼을 달래는 수단으로 수륙재를 활용하였다.[58]

태종(1400~1418 재위) 대에는 왕권을 불교에 의지하지 않고도 정당화할 수 있었기에 『주자가례』를 보급하는 등 유교적 이념을 확산하는 데 주력하였다. 그러나 여전히 기우제나 기양제祈禳祭 등 비유교적인 의례도 성행하였으며, 왕실에 우환이 있을 때에는 불교적 의례인 수륙재를 시행하기도 하였다. 세종(1418~1450 재위)은 불교계를 선종과 교종 양종으로 통합하고 재앙을 쫓기 위한 여러 불교의례들을 수륙재로 간소화하긴 하였지만, 다음 왕인 문종(1450~1452 재위) 대까지만 하더라도 백성의 이익을 위한다는 명분 아래 불교와 유교 중 한쪽만을 배타적으로 숭배하는 태도를 취하지는 않았다. 반불교적 정책이 전면적으로 시행된 것은 성종(1469~1494 재위) 대인데, 이는 왕실이 먼저 '이단'인 불교를 배척하는 모범을 보여야 한다는 유학자들의 지속된 건의가 받아들여졌기 때문이다. 그리하여 16세기 중반 이후부터 조선의 왕실은 공식적으로 불교의례를 폐지하게 되었다. 그러나 개별적인 사찰을 중심으로 수륙재 등 불교의례에 관한 서적들과 경전들이 지속적으로 출간됨으로써 불교의 명맥은 계속 유지되었다.[59]

---

58 Choi, 위의 논문, pp.191~194
59 Choi, 위의 논문, pp.205~213

원력으로서의 한국불교

앞에서 살펴본 것처럼 신라 불교도들의 신앙 양태는 국가적으로는 화랑을 구하여 정복 전쟁을 수행하고, 개인적으로는 불보살을 만나 자신의 수행을 검증받거나 자식을 얻고 가족의 안위를 보장받으려는 원력이 중심이 된다. 이는 지혜의 완성과 보편적 중생 구제라는 이상적인 대승 보살의 원력과는 거리가 멀어 보일 수 있으나, 그 원력을 일으킨 주체가 왕실 및 엘리트 학승들을 포함한 귀족층이 대다수였고 그들의 행위가 대승불교의 공과 회향 개념에 기반하고 있다는 점에 주의해야 한다. 따라서 신라인들의 원력은 단지 왕실과 귀족층의 세속적 욕망이 불교라는 외피를 통해 표출된 것이라고만 단정할 수는 없을 것이다. 또 불교의 수용을 통해 무속적 세계관이 가지는 한계를 극복하고 누구라도 자신의 종교적 소망을 달성할 수 있다는 희망을 가지게 되었다는 점과 그러한 원력을 향가를 통해 그들 자신의 언어로 주체적으로 표현했다는 점은 높이 평가해야 할 것이다.

고려인들의 원력은 건국 초기에는 원활한 왕조 교체에 크게 기여한 기존의 불교계를 우대하면서 불교를 통해 국가를 융성하게 하는 것을 목표로 하였다고 할 수 있다. 이후 그 양상은 거듭되는 외침과 무신난 등의 혼란을 겪으면서 국가의 재건을 지향하는 한편으로 개인적 안온을 추구하는 방향으로 전개되었다. 전반적으로 고려시대에는 불교와 국가 권력 간의 관계가 보다 밀접해지면서 원력 역시 국가적 차원에서 전개되는 경향이 있었다고 할 수 있다.

조선 초기의 국왕들은 무력에 의한 정권 교체 과정에서 발생한 희생

자들을 달래고 자신의 과오를 참회하는 차원에서 수륙재를 비롯한 불교의례에 의지하였는데, 비록 고려시대처럼 대규모의 행사는 아니었지만 이들 의례에도 사회의 통합과 국왕 개인의 심리적 평화를 추구하는 원력이 깃들어 있다고 할 수 있다. 비록 유학자들의 지속적인 폐불廢佛 건의로 인해 나중에는 이러한 의례가 축소되고 불교 사원도 위축되고 말았지만, 조선 전기까지 비교적 종교적 다원주의가 유지된 것은 고려 초기와 마찬가지로 불교의례가 가지는 사회 통합적 기능을 왕실이 적절히 활용한 데에 따른 것이라고 할 수 있다. 이는 중국의 수륙재가 무주고혼無主孤魂을 달래기 위한 불교적 의례 고유의 성격이 강한 반면, 한국의 수륙재는 선왕先王의 넋을 기리고 국가의 안위를 기원하는 행사로 변용된 점과도 관련이 있다.

따라서 한국불교사는 국가적 차원이 되었든 개인적 차원이 되었든 '원력'을 중심으로 전개되었다고 할 수 있다. 그리고 그 과정에서 승려와 귀족이 국가와 사찰의 수호신이 된다거나 고려 태조처럼 평민들의 발원의 대상이 된다거나 또는 조선의 수륙재처럼 기존의 불교의례에 선왕의 넋을 기리는 내용을 포함하는 등 창조적 변용이 일어난 점에 주목해야 할 것이다. 특히 거란과 몽고의 침략과 같은 거국적 위기 상황에서 안온을 향한 개인의 원력과 호국과 호법을 위한 국가의 원력이 상승작용을 일으켜 팔만대장경을 판각한 것은 한국불교의 독특한 국가적 전개 사례로 특기해야 할 것이다.

| 부록 |

도표 1. 『삼국유사』의 원력 관련 기사[60]

권수 편명	條 名	祈願의 주체와 대상	祈願의 내용	비 고
권1, 「기이」	〈제4 탈해왕〉	탈해왕 부친→불분명	得子, 건국	[4]탈해왕, 용의 보호
〃	〈연오랑 세오녀〉	왕실→하늘	기상이변 극복	[8]아달라왕, 일본 건국
〃	〈미추왕 죽엽군〉	미추왕→자기 자신	외침 극복; 국정 안정(김유신의 원혼 위무)	[14]유리왕('유례왕'의 오기?); [36]혜공왕
〃	〈태종 춘추공〉	김유신→성부산 신	외침(고구려) 극복	[29]무열왕
권1, 「기이」	〈장춘랑 파랑〉	장춘랑, 파랑→자기 자신	외침(당나라) 극복	[29]무열왕
권2, 「기이」	〈문호왕 법민〉	명랑→부처, 神衆; 문무왕→자기 자신	외침(당나라) 극복; 불법 수호, 호국	[30]문무왕, 용, 문두루비법
〃	〈만파식적〉	신문왕→용왕(문무왕)/ 천신(김유신)	호국의 보배 획득	[31]신문왕
〃	〈효소왕대 죽지랑〉	술종공→(돌)미륵	得子	[32]효소왕, 〈모죽지랑가〉
〃	〈경덕왕 충담사 표훈대덕〉	충담→미륵; 표훈→하늘	내용 미상(호국?); 왕의 得子	[35]경덕왕, 〈안민가〉

---

60 도표 안의 세미콜론(;)은 병렬되는 이야기들의 시대나 주제 등을 구분하기 위한 것이며, 왕명 앞의 숫자는 그가 신라의 몇 번째 왕인지를 나타낸다. 괄호 안에 기원의 주체와 대상을 나타낸 것은 그 원력의 주체가 신라인이 아님을 의미하며, 통계 분석에서 제외하였다. 또 이 도표는 『삼국유사』 본문에 발원의 목적과 대상이 비교적 분명히 드러난 부분만을 추출하여 작성한 것으로, 그것이 암시적으로 언급된 기사까지 포함할 경우 본 텍스트에서 '원력'이라는 주제가 차지하는 비중은 더 늘어날 것이다.

권수 편명	條 名	祈願의 주체와 대상	祈願의 내용	비 고
〃	〈처용랑 망해사〉	헌강왕→동해 용	역신의 퇴치	[49]헌강왕, 〈처용가〉
〃	〈진성여대왕 거타지〉	왕거인→하늘; 신라 국민→부처	국정 안정(외척의 실각); 〃	[51]진성여왕, 다라니
〃	〈경애왕〉	왕실→부처	내용 미상(호국?)	[55]경애왕, 황룡사, 백좌도량
권3, 「흥법」	〈아도기라〉	아도→부처	興佛, 사찰 건립	[13]미추왕
〃	〈원종흥법 염촉멸신〉	법흥왕→부처	興佛, 成佛	[23]법흥왕, 이차돈
권3, 「탑상」	〈황룡사 장육〉	(아육왕→부처); 자장→오대산 문수	(장육존상 조성); 現身授記	[24]진흥왕; [27]선덕여왕
〃	〈황룡사 구층탑〉	신인(용)→자기 자신	호법, 호국, 황룡사탑 조성	[27]선덕여왕
〃	〈생의사 석미륵〉	생의→(돌)미륵	사찰 건립	[27]선덕여왕
〃	〈흥륜사 벽화 보현〉	제석천왕→자기 자신	사찰 벽화(보현상) 안치	[54]경명왕
〃	〈삼소관음 중생사〉[61]	(중국 천자→畫工); 최은함→관음	(신라 흥불, 대비상 조성); 得子(최승로)	연대 미상; [55]경애왕
〃	〈백률사〉	부례랑 부모→관음	아들(부례랑)의 생환, 국보의 반환	[32]효소왕
〃	〈민장사〉	보개→관음	아들(장춘)의 생환	[35]경덕왕

---

61 여기에는 고려 성종 11년(992) 중생사의 승려였던 성태가 대비상 앞에서 기도함으로써 사찰 재정 문제를 해결한 이야기와 고려 명종 3년(1173) 같은 절의 승려였던 점숭이 자신의 지위를 빼앗기자 관음의 대리인인 儼依天使에게 기도하여 그 자리를 보존한 이야기도 실려 있다.

권수 편명	條名	祈願의 주체와 대상	祈願의 내용	비 고
〃	〈미륵선화 미시랑 진자사〉	진자→미륵	화랑 출현	[25]진지왕
〃	〈남백월이성 노힐부득 달달박박〉	노힐부득→미륵 달달박박→아미타	보살 친견, 성불	[33]성덕왕
〃	〈분황사 천수대비 맹아득안〉	희명(母?)→관음	得眼	[35]경덕왕, 〈도천수대비가〉
〃	〈낙산 이대성 관음 정취 조신〉	의상, 원효→관음; 범일→정취; 조신→관음	眞身 친견; 〃 ; 사랑의 결실	연대 미상; [46]문성왕; 연대 미상
〃	〈대산 오만진신〉	자장→문수; 보천/효명태자→불보살	진신 친견, 사탑 건립	[27]선덕여왕; [33]성덕왕
〃	〈남월산〉	전지성→(돌)미륵	부모의 명복, 사찰 건립	[33]성덕왕
〃	〈무장자 미타전〉	계화왕후→아미타	국왕의 명복	[39]소성왕 사후
권4, 「의해」	〈원광서학〉	不詳 평민(?)→원광; 원광→삼가산 신(여우)	得子; 진신 친견	원광 사후; [26]진평왕
〃	〈보양이목〉	서해 용→보양	호법, 사찰 건립, 후삼국 통일	신라 말
〃	〈이혜동진〉	혜공→자기 자신	사탑의 보호	[27]선덕여왕
〃	〈자장정률〉	김무림→관음	得子	[26]진평왕
〃	〈진표전간〉 〈관동풍악발 연수석기〉	진표→지장; 진표→미륵	淨戒 受持; 簡子 및 『점찰경』受持	[34]효성왕; [35]경덕왕
〃	〈심지계조〉	심지→지장	淨戒(簡子) 受持	[41]헌덕왕
〃	〈현유가 해화엄〉	대현→미륵; 대현→불보살 (『금강경』)	진신 친견?(존상의 轉面); 가뭄 해소	[35]경덕왕

권수 편명	條 名	祈願의 주체와 대상	祈願의 내용	비 고
권5, 「신주」	〈밀본최사〉	밀본→불보살 (『약사경』)	왕의 치병	[27]선덕여왕
〃	〈혜통항룡〉[62]	혜통→부처	왕의 치병(신충의 解冤)	[31]신문왕
〃	〈명랑신인〉	명랑→부처	당나라 군사 격퇴	[30]문무왕, 문두루비법
권5, 「감통」	〈선도성모 희수불사〉	선도산 신모→부처	비구니 지혜의 佛殿 수축 도움	[26]진평왕
〃	〈욱면비 염불서승〉	욱면→아미타	왕생, 성불	[35]경덕왕
〃	〈광덕 엄장〉	광덕, 엄장→아미타	왕생, 성불	[30]문무왕, 욱면=광덕妻, 〈원왕생가〉
〃	〈경흥우성〉	경흥→관음; 경흥→문수	경흥의 치병; 문수 친견	[31]신문왕, 11면 관음
〃	〈월명사 도솔가〉	월명→미륵; 월명→미타	기상이변(정변) 극복; 누이의 왕생	[35]경덕왕, 〈도솔가〉; 〈제망매가〉

---

62 『삼국유사』는 혜통을 선무외 삼장(637~735)의 제자로 서술하지만, 그의 활동 시기는 7세기와 8세기 중에서 확정짓기 어렵다. 정병삼, 앞의 논문, pp.11~13

| 참고문헌 |

Choi Mihwa. "State Suppression of Buddhism and Royal Patronage of the Ritual of Water and Land in the Early Chosŏn Dynasty," *Seoul Journal of Korean Studies* 22 (Seoul: The Kyujanggak Institute for Korean Studies, 2009)

McBride, Richard D. II. *Domesticating the Dharma: Buddhist Cults And the Hwam Synthesis in Silla Korea*. Honolulu: University of Hawaii Press, 2008.

Vermeersch, Sem. *The Power of the Buddhas: The Politics of Buddhism during the Koryŏ Dynasty (918 ~ 1392)*. Cambridge and London: Harvard University Asian Center, 2008.

김영미, 「『三國遺事』感通篇「廣德嚴莊」조와 阿彌陀信仰」, 『신라문화제 학술발표회 논문집』제32집 (경주: 동국대학교 신라문화연구소, 2011)

김영재, 「『三國遺事』「南白月二聖 條」의 『華嚴經』 普賢行願思想」, 『한국사상과 문화』제19집 (서울: 한국사상문화학회, 2003)

남동신, 「新羅 中古期 佛敎治國策과 黃龍寺」, 『신라문화제 학술발표회 논문집』제22집 (경주: 동국대학교 신라문화연구소, 2001)

이도흠, 『신라인의 마음으로 삼국유사를 읽는다』 (서울: 푸른역사, 2000)

정병삼, 「『삼국유사』神呪편과 感通편의 이해」, 『신라문화제 학술발표회 논문집』32집 (경주: 동국대학교 신라문화연구소, 2011)

조동일, 「삼국유사 불교설화와 숭고하고 비속한 삶」, 영남대 민족문화연구소 편, 『三國遺事硏究』上 (서울: 일지사, 1975)

한보광, 「불교에서 願의 문제」, 『정토학연구』제10집 (서울: 한국정토학회, 2007)

사전 寺田

박광연

I. 사전이란 무엇인가

　불교 교단과 소유물/ 사전에 대한 견해들

II. 신라시대 사전의 형성

　사전의 형성/ 사원의 전장田莊/ 국가와 사전

III. 고려시대 사전의 제도화

　전시과와 사전/ 수조지인가 소유지인가/ 사전의 농장화

IV. 조선시대 사전의 축소

　사원정리책의 영향/ 왕실의 사전 운영/ 승려 소유 사전의 증가

■ 권력과 사전寺田

I. 사전이란 무엇인가

불교 교단과 소유물

출가出家가 중심이었던 인도 초기의 불교 교단은 생산이나 경제활동을 엄격하게 금지하였다. 버려진 천으로 만든 분소의糞掃衣를 입고, 항상 걸식乞食을 행하고, 나무 밑이나 수풀 등 지붕이 없는 야외에서 자고, 소의 오줌을 발효시켜서 만든 진기약陳棄藥을 사용하는 것이 출가자의 이상적 생활 원칙이었다. 이는 과도한 욕망을 억제하고 소욕지족小欲知足을 실현하기 위해서였다. 생활은 전적으로 재가신자在家信者의 보시에 의존하였다.[1] 그러나 시간이 흐를수록 점차 승려들을 수용하는 사원의 건설이 늘어나면서 매일매일 식생활, 의생활의 소비에 상당한 재력이 필요해졌다. 5~7세기의 「근본설일체유부율根本說一切有部律」이나 불교도의 비문들을 보면, 불교 교단의 재산에 대한 태도가 나타난다. 개별 승려의 종교상의 지위가 그의 물질적 소유물의 양에 비례하는 것은 당연시되었고, 불교 교단이 화려한 복장과 미술작품을 사람들에게 보여주는 것을 경건하게 생각하였다.[2]

동아시아에 전래된 불교는 일찍부터 왕을 비롯한 지배층의 지지를 받았다. 그에 비례하여 출가 승려들도 증가하였고, 그들이 머무는 공간

---

[1] 森章司, 『初期佛教教團の運營理念と實際』(東京: 國書刊行會, 2000), pp.488~489
[2] Gregory Schopen, 小谷信千代 譯, 『大乘佛教興起時代インドの僧院生活』(東京: 春秋社, 2000), pp.148~149, 162~163

인 사원寺院도 증가하였다. 사원은 출가 승려들이 계율戒律을 지키며 생활하는 공간이자 수행 공간이었고, 불상佛像이나 탑塔을 모셔두고서 붓다에게 예배하는 의식을 행하고 재가신자들에게 붓다의 말씀을 전하는 공간이었다. 승려들이 생활을 영위하고 의식을 개최하기 위해서는 재원財源이 필요하기 마련인데, 사원 경제의 가장 큰 비중을 차지한 것이 토지였다.[3] 시주받은 토지, 국가로부터 분급받은 토지, 사원 스스로 매입한 토지 등 사원이 소유하였거나 빌려 사용한 토지들을 사전寺田[4]이라고 한다.

고대 동아시아에서 사원은 국가(왕실)와 귀족들의 힘의 우열 관계에서 중요한 역할을 담당하였다. 귀족들은 사원에 토지를 시납 또는 투탁하는 방식으로 국가의 역役이나 세稅를 피하려 하였고, 사원은 그 회피처를 제공하였다.[5] 그러므로 사전 운영은 단순히 불교계 내부의 문제가 아니며 불교를 수용한 국가의 사회 세력 간 관계를 살펴볼 수 있다는 점에서 중요하다.

동아시아에서 사전은 불교 세력의 사회적 위상을 대변해 준다고 말할 수 있다. 동아시아의 다른 나라들과 마찬가지로 한국도 일찍이 불교를 받아들였다. 삼국시대에 전래된 불교는 한국 사회의 정치, 경제, 예술, 신앙 등 여러 방면에 영향을 미쳤다. 왕권의 정당성을 뒷받침해 주는 이데올로기 역할도 하였고, 일반민들의 힘들고 고된 일상에 의지처가 되기도 하였다. 그러면서 불교 교단의 사회적 지분이 확대되어 갔고,

---

3 케네스첸, 장은화 역, 『중국인의 삶과 불교의 변용』 (서울: 씨아이알, 2012), pp.128~156
4 사전은 寺田과 私田으로 혼동될 수 있는데, 이 글에서 한자를 병기하지 않은 사전은 모두 寺田에 해당하고, 私田의 경우 반드시 한자를 병기하였다.
5 道端良秀, 『中國佛敎社會經濟史の硏究』 (京都: 平樂寺書店, 1983), p.50

사전은 불교 교단과 흥망성쇠를 같이하였다.

이 글의 목적은 한국 사회에서의 불교의 위상을 사전을 통해 설명하고자 하는 데 있다. 한국사 속에서의 사전의 전개 양상을 '종교와 국가'라는 관점에서 시대 순으로 정리해 보도록 하겠다.

사전에 대한 견해들

사전에 대한 이해는 사회경제사 특히 토지제도사 연구에 의존할 수밖에 없다. 그런데 토지제도에 대한 학계의 통설이 정립되지 않은 것 같다. 때문에 사전에 국한하여 선행 연구들이 어떻게 진행되어 왔는가를 개략적으로 소개하고자 한다.

한국사에서 사전寺田에 대한 연구는 토지제도에 대한 관심 속에서 1930년부터 시작되었는데, 토지국유론土地國有論의 관점에서 사전은 모두 면조지免租地라고 규정하였다.[6] 해방 이후 고려시대를 중심으로 사전의 형성 과정에 대한 검토가 주를 이루었다.[7] 그러다 기존의 '사전=면조지'라는 통설에 대한 의문이 제기되었고,[8] 이후 사전의 성격에 대한 구분이 시도되었다. 먼저 국왕의 시납에 의한 시납전施納田, 개간·매입

---

6 旗田巍,「高麗朝における寺院經濟」,『史學雜誌』43~5 (東京: 富山房, 1932); 白南雲,『朝鮮封建社會經濟史(上)』(東京: 改造社, 1937).

7 劉敎聖,「高麗寺院經濟의 性格」,『(白性郁博士頌壽記念) 佛敎學論文集』(서울: 동국대학교, 1959); 李載昌,「麗代 寺院領 擴大의 硏究」,『불교학보』2 (서울: 불교문화연구원, 1964);『高麗寺院經濟의 硏究』(서울: 아시아문화사, 1976); 閔丙河,「高麗時代 佛敎界의 地位와 그 經濟」,『成大史林』1 (서울: 성균관대학교사학회, 1965).

8 崔森燮,「高麗時代 寺院財政의 硏究」,『白山學報』23 (서울: 백산학회, 1977).

등에 의한 순수 사유지私有地, 수조지收租地인 장莊·처전處田으로 구분하였다.⁹ 이와 달리 사원은 모든 사전에 대해 소유자로서 권리를 행사하였고, 전호佃戶(소작인)를 두고서 직영直營하거나 탁영托營하였다는 견해도 제기되었다.¹⁰ 이상의 연구를 토대로 고려시대 사전이, 중세 사회 토지제도의 성격상 수조지와 소유지로 구분된다는 사실에 공감대가 형성되었다. 이후로는 사전의 소유지로서의 성격을 강조한 연구¹¹와 토지의 사적 소유권을 인정한 위에 수조지로서의 성격을 강조한 연구¹²로 대별된다고 할 수 있다. 그밖에 통도사通度寺, 운문사雲門寺 등 개별적인 사례가 검토되기도 하였다.¹³

---

9 姜晉哲,「私田支配의 諸類型~寺院田」,『高麗土地制度史硏究』(서울: 高麗大學校出版部, 1980)

10 金潤坤,「麗代의 寺院田과 그 耕作農民」,『민족문화논총』2·3 (경산: 영남대학교 민족문화연구소, 1982)

11 裵象鉉,「高麗後期 寺院田의 性格과 耕作農民」,『韓國上古史學報』10 (韓國上古史學會, 1992);『高麗後期寺院田硏究』(서울: 國學資料院, 1998); 金炯秀,「高麗前期 寺院田 經營과 隨院僧徒」,『한국중세사연구』2 (경산: 한국중세사학회, 1995)

12 李炳熙,「高麗前期 寺院田의 分給과 經營」,『韓國史論』18 (서울: 서울대 국사과, 1988);『高麗時期 寺院經濟 硏究』(서울: 경인문화사, 2009)

13 武田幸男,「高麗時代における通度寺の寺領支配」,『東洋史硏究』25-1 (京都: 京都大學內東洋史硏究會, 1966); 安日煥,「고려시대 통도사의 寺領支配에 대한 一考」,『부산대학교 교양과정부논문집』4 (부산: 부산대학교, 1974); 이인재,「『通度寺誌』「寺之四方山川裨補篇」의 분석-신라통일기·고려시대 사원경제의 한 사례」,『역사와 현실』8 (서울: 한국역사연구회, 1992); 고려시대 사전과 관련하여 다음 논문들도 참고가 된다. 柳正秀,「高麗 寺院田 연구」,『중앙사론』7 (서울: 중앙대학교 중앙사학연구소, 1992); 李相宣,「고려 사원 경제에 대한 고찰」,『숭실사학』1 (서울: 숭실사학회, 1983);『高麗時代 寺院의 社會經濟硏究』(서울: 誠信女子大學校出版部, 1998)

1970년대 후반부터 조선시대 사전에 대한 연구도 본격화되었다.[14] 조선 전기의 사원에 대한 정책 속에서 사전의 변화와 그 의미를 설명하는 데 초점이 맞춰져 있다. 조선 후기에 대해서는 아직까지 체계적인 분석이 이루어지지 않았고, 승려의 사유재산으로서의 사전, 사찰계寺刹契나 왕실 원당願堂의 경제적 측면으로서의 사전 등을 다루고 있는 정도이다.[15] 1990년대에는 신라의 사전, 특히 전장田莊(대토지)에 대한 논의도 진행되었다. 전장제를 국가의 토지 경영 방식의 하나로 인정하고서, 그 구조와 경영상의 특징을 밝히고자 하였다.[16] 이상과 같이 사전에 대한 연구는 대체로 토지제도 연구와 맥락을 같이하였다.

---

14 有井智德, 「李朝初期の收租地として寺社田」, 『朝鮮學報』 81 (奈良: 天理大學朝鮮學會, 1976); 「李朝初期の私的土地所有として寺社田」, 『旗田巍古稀記念朝鮮歷史論集(上)』 (東京: 龍溪書舍, 1979) 金甲周, 『朝鮮時代 寺院經濟 硏究』 (서울: 同和出版公社, 1983); 『조선시대 사원경제사 연구』 (서울: 경인문화사, 2007); 송주환, 「조선 전기의 사원전-특히 왕실 관련 사원을 중심으로」, 『한국사연구』 79 (서울: 한국사연구회, 1992); 『朝鮮前期 王室財政 硏究』 (서울: 집문당, 2000); 李炳熙, 「조선 초기 사원전의 정리와 운영」, 『전남사학』 7 (광주: 전남사학회, 1993); 裵象鉉, 「麗末鮮初 寺院田의 추이」, 『高麗後期寺院田硏究』 (서울: 國學資料院, 1998); 河宗睦, 「조선 초기의 사원 경제-국가 및 왕실 관련 사원을 중심으로」, 『대구사학』 60 (대구: 대구사학회, 2000); 김용태, 「조선 전기 억불정책의 전개와 사원경제의 변화상」, 『조선시대사학보』 58 (서울: 조선시대사학회, 2011)

15 한상길, 『조선 후기 불교와 寺刹契』 (서울: 景仁文化社, 2006); 李景植, 『朝鮮前期土地制度史硏究: 土地分給制와 農民支配』 (서울: 일조각, 1986); 『韓國中世土地制度史: 朝鮮前期』 (서울: 서울대학교출판문화원, 2012)

16 이경복, 「신라말·고려초 대안사의 전장과 그 경영」, 『이화사학연구』 30 (서울: 이화사학연구소, 2003)

II. 신라시대 사전의 형성

사전의 형성

사원의 건립과 더불어 사전이 마련되었다. 사원을 건립한 주체가 건립 당시 토지를 희사喜捨하기도 하고, 건립 이후에 사원의 신자信者(단월檀越)들이 토지를 내놓기도 하였다. 왕이 주도하여 세운 사원에는 대개 토지 지급이 동반되었을 것이다. 그런데 삼국시대, 그리고 통일신라시대에는 토지 사급 및 관리에 대한 시책이나 제도가 확인되지 않는다. 당시의 토지제도(녹읍제祿邑制, 식읍제食邑制 등) 속에서 사전이 어떻게 운영되었는지 알 수가 없으며, 고려시대처럼 토지 지급의 원칙도 존재하지 않았던 것 같다.[17] 불교 관련 직관職官인 사전寺典(예부禮部 소속으로 대도서大道署 또는 내도감內道監이라고도 함), 승방전僧房典, 정법전政法典(정관政官이라고도 함) 등에서 사전도 관리하였을 것으로 생각되지만 명확한 기록이 없다. 그래서 개별 사례들을 통해 성격을 추측할 뿐이다.

우선 성전成典이 설치된 사천왕사四天王寺, 봉성사奉聖寺, 감은사感恩寺, 봉덕사奉德寺, 봉은사奉恩寺, 영묘사靈廟寺, 영흥사永興寺에는 토지가 지급되었을 것이다.[18] 성전사원은 왕실이나 국가의 안녕을 기원하는 기복처이자 여러 국가의례를 거행하는 장소였으므로,[19] 제반 비용을 국가가 담당하였을 것이다. 국왕이 사원에 토지를 시납한 사례도 있다. 국선

---

17 李炳熙,「三國 및 統一新羅期 寺院의 田土와 그 經營」,『국사관논총』35 (과천: 국사편찬위원회, 1992), p.130
18 李炳熙, 위의 논문, p.128
19 윤선태,「新羅 中代의 成典寺院과 國家儀禮」,『신라문화제학술발표논문집』23 (경주: 동국대 신라문화연구소, 2002), p.86

國仙인 부례랑夫禮郞이 적에게 잡혀갔다가 돌아오자 효소(조)왕이 백율사百栗寺에 1만 경頃의 토지를 시납하였다. 장춘長春이 바닷길로 장사를 떠났다가 오래도록 돌아오지 않자 그의 어머니가 민장사敏藏寺 관음보살상 앞에서 기도하였더니 돌아왔는데, 그 소식을 듣고 경덕왕이 민장사에 밭을 시납하였다. 혜공왕은 김유신의 명복을 빌고자 취선사鷲仙寺에 30결을 시납하였다.

개인이 세운 사원은 개인 가문의 경제력이 사원 경제력의 기초가 되었다. 자장慈藏이 집을 내어 세운 원녕사元寧寺, 원효元曉가 자신의 집에 세운 초개사初開寺와 같이 승려가 되면서 자신의 집과 소유 토지를 내어 절을 세운 경우가 있다. 민장 각간角干이 세운 민장사, 태대각간太大角干 최유덕崔有德이 자신의 집을 내어 세운 유덕사有德寺와 같이 재력을 갖춘 지배층이 세운 경우도 있다. 『삼국유사三國遺事』에는 일반민의 시납 사례도 다수 등장하는데, 불국사佛國寺 건립 공사를 주도한 김대성金大城이 전생에 흥륜사興輪寺에 용전傭田(노동의 대가로 얻은 토지)을 시납했던 사실을 대표적으로 들 수 있다.

신라의 사전이 국가에 조세를 냈는지 여부에 대해서는 논란이 있다. 면세免稅가 원칙이었다는 견해도 있고,[20] 과세課稅가 원칙이었다는 견해도 있다.[21] 사전의 조세 납부를 보여주는 기록은 없지만, 고려시대에 기본적으로 국가에 의해 수조권을 분급받지 못할 경우 사원도 일반 토지 소유자처럼 국가에 전조田租를 내야 했던 것에 미루어 소유권이 사원에 있는 경우에는 과세가 원칙이었던 것 같다.

---

20 강진철,「사원전」,『한국민족문화대백과사전』(http://encykorea.aks.ac.kr/)
21 이인재, 앞의 논문, p.296

사원의 전장田莊

전장田莊이란 대토지를 가리키는 말이다. 사원이 소유한 대토지를 가리키는 용어는 나라마다 차이가 있다. 중국의 경우, 학자들은 장원莊園이라는 표제를 달고 있지만 사료에는 장전莊田이라는 용어가 가장 빈번하게 나온다.[22] 일본에선 장원이라는 말이 통용되고 있다. 특별히 사령장원寺領莊園이라는 용어를 즐겨 사용하였다.[23] 반면 한국은 장원이라는 용어가 사료에 등장하지 않는다. 이에 준하는 말로 전장, 장전莊田, 전원田園, 농장農莊, 별서別墅 등이 나오고, 이를 대표하는 용어로 일찍부터 전장을 사용하였다.

사원의 전장 보유 사례는 신라 중대부터 나타나고 있다. 의상義相이 676년(문무왕 16) 무렵 부석사를 세울 때 국왕이 의상을 공경하여 전장田莊과 노복奴僕을 보시하였다고 한다. 719년(성덕왕 18)에는 김지전金志全(김지성金志誠)이 자신의 감산장전甘山莊田을 바쳐 사원을 세웠다. 이는 국왕이 아닌 개인이 사원에 전장을 희사한 최초의 기록이다. 8세기 중반 경덕왕 대(742~765)가 되면 국가에서 사원에 장생표長生標를 설치해 주어 전장을 인정해 주는 사례가 등장한다. 경덕왕이 원표元表의 법력을 높이 평가하여 가지산사迦智山寺에 장생표주를 세우게 하였다. 8세기 후반 사원의 전장 운영 상황을 보여주는 사례로 창녕「인양사비仁陽寺碑」가 있다. 인양사 및 원지사苑池寺, 상락사常樂寺 등 인근 사찰에서 혜공왕 7년(771)~헌덕왕 2년(810) 40년간에 걸쳐 행한 여러 불사佛事에 소요

---

22 日野開三郎,『唐代先進地帶の莊園』(福岡: 秀巧社, 1986), p.3
23 細川龜市,『寺領莊園の硏究』(東京: 東方書院, 1934); 竹內理三,『寺領莊園の硏究』(東京: 畝傍書房, 1942)

된 경비를 기록하고 있는데, 인양사 불사에는 1년간 약 390석이 사용되었다. 불사에 소요된 이 곡식들은 인양사 등 인근 사원들의 전장에서 나온 소출로 보는 것이 옳을 듯하다.[24]

『입당구법순례행기入唐求法巡禮行記』의 주인공 엔닌圓仁이 일본으로 돌아가는 길에 신라 남부의 섬 안도雁嶋(전라남도 완도의 동남쪽)에 잠시 정착하였는데, 이 섬에 왕실 방목지가 있었고 그 옆에 황룡사皇龍寺의 전장도 있었다.[25] 신라 하대의 승정僧政을 주도하였던 황룡사에 전장이 있었고, 그것도 멀리 남해안 섬에 있었던 것이다. 대부분의 사원 전장은 한 곳에 모여 있지 않고 여러 지역에 나눠져 있었다. 본사와 떨어져 있는 전장에는 지장知莊을 파견하여 관리하였는데, 세규사世逵寺(세달사世達寺라고도 함)에서 명주明州(강원도)에 있는 사원의 토지에 승려 조신調信을 지장으로 보냈던 사례가 있다.[26]

9세기 들어 지방 사원이 증가하고 이들 지방 사원의 토지도 확대되었다. 당시 막대한 전장으로 유명한 사원은 해인사海印寺였다. 해인사는 802년(애장왕 3) 8월에 창건되었는데, 창건 당시에 애장왕이 2,500결을 시납하였다. 신라말 고려초에 봉암사鳳巖寺가 500결, 대안사大安寺가 600결, 장유사長遊寺가 300결을 보유하고 있었던 데 비하면, 그 규모가 엄청났다. 이는 고려 말에 산천을 경계로 삼아 평균 2,000~3,000결을 보유했던 '농장農莊'에 버금가는 정도였다.[27] 더욱이 해인사는 9세기 후

---

24 박광연,「신라 사원의 田莊 운영와 국가」,『이화사학연구』 44 (서울: 이화사학연구소, 2012), p.10
25 圓仁, 김문경 역주,『入唐求法巡禮行記』권4 (서울: 중심, 2001), pp.530~531
26 『三國遺事』卷3, 塔像, 洛山二大聖・觀音・正趣・調信
27 김창석,「통일신라기 田莊에 관한 연구」,『韓國史論』 25 (서울: 서울대 국사학과, 1991), p.63

반에는 직접 전장 매입에 나서, 신라 왕실이나 귀족들로부터 때로는 일반민들로부터 매입하였다.[28] 891년(진성여왕 5) 개선사開仙寺(전라도 담양)에서 논 14결을 구입한(常買) 사례도 있다.[29] 선종禪宗 사원들도 국왕 및 지방 세력가의 후원으로 전장을 보유하게 되었다. 대안사와 성주사聖住寺 전장의 경우, 국가에서 장생표를 설치해 주고 조세 부담을 면제해 주었다고 한다. 9세기 중반 이후 이러한 면세의 혜택을 부여받은 사원이 점차 증가하였다. 신라 말에는 사원 세력이 왕실이나 다른 세력가들과 함께 전장 경영의 주체가 되기도 하였다.

국가와 사전

664년(문무왕 4) 8월에 문무왕은 "함부로 재화財貨와 토지田地를 불사佛寺에 시주하는 것을 금한다."는 명령을 내렸다.[30] 당시 신라가 고구려와의 전쟁에 한창이었던 것을 감안하면 이 명령의 1차 목적은 막대한 전쟁 비용의 마련에 있었을 것이다. 동시에 이 명령은 7세기 중엽 재력을 지닌 지배층의 삶에 불교가 깊숙이 침투하였고, 사원의 관할하에 들어간 재화나 토지가 많았다는 것을 말해 준다. 사전은 귀족이나 일반민의 토지에 비하여 면세免稅의 혜택이 있었기 때문에 사전의 증가는 곧바로 국가 재정수입의 감소로 이어졌다고도 한다.[31] 어떤 이유에서든 국가의 입장에서 사전이 확대되는 것을 그대로 방관할 수만은 없었을 것이다.

---

28 하일식, 「해인사전권과 묘길상탑기」, 『역사와 현실』 24 (서울: 한국역사연구회, 1997), p.22
29 「開仙寺石燈記」, 『譯註韓國古代金石文 3』 (서울: 駕洛國史蹟開發研究院), p.291
30 『三國史記』 卷6, 新羅本紀6, 文武王 4年(664) 8月 14일
31 道端良秀, 앞의 책, p.48~50

개인이 사원에 토지를 시납할 경우 일정한 절차를 거쳐야 했던 것 같다. 719년(성덕왕 18)에 김지전(김지성)이 자신의 감산장전甘山莊田을 바쳐 감산사를 세우고 아미타상과 미륵상을 만들면서 그 내력을 광배에 새겼다. 국왕 및 죽은 부모 형제 아내를 추복하고 모든 중생이 깨달음을 증득하기를 기원하였다.[32] 그런데 이 문장은 내마奈麻 설총薛聰이 성덕왕의 명령(敎)을 받들어 쓴 것이다. 개인 소유의 전장을 희사해 절을 짓고 개인적인 서원을 세운 행위에 국왕이 관여한 것에서, 성덕왕과 김지전의 개인적인 관계도 고려해야겠지만, 문무왕 때의 전지田地 시납 금지 규정이 8세기에도 사회적으로 여전히 유효하였고 개인이 토지를 바치기 위해서는 국가의 허가를 거쳐야 하였음을 짐작할 수 있다.

함통 8년 정해(867)에 이르러, 단월인 옹주가 茹金 등을 시켜 절에다 좋은 밭과 노비의 문서를 건네주었다. (중략) "나의 집안이 가난하지 않은데 親黨이 다 죽고 없다. 길 가는 사람의 손에 떨어지게 하는 것보다 차라리 불문 제자의 배를 채워 주는 것이 낫겠다."고 하였다. 드디어 건부 6년(879)에 莊 12區, 田 500結을 희사하여 절에 예속시켰다. (중략) 비록 내 땅이라 하더라도 왕토에 있으므로 처음에 왕손인 韓粲 繼宗, 執事侍郞인 金八元, 金咸熙와 正法大統인 釋玄亮에게 질의하였다. 九皐의 학 울음소리가 천리 밖에까지 울려퍼지자 太傅에 추증된 헌강대왕께서 본보기로 여겨 그를 허락하시었다. 그해 9월 南川郡統인 승려 訓弼에게 別墅를 표시하고 正場을 구획하도록 하였다.[33]

---

32 「甘山寺阿彌陀佛造像記」, 『譯註韓國古代金石文 3』(서울: 駕洛國史蹟開發研究院), p.299
33 「鳳巖寺智證大師碑」, 위의 책, pp.188~189

지증대사智證大師 도헌道憲(824~882)의 경우, 879년(헌강왕 5)에 자기 집안 소유의 장莊 12구區, 전田 500결結 규모의 토지를 봉암사에 소속시키기 위해 왕손王孫, 집사시랑執事侍郞, 그리고 정법대통政法大統에게 의견을 구하여 마침내 국왕의 허락을 받아냈고 일을 진행하기 위해 국왕의 명령으로 군통郡統이 파견되었다. 국왕의 허락과 명령이라는 공식적인 절차를 받은 뒤에야 개인의 재산 행사가 가능하였다. 이와 같이 토지를 사원 소유로 변경하는 데에 국가의 통제 체제가 간여하고 있었다. 소속된 토지 및 소출所出을 운영하는 데에도 분명 일정한 체제가 작동하였을 것이다.

신라 하대 선종 사원의 전장 운영에 국가 체제가 작동한 방식이 선사 비문에 다양하게 나타나고 있다. 첫째, 지방의 사원을 국가기관 및 도읍의 주요 사원에 소속시키는 방법이 있었다. 838년 민애왕은 왕위에 오른 뒤 진감선사眞鑒禪師 혜소慧昭(774~850)를 친견하고자 쌍계사雙谿寺를 대황룡사에 적을 올렸다. 문성왕은 낭혜 화상朗慧和尙을 중히 여겨 사찰 이름을 성주사聖住寺로 바꾸고 대흥륜사에 편입시켰다. 859년 헌안왕은 가지산 보림사寶林寺를 선교성宣敎省에 예속시켰다. 선교성은 경문왕이 관제개혁을 하면서 설치한 왕의 근시기구로 왕의 명령(敎)을 펼치는 곳이었으므로, 보림사가 왕의 직속 관할 하에 들어갔음을 알 수 있다. 둘째, 왕의 인척을 활용하여 사원과의 인연을 이어가는 방법이 있었다. 경문왕의 누이인 단의장 옹주端儀長翁主는 864년 도헌을 공경하여 현계산 안락사安樂寺의 주지로 모셨는데, 이는 경문왕의 의도를 대변한 것이었다. 정강왕은 수철 화상秀澈和尙이 초청에 응하지 않자 특별히 단의장 옹주에게 명하여 심원사深源寺에 수철이 머물도록 부탁하게 하기도 하였다. 셋째, 왕의 명령을 수행하는 승관僧官이 파견되었다. 원성왕 때 정법전政法典이 설치되었고, 금석문에는 정법대통政法大統, 정법대덕 政法大德, 정법화상政法和尙, 판정법사判政法事 등의 다양한 정법전 소속 승관의 이름이 확인된다. 숭복사崇福寺에 김원량金元良이 바친 땅에서의 소출을 운반하는 일을 정법사에 맡겼고, 효공왕(897~912 재위) 때에는 정법전 대덕大德 여환如奐이 왕의 조서를 봉림사鳳林寺에 전달하였다. 이와 같이 신라의 승정僧政은 신라 하대에도 정법전을 통해 국왕의 명령을 하달하고 주통州統, 군통郡統을 파견하는 등의 방식으로 불교계를 통제하였으며 출가 승려들을 규제하였다.[34]

이와 같이 신라의 사전, 특히 전장의 형성이나 운영은 국가(국왕)와의 관계 속에서 이루어졌다. 이는 신라 사회에서 사원이 국가를 위협할 만한 막강한 정치적, 종교적 권력을 행사하지 않았던 사실과 무관하지 않다고 생각한다. 후삼국 시기에 일시적으로 국가 체제나 국왕의 명령이 형식적인 기능밖에 못하게 되었지만, 곧 고려라는 국가 체제 속에서 재정비됨으로써 사원의 경제력은 다시 국가에 귀속되었다.

Ⅲ. 고려시대 사전의 제도화

전시과와 사전

통일신라시대, 고려시대, 조선시대의 토지제도는 기본적으로 토지의 사적私的 소유권의 바탕 위에 수립되었다. 토지의 사적 소유가 인정되

---

34 박광연, 앞의 논문, pp.15~19

는 가운데 지주전호제地主佃戶制가 발전하고 수조권을 분급하는 토지제도가 더욱 발전된 형태로 재편성되었다. 통일신라기에는 녹읍祿邑이라는 토지제도가 시행되었다. 국가에서 귀족 관료에게 녹봉 대신 지방의 지정된 읍邑에서 수조收租할 수 있도록 하는 제도였다. 녹읍은 대아찬大阿飡 이상의 관등을 지닌 귀족 관료만 받았다는 견해도 있고, 관등의 고하를 막론하고 모든 관료들이 받았다는 견해도 있다. 그런데 녹읍이 사원에 지급되지는 않았던 것 같다. 왕족 및 귀족이 녹읍 또는 식읍食邑으로 받은 토지를 사원에 시납한 사례만 찾아볼 수 있을 뿐이다. 신라시대의 사전 지급 및 관리에 대한 시책이나 제도는 알 수 없지만, 분명 국가의 관리 하에 있었다. 그러다 신라말 고려초의 전환기를 지나면서 지방의 성주城主가 후원한 일부 사원들은 국가의 통제를 벗어난 상태에서 토지를 운영하였다. 비록 일시적이긴 하였지만 이는 사원의 소유지가 확대되는 계기가 되었다.

고려시대에는 국가의 적극적인 개입 속에 사전이 지급되고 관리되었다. 국가 관직에 복무하거나 또는 직역職役을 부담하는 자들에게 그 지위에 따라 응분의 전토田土와 시지柴地를 지급한 전시과田柴科에서 승려에 대한 토지 지급 규정이 마련되었다. 전시과 제도는 976년(경종 1) 직산관전시과職散官田柴科를 설치하면서 시작되었고 4회의 개정을 거쳐 1076년(문종 30)에 정비되었는데, 토지의 소유권과 수조권이 병행하고 복합하는 가운데 우리나라 특유의 중세적 경제제도가 성립되었다고 평가받는다.[35] 전시과가 최종 정비된 1076년의 경정전시과更定田柴科에서 지리업地理業 승려에게 전田 17결을, 대덕大德에게는 별사전別賜田 40결

---

35 金容燮, 『韓國中世農業史硏究-土地制度와 農業開發政策』(서울: 지식산업사, 2000), p.24

을 지급한다는 규정이 마련되었다.36 지리업이라는 직능이나 대덕과 같은 승계僧階를 지닌 이들에게 관료와 마찬가지로 대가를 지불한 것이다. 승려 개인에게 토지를 지급함과 더불어 국가가 사원에 토지를 하사하는 것도 보다 체계화되었다.

수조지인가 소유지인가

개별 사원이 사전을 어떻게 형성하였는가의 문제는 사전의 성격과 직결된다. 사전의 형성 과정에 대해서는 많은 글이 있는데, 표현은 조금씩 다르지만 내용은 유사하다. 크게 네 가지로 구분할 수 있다. 첫째는 국가가 분급分給한 토지이고, 둘째는 신도들이 시납施納, 기진寄進, 투탁投託한 토지이고, 셋째는 사원 자체 노력으로 개간開墾, 매입買入한 토지이고, 넷째는 본래부터 가지고 있던 토지이다.

먼저 국가가 사전을 분급한 경우이다. 고려 태조는 새로운 체제의 안정을 위해 불교를 적극적으로 활용하였고, 사원에 많은 토지를 나누어 주었다. 토지를 분급한 일차 대상은 국가와 긴밀한 관련을 가지고 국가나 국왕을 위한 불사를 행하는 사원이었다. 신라 말의 전쟁 와중에 태조를 도운 승려들에게 반대급부로서 토지를 지급하였다. 태조를 따르던 광학廣學, 대연大緣에게 돌백사㻪白寺 전답田畓 약간 결을 지급하였고, 태조에게 전술戰術을 가르쳐준 보양寶壤에게 그가 머물던 작갑사를 운문사雲門寺라 사액하고 전田 500결을 지급하였다. 직지사直指寺의 능여能如에게는 1,000결의 토지를, 해인사의 희랑希朗에게는 500결의 토지

---

36 『高麗史』 卷78, 志32, 食貨1, 文宗 30年

를 지급하였다. 태조가 새로 창건한 사원에도 토지를 분급하였는데, 용암사龍巖寺에 6경頃의 토지를 주었다. 국가 주도의 팔관회八關會, 연등회燃燈會, 소재도량消災道場 등의 행사가 열린 사원에는 원칙상 토지가 분급되었다. 국왕의 진영眞影을 모시고 기일忌日마다 불교식 재를 올렸던 진전사원眞殿寺院에도 토지가 분급되었는데, 현화사玄化寺, 흥왕사興王寺, 대운사大雲寺의 사례가 확인된다. 이와 같이 국가와 긴밀한 관련을 가지고 국가·국왕을 위한 불사를 행한 사원에 국가에서 토지를 분급하였는데, 국가로부터 토지를 분급받은 사원을 통틀어 비보사원裨補寺院이라 규정하기도 한다.[37]

국가에서 사원에 분급한 토지는 수조지였다. 그런데 국왕이 사급한 사전이 태조(918~943 재위) 때부터 수조지의 성격이었다는 견해와 문종(1046~1083 재위)을 기점으로 수조지가 확대되어 간다는 견해로 나뉜다. 전자는 사적인 토지소유가 전제된 사회이기 때문에 국가가 사원에 분급해 줄 수 있는 것은 수조지뿐이고, 국가는 상황에 따라 사원의 토지에 대한 지배권, 즉 전조수취권田租收取權을 환수할 수 있었다고 한다.[38] 그런데 후자는 고려 초에 분급한 토지가 모두 수조지라는 데 반대한다. 예를 들어 현화사玄化寺에 준 둔전屯田의 경우 사원의 소유지라는 것이다. 문종 때 건립한 흥왕사興王寺의 전시田柴는 수조지인데, 문종은 당시 사원의 사사화私寺化에 제동을 걸고 불교계를 왕실의 통제 하에 두고자 흥왕사를 창건하였기 때문에 흥왕사에 기존의 사원전과 다른 형태의 경제 지원을 도모하여 수조권만 줬다고 한다. 수조지의 근원적 형태는 태조 대의 해인사 및 봉성사에 대한 군현조郡縣租까지 거슬러 올라갈 수 있지

---

37 이병희, 앞의 책 (2009), p.15
38 이병희, 위의 책 (2009), p.17

만, 본격적 시작은 문종 때가 기점이라는 것이다.[39] 여기서 나아가 고려 전기부터 사전의 운영 원리는 소유권적所有權的 지배가 기본이며 국가에서 분급하였다고 해서 무조건적으로 수조지라고 볼 수 없다는 견해[40]도 있다.

다음으로 국가로부터 토지를 분급받지 않고도 토지를 보유한 경우이다. 사원이 자체 노동력 및 재산을 들여 개간하거나 매입한 경우는 사원의 소유지이다. 가끔 국가는 토지가 부족할 경우 사원에 한전閑田(소유주가 없고 경작되지 않는 토지)을 지급하기도 하였는데, 사원이 한전을 개간하면 소유주가 사원이 되고 국가에 대해 면조免租의 혜택을 누렸다. 운문사, 대안사처럼 신라 때부터 사원이 보유해 온 토지들 가운데 일부가 고려 전기 전시과田柴科 안에서 파악되면서 국가와 왕실에 의해 소유지로 추인되기도 하였다. 물론 양전量田을 통해 수조지로 분급되는 경우도 있긴 하였다. 신도들에 의한 시납施納, 기진寄進, 투탁投託된 토지는 성격이 불분명하지만, 개인에게 시납받은 토지는 사원의 소유지가 되었을 가능성이 많다. 한편 국가는 사원이 자신의 노력에 의해 확보한 소유토지에 대해서는 일정한 통제를 하였고 일반 토지소유자처럼 국가에 대해 전조田租를 부담하게 하였다. 이는 사원이 국가가 제한하는 범위를 넘어서서 세력화하는 것을 막기 위함이었다.[41]

고려시대 유력 사원들은 대부분 전장을 보유하고 있었다. 사원이 전장을 경영할 경우, 장생표가 설치된 경우처럼 전토가 사원 주변에 집중되어 있기도 하였지만 대부분은 여러 지역에 분산되어 있었다. 예를 들

39　金炯秀, 앞의 논문, pp.120~124
40　배상현, 앞의 책, pp.74~83
41　이병희, 앞의 책 (2009), pp.26~31

어 성종이 장안사長安寺에 1,050결의 토지를 분급하였는데 전라도의 함열현咸悅縣·인의현仁義縣·부녕扶寧과 양광도의 행주幸州, 서해도의 백주白州·평주平州에 분산되어 분포하였다. 한 사원의 사전이 한 지역에 집중되면 경제력을 기반으로 세력화하기 쉽고, 이는 중앙정치에 위협이 될 수 있기 때문에 국가에서 의도적으로 분산하여 지급하였다. 이러한 사전의 분포 현상은 사전의 경영 방식에도 영향을 미쳤다. 사전의 경영은 크게 두 가지 방식으로 구분할 수 있다. 첫째는 사원 가까운 곳의 땅은 직영直營이 가능하였다. 국가로부터 분급받은 수조지의 경우 토지를 경작하던 농민이 사원의 예속민이 되어 그대로 경작하였지만, 사원 소유지의 경우 사원노비나 역役을 피해 승려가 된 하급 승려들, 수원승도隨院僧徒, 재가화상在家和尙 등도 경작에 참여하였다. 둘째는 사전이 사원과 멀리 떨어져 있는 경우가 많았기 때문에 사원 주변의 농민이나 사원전이 소재한 지역의 민을 사역시키거나 땅이 없는 농민을 모아 이들에게 용전傭田을 나눠 주는 방식으로 경영하였다. 신라 때처럼 사원에서 지장知莊을 파견하여, 전조田租의 수취 및 경작 농민의 지배를 맡게 하였을 것이다. 자기 소유의 땅 없이 농사짓는 이들을 전호佃戶라고 하는데, 사원의 수조지를 경작하는 전호는 수확량의 1/10을 국가 대신 사원에 납부하였고 사원의 소유지를 빌려서 경작할 경우에는 1/2을 사원에 납부하였다.

사전의 농장화

12세기 이후 전시과가 붕괴되고 사적 소유의 토지가 확대되면서 고려 후기의 토지들이 본래의 성격을 유지하기가 어려웠다. 사전 가운데 점차 국가가 사급한 토지의 비중이 약화되긴 하였지만 국가 내지 국왕이 사원을 건립한 경우에는 여전히 토지가 지급되었다. 최씨정권 하의 선원사禪源寺나 충렬왕 때의 묘련사妙蓮寺, 충선왕 때의 민천사旻天寺, 공민왕 때 운암사雲巖寺가 대표적이다. 운암사가 지급받은 토지는 2,240결의 엄청난 규모였다.

한편 전시과 붕괴 이후, 그리고 대몽골 항쟁 이후 통치권의 혼란에 편승한 세력가들이 겸병, 탈점, 사패賜牌 등을 통하여 사전私田을 불법적으로 점유하였다. 특히 황폐화된 영토의 개간을 장려하기 위해 권문세족이나 왕실, 부원세력들이 사패전賜牌田을 많이 받았는데, 이를 통해 소유지가 확대되어 갔다. 농장農莊의 형성도 이를 매개로 하는 경우가 많았다. 또한 수조지가 조업전祖業田(조상 때부터 내려온 소유지)으로 위장되어 자손에게 사사로이 상속하는 현상도 두드러졌다. 이와 같은 고려 후기의 사패전, 조업전, 농장의 확대는 수조권적 지배의 붕괴를 더욱 가속화시켰다. 이처럼 토지 겸병 추세가 만연하는 가운데 사원은 개간이나 매입을 통해 토지를 소유하는 경우도 있었지만 다른 사원의 소유권을 침탈하는 경우도 있었다. 사원 간에 토지를 둘러싸고 갈등이 심화되었고, 수조권 중첩 현상 등의 문제도 많았다. 국가에 전조田租를 부담하던 사원의 소유지 중에는 고려 후기가 되면서 면세지免稅地로 변모하는 경우가 많았다. 심지어 수조권을 매개로 한 경우에도 국가의 지배 범위를 벗어나 독자적인 생산관계를 구축하는 경우도 있었다. 비보사원의 수조지는 기본적으로 사원이 존속하고 국가를 위한 기능을 지속적으로 수행하는 한 별다른 절차 없이 계속 세전世傳되었기 때문에 실질적으로 소유지와 다름 없는 형태로 경영이 이루어지기도 하였다. 농장화된 귀족층의 토지가 원찰願刹이라는 명분으로 사원으로 대거 유입되었고, 이는 국가의 심각한 재정 악화로 이어졌다. 그래서 고려 말의 신진사대부들은 전제田制 개혁을 주장하면서 사전을 주요 대상으로 하였다.

　토지 분쟁이 심각할수록, 사회가 혼란해질수록 사원에의 토지 시납은 더욱 늘어났다. 원 간섭기에는 토지 시납이 일종의 유행이었다. 원의 환관 박쇄노올대朴瑣魯兀大가 광주廣州 신복사神福寺에 15결의 양전良田을 시납한 사례처럼 원에서 출세한 고려인들의 토지 시납도 빈번하였다. 1340년(충혜왕 후1)에 박징朴澄이 염양선사艶陽禪寺를 개인 원찰로 경영하여 전토와 노비를 상주常住 비용으로 시납하고, 공민왕 때 임천林川 보광사普光寺에 원명 국사圓明國師의 친척인 김영인金永仁·김영순金永純이 토지 100경頃을 시납한 것처럼 폐허가 된 사원을 중수 또는 중창하면서 토지를 시납한 사례가 많다. 뿐만 아니라 온전한 사원에 토지를 시납한 사례는 더욱 많았다. 토지를 사원에 시납할 때는 관의 결재를 받아야 했지만, 일단 한번 시납한 토지는 소유권이 사원으로 이전되었기 때문에 다시 되찾을 수 없었다. 고려 말에 비보사원만 3천여 곳이 넘었고, 사원은 전체 경지耕地의 1/8(1/6이라는 견해도 있음)에 해당하는 방대한 토지를 보유하고 있었다고 한다. 고려 후기 사전 가운데 그 단위가 하나의 행정구역을 이룰 만한 경우도 있었는데, 승려 보우普愚(1301~1382)는 광주목廣州牧 미원장迷元莊에 살면서 토지를 넓게 점유하였고 왕에게 청하여 미원을 현縣으로 승격시켰다. 고려 말에 늘어난 소유지를 고려하면 사전이 차지하는 비중은 더욱 컸다. 사원에 들어간 토지는 국가에 전조田租를 부담하지 않는 면세지免稅地가 되는 일이 많았고, 이는 국가의 재정수입 위축으로 이어져 사원과 국가 사이에 갈등이 생겼다. 그리하여 공양왕 3년(1391)에 과전법科田法을 제정하면서 토지를 사원에 시납하는 것을 금지하는 규정을 마련하게 되었다.

한편 고려 후기에 사전이 순탄하게 늘어나기만 한 것은 아니었다. 원 간섭기 이후 사원이 망실되거나 훼손되어 토지를 상실하는 경우가 많았다. 양산사陽山寺(봉암사鳳巖寺의 다른 이름) 주지가 된 보우普愚가 양산사를 중수하면서 전장을 복구시켰는데, 이는 그 이전에 토지를 상실하였기 때문이었다. 고려 후기에 권문세족이 사전을 탈취하는 경우도 빈번하였는데, 탈점 내지 분쟁의 대상이 되는 토지에는 소유지도 있었고, 수조지도 있었다. 수조지가 소유지보다는 탈점이 비교적 용이하여 당시 토지 분쟁은 주로 수조지를 둘러싸고 전개되었다. 토지 분쟁은 사원 상호간에도 치열하였다. 1349년(충정왕 원년)에 국가에서 응천사應天寺·남선원南禪院·화림사化林寺의 전지를 보살사菩薩寺에 속하게 하였는데 개경의 귀산사龜山寺가 이를 탈취하는 일이 있었다. 개인 승려의 사원을 탈취하는 사건도 많았다. 이렇게 토지 분쟁이 심해지자 사원은 개별적으로 대처하기 어려워 종문宗門을 중심으로 결집하였다. 국가의 승정 운영이 동요하면서 종문 세력에 따라 소속 사원의 수가 증감하고 종문의 사원에는 그 종문에 속한 승려를 주지로 파견하게 되었다. 종문별로 세력 확대에 최선을 다하였다. 토지는 소유하고 있으나 소속 종문이 없는 사원을 흡수하여 세력을 확대하기도 하였다. 때로는 소속 종문이 있는 사원을 차지하기도 하여 분쟁이 일어났다. 대표적인 사례가 밀양 영원사瑩原寺, 수원 만의사萬義寺를 둘러싼 조계종과 천태종 사이의 분쟁이었다. 이들 사원이 많은 토지와 노비를 가지고 있었기 때문에 각 종문에서 서로 차지하려고 하였던 것이다.[42]

---

42 이병희, 앞의 책 (2008), pp.18~38

Ⅳ. 조선시대 사전의 축소

사원정리책의 영향

조선은 고려 말의 전제 개혁과 함께 시작되었다. 개국공신인 조준趙浚(1346~1405)은 전국의 토지를 국가 수조지로 편성하고 현존하는 사전私田을 혁파하며 수조지의 사전화私田化를 막는 방안을 주장하였다. 정도전鄭道傳(1342~1398)은 전제 운영의 가장 큰 문제가 사적 소유지의 확대와 이를 통한 중·소농의 몰락이라고 생각하였다. 결국 이들은 1390년(공양왕 2)에 이전의 전적田籍(공전公田, 사전私田 포괄)을 모두 불태워 없애고 1391년(공양왕 3) 5월에 과전법科田法을 공포하였다. 고려 후기 사전私田 확대의 유력한 주체가 사원이었기 때문에 사전寺田에 대한 개혁안이 여러 차례 발표되었다. 사원의 수조지를 대대적으로 축소하고, 소유지 특히 승려 개인이 운용하던 토지에 대한 제약을 가하려는 방향이었다. 조준은 다음의 세 가지 안을 제시하였다. 첫째, 비보사원에 지급한 토지(수조지) 가운데 도읍의 것은 그대로 두되 지방의 것은 시지柴地로 제한한다. 둘째, 「도선비기道詵秘記」에 나오는 사원 이외의 것은 지급된 토지를 회수한다. 셋째, 새로 짓는 사원에는 토지 지급을 하지 않는다. 이러한 개혁안들이 공론화되었지만 당장 실효를 거두지는 못하였다.[43]

조선 초기 사원의 토지 지배는 과전법보다 사원정책에 직접적인 영향을 받았다. 조선시대의 사전은 국가의 사원정책과 더불어 점차 위축의 길을 걸었다고 할 수 있다. 태조나 정종은 사원의 전지, 노비에 대

---

43 배상현, 앞의 책, pp.306~314

한 조사를 실시하여 당시 불교계가 드러낸 문제점을 없애려고는 하였으나 적극적인 조치는 취하지 않았다. 그런데 태종이 즉위하면서 대대적인 사원 정리가 시작되었다. 1402년(태종 2) 4월, 「도선비기」에 적힌 비보사원 70사寺와 그밖에 상주승常住僧 1백 명 이상의 사원을 제외한 모든 사원의 수조를 폐지하였다. 이를 군자軍資에 충당하도록 하고 사원 노비를 각 사司와 주군州郡에 분속하도록 하였다. 이는 태상왕의 뜻에 따라 4개월 만에 취소되었지만 1405년(태종 5) 8월 폐사전廢寺田의 속공屬公 조치가 있었다. 그해 9월 왕사王師인 무학자초無學自初가 입적하자 11월에 사원과 소속 노비의 정리를 과감히 단행하여 다음 해(1406) 3월에 각 절의 전지, 노비, 거주승의 수를 정해 주고 각 종宗을 병합한 결과를 발표하였다. 사원은 12종宗(11종으로 보기도 함) 242사寺만 남겨두고, 사전 보유를 많은 곳은 200결, 적은 곳은 60결로 한정하고, 242사 이외의 사원에 속한 사전, 노비 등은 혁파하게 하였다. 이 발표 결과 환수된 사전이 3~4만 결에 달하였다. 그렇다고 242곳 이외의 모든 사원이 없어진 것은 아니었다. 242곳 이외의 사원에도 최소한의 유지를 위해 시지柴地 1~2결을 지급하였고, 양주 회암사檜巖寺나 금강산 표훈사表訓寺, 유점사楡岾寺 등은 예외를 인정하였다. 태종은 1407년(태종 7) 불교계의 원망을 줄이기 위해 242곳에 들어가지 못한 88개의 명찰을 선정하여 제주諸州의 자복사資福寺를 대체하게 하였다. 그러나 세종은 신료들의 계속되는 상소에 1424년(세종 6) 3월에 유명무실하게 된 자복사를 모두 폐지하였다. 이어 4월에는 태종이 11종에서 7종으로 줄인 것을 다시 선종禪宗, 교종敎宗으로 통폐합하여 각 종에 18사만 남기고, 사원의 위상에 따라 150~500결을 차등 지급하고, 토지 2결 당 승려 1명이 머물게 하였다. 선종도회소禪宗都會所인 흥천사興天寺와 교종도회소인 흥덕사興德寺

는 250결, 회암사에는 500결, 양주 개경사開慶寺에는 400결, 중간 규모의 사사에는 200~250결, 작은 규모는 150결이 사급되어 선종 18사는 4,250결, 교종 18사는 3,700결 총 7,950결로 축소하였다.[44]

이상의 태종 대(1401~1418)나 세종 대(1419~1450)의 사원정리책은 『조선왕조실록朝鮮王朝實錄』의 기록이기 때문에 실상과 차이가 있겠지만, 조선 초 국왕들의 사원 통폐합 정책 결과 고려 후기에 비하여 사전이 축소되었음은 분명하다. 한편『경국대전經國大典』에는 사전의 과세 기준을 "관청에서 매 1결結 당 2되씩 징수한다."고 규정하고 있다.[45]

왕실의 사전 운영

실록에는 세종 때 지정한 사원을 제외하고는 전부 혁파하였다고 되어 있지만, 국가의 공인을 받지 못한 사원이 전부 일시에 없어졌다고 볼 수는 없다. 수조지로서의 사전은 태종, 세종 때 혁파되어 군자로 회수되었지만 조세를 부담하는 소유지로서의 사전은 계속 존속한 것으로 보인다. 또한 왕실 관련 주요 사원은 후대까지도 국가의 지속적인 보호와 지원을 받았고, 왕실 관련 사전은 왕실 재정 운용의 한 방편으로 이용되었다. 세종이 공인한 36사 가운데 상당수가 왕실 관련 사찰이었다.

세조 대(1455~1468)에는 일부 사원의 중창과 사전의 확대가 이루어졌다. 1464년(세조 10)에 세조가 복천사福泉寺에 행차하였을 때 전지 200결과 노비 30구를 사급한 예를 볼 수 있다. 수조지로서의 사전은 성종 대(1470~1494)에 더욱 늘어났다. 1478년(성종 9)에는 토지를 가진 대사찰이

---

44 김용태, 앞의 논문, pp.8~18
45 『經國大典』, 戶典, 諸田

43개, 그 규모가 9,910여 결, 세가 2,600여 곡斛에 이르렀다. 이는 문소전文昭殿 불당(내불당), 복천사, 정업원淨業院, 원각사圓覺寺, 보은사報恩寺, 봉선사奉先寺 등을 창건하고 전지를 사급하였기 때문이었다. 그러자 성종 후반에는 이에 대한 반발이 있었다. 그리고 관료들에게 지급한 직전職田의 전세를 관에서 직접 거두는 관수관급제官收官給制가 시행되어 사전에서도 승려가 아닌 국가가 전세를 거두어들이고 지급하였다.

1505년(연산군 11)에 선왕先王과 선후先后를 위한 사전을 포함해 전국의 사전을 속공屬公하라는 명령이 있었다. 하지만 곧이어 중종반정이 일어났고, 중종은 1506년(중종 1) 10월에 수륙사水陸社, 능침사陵寢寺 등 왕실 관련 사원은 조종朝宗을 위한 것이라 하여 위전位田을 환급하게 하였다. 그 후에도 일반 사사寺社의 노비와 전지를 속공하게 하였고, 1517년(중종 12)에는 능침사를 제외한 사원의 사사전이 모두 혁파되었다. 다만 개인 소유의 사전은 속공에서 제외되었다.

명종 대(1546~1567)에는 문정왕후文定王后(1501~1565)가 전국 명산대찰 약 300곳에 왕실 내원당이라는 이름을 부여하고 금패禁牌를 설치하여 유생들이나 지방 관리들의 침탈을 막고 매년 정기적으로 불사 비용을 지급하였다. 내원당의 사전은 면세 특권을 누렸고, 소속 승려들은 각종 역을 면제받았다. 내원당 운영은 왕실 재정을 관할하는 내수사內需司에서 주관하였다. 문정왕후 사후 1566년(명종 21)에 내원당이 지닌 특권은 박탈되었다. 관료들은 내원당의 토지를 모두 환급하여 국가 재정을 확충하고 이를 자신들에게 지급해 주길 기대하였지만, 명종은 내원당 사전을 내수사로 이속시켜 왕실 재원으로 삼았다. 이때 내원당이 혁파되었을 뿐만 아니라 능침사의 수조지를 제외한 대다수 사원의 토지가 국가에 속공되었다고 한다. 이후 사전의 변동에 대해 명확히 알 수는 없

지만 임진왜란 이후 황폐화되어 사원경제의 기반도 크게 축소되었다고 한다.⁴⁶

승려 소유 사전의 증가

국가에서 내린 패가 있는 사원을 제외하고는 조선시대의 사전은 원칙적으로 면세의 대상이 될 수 없었다. 그런데 임진왜란 이후 양전量田에서 고의로 누락시키는 방법 등을 이용하여 사사의 면세지가 늘어났다. 또 일부 사원은 궁방宮房과 연결하여 원당願堂으로 지정받아 그들의 비호를 얻어 비공식적으로 사전을 유지하여 갔다. 그런데 이러한 편법들은 현종顯宗(1660~1674 재위) 초 억불정책으로 타격을 받았다. 1663년(현종 4)에 전국의 사전과 사원노비를 모두 환수하고, 백천白川의 강서사江西寺만 왕의 특명으로 그대로 유지하였다는 기록이 있다. 이 기록을 그대로 믿는 견해도 있긴 하지만, 능침사, 수륙사, 원당 등은 여전히 사전을 보유하였을 것으로 본다.⁴⁷ 다만 이후 더 이상 국가의 공식적인 사전 분급은 없었던 것 같다.

숙종 대(1675~1720) 이후 북한산성의 축성, 남북한산성 방번제防番制 실시, 사원에서의 종이 제조 등으로 불교 교단의 사회적 역할이 다시금 인정받으면서 승려들이 전답田畓을 사들이기도 하고 불사에 전답 보시가 이루어져 사위전답寺位田畓을 소유한 사원이 증가하였다. 또한 조선 후기의 사원들은 갑계甲契, 도종계都宗契, 미타계, 관음계 등의 각종 사찰계寺刹契를 조직하기도 하였는데, 사찰계를 통해 증식한 돈을 주로 전

---

46 김용태, 앞의 논문, pp.19~22
47 김갑주, 앞의 책 (2007), pp.149~153

답을 매입하는 데 사용하였다.⁴⁸ 이와 같이 조선 후기 사원들은 여러 자구책으로 사전을 증대해 나갔다.

조선 후기에는 승려 개인의 토지 소유도 증가한다. 조선 초기까지는 승려의 사유재산 소유가 교리상, 법제상 금지되어 있었고, 세종 이후 과전법에 금지되었던 토지매매가 공인되고 『경국대전』에 승려의 전답 사유 금지 규정이 보이지 않는 것으로 보아 세조 대 무렵부터 비로소 전답의 사유 현상이 나타났다는 견해도 있다.⁴⁹ 하지만 고려시대에도 승려 개인 소유의 토지뿐만 아니라 노비까지도 있었다.⁵⁰ 때문에 세조 이후 승려 개인의 전답 사유 현상이 나타났다는 해석은 재고의 여지가 있다. 그럼에도 조선 후기에 승려 개인의 토지 소유가 확대되는 것은 분명 하나의 특징으로 인정할 수 있다. 나아가 승려가 토지 소유 및 상속을 법적으로 공인받았다는 것은 이전 시기와는 다른 현상이다. 1657년(효종 8)에 "전답을 소유한 승려가 죽은 뒤 전토田土는 제족속諸族屬에게 귀속하고 잡물雜物은 제제자諸弟子에게 전승된다."는 규정이 마련되었다. 승려의 사유 토지는 사원에는 귀속하지 못하고 제자에게도 잡물만 전수하도록 하였다. 여기서 제족속이란 혈연관계의 인척을 의미한다. 토지를 출가 제자가 아닌 재가의 인척에게 상속하라는 것은 승려의 사유 토지가 사전으로 바뀌는 것을 막으려는 의도였다. 간접적이나마 승려의 사유 토지를 사원경제와 구별하려 한 것이다. 하지만 승려의 사유 토지는 공적으로 지정된 상속자보다도 실질적으로는 그 상좌의 소속 사원에 시납

---

48 한상길, 「朝鮮後期 寺刹契의 조직과 활동」, 『大覺思想』 4 (서울: 대각사상연구원, 2001), pp.258~265
49 김갑주, 앞의 책 (2007), pp.154~156
50 이병희, 앞의 책 (2009), p.245

되었을 가능성이 크다.[51] 조선 후기 사원은 외면적으로는 승려의 사유재산을 상속하는 방식으로 사전을 유지해 나갔다고 볼 수 있다.

---

51 김갑주, 앞의 책 (2007), pp.160~164

권력과 사전寺田

　농경이 주요 산업이었던 한국의 전통 사회에서 부를 판단하는 기준은 토지의 획득 정도였다. 국가 체제가 성립한 뒤 토지 문제는 집정자의 주된 관심사였다. 국가는 재정 기반을 확립하기 위해 사적인 대토지 소유를 규제하려 하였고, 농민들 사이에 벌어진 토지 소유의 격차를 막기 위해 토지의 배분을 어떻게 균등하게 할 것인가를 고민하였다.[52] 동아시아의 사원들은 스스로의 힘으로, 또는 후원을 받아 대토지 소유자로 성장하였다. 그런데 대토지 소유를 규제해야 할 국가가 주요한 후원자 역할을 하기도 하였는데, 한국사에서는 특히 그러한 사례를 많이 찾아볼 수 있다. 한국에서 사전寺田의 위상은 불교의 부침浮沈과 그 역사적 맥락을 같이하였다.

　삼국시대부터 사전이 형성되었는데, 사전은 기본적으로 국가의 토지 제도라는 틀 속에서 운영되었다. 사전 지급 및 관리에 관한 규정은 보이지 않지만, 사원에 토지를 기진하는 행위를 규제하는 조치는 확인된다. 고려시대에는 전시과田柴科가 정비되면서 국가에 일정한 역할을 담당하는 승려는 그 대가로 전지田地를 받았고, 국가가 지정한 비보사원裨補寺院은 수조지를 분급받았다. 국가는 기본적으로 수조지를 사원에 나눠주었고, 사원의 소유지에는 면세권을 부여하였다. 사원은 개별적으로도 소유지를 확대해 나갔다. 특히 고려 후기에 전시과가 붕괴되고 농장이 확대되는 분위기에 사원은 적극 동참하였다. 고려 말 위화도 회군으로

---

[52] 미조구치 유조 외 엮음, 『중국사상문화사전』(서울: 책과함께, 2011), p.340

권력을 잡은 이성계를 비롯한 신진세력은 과전법科田法으로 토지 문제를 해결하려 하였다. 과전법 및 조선 초 불교정책의 영향으로 사전은 급격히 감소하였다. 왕실과 연계된 사원의 사전이나 소유지로서의 사전은 계속 존속하였지만 현종이 전국의 사전과 사원 노비를 모두 환수한다는 명령을 내린 이후로는 더 이상 국가의 공식적인 사전 분급은 없었다. 이후 사원들은 사찰계를 조직하는 등 사전 마련을 위한 자구책을 강구하였다.

중국의 경우 사원은 남북조 시기부터 많은 특권을 누렸고, 이러한 면모가 당대까지 이어졌다. 당의 토지제도는 기본적으로 토지를 국민에게 공평히 분배하는 균전제均田制가 원칙이었으므로, 승려와 도사에게 30묘, 승니와 여관에게 20묘의 전지를 지급하였다. 그렇지만 실제로는 관료 중심의 대토지 소유 체제가 확립되었다.[53]

사원도 신자들의 희사나 빈민 토지의 겸병을 통해 수천만 경이나 되는 막대한 토지를 보유하였고,[54] 이를 바탕으로 무진장無盡藏 등의 대부업이나 임대업 등의 영리사업도 추구하였다. 당의 사원은 국가의 후원 하에 특권적 혜택을 누리기도 하였지만, 국가의 의지로 대대적인 탄압을 받기도 하였다. 당 무종武宗(840~846 재위)은 845년에 사원을 폐쇄하고 승니 26만 명을 환속시키면서 사전도 수십만 경이나 몰수하였다. 사전의 몰수를 명한 것은 당시 사원이 많은 장전莊田을 소유하여 국가 재정에 악영향을 미쳤기 때문이었다. 그렇지만 선종宣宗(846~859 재위) 이후 옛 땅을 대부분 회복하였고, 당말 혼란을 틈타 사원들은 다른 번진藩

---

53 김유철,「均田制와 均田體制」,『講座中國史Ⅱ』(서울: 지식산업사, 1989), p.205
54 鎌田茂雄,「唐代佛教の社會的發展」,『中國佛教史6-隋唐の佛教(下)』(東京: 東京大學出版會, 1990), pp.145~158

鎭들과 함께 더욱 토지를 확대해 나갔다.[55] 송대宋代 토지제도의 특징은 장원제와 지주전호제地主佃戶制의 발달이라 말할 수 있는데, 여기에 국가의 개입·규제 정도에 대해서는 논란이 있지만,[56] 송대에도 사원은 여전히 막대한 토지를 보유하고서 영리사업도 행하였다. 그러다 국가에서 사원의 재산 일부를 공출시켜 지방 재정에 보충하게 함으로써 사원 세력이 위축되었다.

한국의 사전 운영은 처음에는 중국과 비슷한 양상으로 전개되었다. 토지의 사적 소유권이 인정된 사회에서 국가가 사원에 토지를 분급하기도 하고 시납, 투탁, 개간, 매매 등의 방법으로 사원이 스스로 소유지를 늘려갔다. 그러다 한국의 나말여초 시기, 중국의 당말오대 시기의 전환기를 겪으면서 약간의 차이가 발생하였다. 당말唐末의 사원은 '장원'을 보유한 독자적인 세력으로 성장하여 사전 운영에 국가의 개입 여부가 많지 않았다. 일본 중세의 사원도 소유 토지에 대해 불수불입不輸不入의 특권을 누리고 국사國司를 추방하는 등 일종의 정치적 지배까지 행사하였다.[57] 반면 고려시대에 불교 세력은 철저하게 국가 체제 안에 포함되어 있었고, 사전도 전시과 체제 안에서 관리되었다. 고려 후기에 전시과 체제의 붕괴와 함께 사전도 비정상적으로 팽창하기는 하였으나 이는 일시적인 현상에 불과하였다. 조선의 건국과 함께 사원의 사전은 급격히 축소되었고 조선 후기에는 더 이상의 국가로부터의 분급도 사라지게 되었다. 한국의 사전 운영이, 중국과 일본과 같은 중세의 변화를 겪지 않

---

55 周藤吉之,『中國土地制度史硏究』(東京: 東京大學出版會, 1965 2版), p.34~36
56 이범학,「宋代의 社會와 經濟」,『講座中國史 Ⅲ』(서울: 지식산업사, 1989), pp.137~145
57 坂本賞三,『莊園制成立と王朝國家』(東京: 塙書房, 1985)

고, 줄곧 국가 권력에 종속되어 있었다는 사실은 한국의 정치 사회를 이해하는 데도 시사하는 바가 크다고 생각한다. **사전**

| 참고문헌 |

金甲周,『朝鮮時代寺院經濟研究』(서울: 同和出版公社, 1983)
金甲周,『조선시대 사원경제사 연구』(서울: 경인문화사, 2007)
姜晋哲,『高麗土地制度史研究』, (서울: 고려대학교출판부, 1980)
李載昌,『韓國佛敎寺院經濟研究』(서울: 불교시대사, 1993)
裵象鉉,『高麗後期寺院田硏究』(서울: 國學資料院, 1998)
李炳熙,『高麗後期 寺院經濟 硏究』(서울: 경인문화사, 2008)
李炳熙,『高麗時期 寺院經濟 硏究』(서울: 경인문화사, 2009)
崔森燮,「高麗時代 寺院財政의 硏究」,『白山學報』23 (서울: 백산학회, 1977)
송주환,「조선전기의 사원전-특히 왕실 관련 사원을 중심으로」,『한국사연구』79 (서울: 한국사연구회, 1992)
金炯秀,「高麗前期 寺院田 經營과 隨院僧徒」,『한국중세사연구』2 (경산: 한국중세사학회, 1995)
김용태,「조선전기 억불정책의 전개와 사원경제의 변화상」,『조선시대사학보』58 (서울: 조선시대사학회, 2011)

제3부

문화와 교류

자장

변체한문

연등회 · 팔관회

자장 慈藏

정영식

Ⅰ. 자장의 생애

    자장의 삶/ 오대산 순례의 진위

Ⅱ. 자장의 사상적 기반

    사분율 전승/ 섭론학 수용/ 문수신앙

Ⅲ. 자장의 교단 정비와 불교시책

    불교교단 정비/ 사리탑 건립/ 황룡사 장육존상

Ⅳ. 수문제 불교 정책과의 관계

    불사리신앙/ 황룡사와 대흥선사/ 교단제도

■ 자장과 신라 불교교단

I. 자장의 생애

자장의 삶

 삼국 중 고대국가의 성립이 가장 늦었던 신라는 법흥왕 대(514~540 재위)에 불교를 공인함으로써 왕권강화를 위한 이념적 기반을 마련하고, 이후 진흥왕 대(540~576 재위)에 이르러서는 본격적인 삼국통일을 위한 준비에 착수하였다. 진흥왕 11년에는 백제군을 격파하고 한강에 신주新州를 설치하여 독자적인 대중국 외교항로를 확보하였다. 이것은 고구려와 백제의 반발을 불러일으켜 이후 삼국은 상호 항쟁기에 돌입하게 된다.

 가장 세력이 미약했던 신라가 삼국을 통일할 수 있었던 것은 당을 이용한 외교전략과 국가 체제의 정비를 효과적으로 달성했기 때문이다. 이러한 삼국통일기에 자장은 당에 유학하여 불교학을 배워 왔을 뿐만 아니라 정치적으로도 큰 역할을 담당하였다. 특히 자장에 의해서 신라에서는 처음으로 수계제도授戒制度가 확립되었고, 승관제도를 비롯한 교단 체제가 정립되었다.

 자장慈藏의 생몰연대는 분명하지 않으나 선덕여왕(632~646 재위) 시대에 주로 활동하였다. 『삼국유사三國遺事』 「자장정률慈藏定律」에 의하면, 자장의 아버지는 진한辰韓의 진골로서 소판蘇判의 작위를 지낸 무림武林이었다. 무림은 아들이 없다가 늦게 관음기도를 하여 자장을 낳았다. 자장은 부모를 여의고는 처자를 버리고 출가하여 깊은 산속으로 들어가 해골을 보면서 수행하는 고골관枯骨觀을 행하였다.

638년에 선덕여왕의 명을 받고 문인인 실實 등 승려 십여 명과 함께 당에 유학하였는데, 당의 수도인 장안에 들어가자 당태종이 칙명으로 승광별원勝光別院에 머물게 하였다. 후에 다시 종남산終南山 운제사雲際寺의 동악東崿에 주석하면서 선관禪觀을 닦았다. 643년에 선덕여왕이 당태종에게 자장을 돌려보내 줄 것을 요청하자, 자장은 대장경 1부와 여러 종류의 불상 등을 가지고 귀국하였다. 신라로 돌아온 자장은 대국통大國統이 되어 신라 승려들의 규제와 법식을 관장하였다. 또 통도사를 창건하여 금강계단을 세웠으며, 645년에 황룡사 구층탑이 완성되자 중국에서 가져온 석가모니 진신사리 중 6과를 탑에 안치하고, 나머지는 통도사의 금강계단과 대화사大和寺 탑 안에 나누어 안치했다. 만년에 강릉군의 수다사水多寺에 기거하고 마지막으로 태백산 석남원石南院에서 임종한 것으로 전해진다. 전해지는 목록에 의하면 그는 『사분율갈마사기四分律羯磨私記』1권 · 『십송율목차기十誦律木叉記』1권 · 『출관행법出觀行法』 · 『제경계소諸經戒疏』 등 율부의 주석서와 『아미타경소阿彌陀經疏』 · 『아미타경의기阿彌陀經義記』 등 정토 관련 주석서를 지었다고 한다.

오대산 순례의 진위

자장의 생애에서 문제가 되는 것은 그의 입당 연대가 636년(선덕여왕 5)인가 638년(선덕여왕 7)인가 하는 것이다. 현재 자장 당대의 자료인 『속고승전』 「자장전慈藏傳」과 현존하는 국내 최고最古의 자료인 「신라황룡사구층목탑찰주본기新羅皇龍寺九層木塔札柱本記」에는 638년으로 되어 있는 반면, 후대의 자료인 『삼국사기』와 『삼국유사』 「자장정률」에는 636년설을 따르고 있다.

자장의 입당 연대가 중요한 이유는 그것이 자장의 오대산 설화와 관련되기 때문이다. 즉 자장이 중국의 오대산에 가서 문수보살을 친견하였다는 기록은 『삼국유사』에 처음 나오는데, 최근까지만 하더라도 많은 학자들이 이것을 비판 없이 역사적 사실로 받아들였다. 그러나 자장의 입당 연대를 638년으로 하는 1차 자료인 『속고승전』과 「신라황룡사구층목탑찰주본기」에는 오대산 관련 기록이 보이지 않는다. 따라서 자장이 오대산을 순례하였고 거기서 문수보살을 친견했다는 오대산 설화는 후대에 윤색된 것이다.

"오대산이 문수보살의 주처이다."라고 하는 오대산 화엄신앙은 원래 각각 독립적으로 전개되어 왔던 오대산신앙(산악신앙)·문수보살신앙(대승보살신앙)·화엄사상(화엄경)이 당대 초기에 와서 서로 융합되어 정착한 것으로 본다. 특히 중국 화엄종의 제4조인 징관澄觀(738~839)이 오대산 화엄사華嚴寺의 반야원般若院에 주석하면서 오대산을 『화엄경』 중의 청량산清涼山과 일치시킴으로써 오대산 화엄신앙은 새로운 전기를 마련하였다. 따라서 자장의 오대산 설화는 오대산신앙이 화엄사상·문수신앙과 합쳐져서 문수보살의 상주처로서 중국의 오대산 지역을 확정지은 신라 하대 이후에 창작된 것이다. 말하자면 원래 자장이 만년에 문수보살을 신봉하였고, 신라 하대 무렵 오대산을 중심으로 문수신앙과 화엄신앙이 혼합되고, 신라 하대 이후 자장이 문수신앙과 오대산신앙의 기원자로서 윤색된 후 『삼국유사』에 서술되었다고 해야 할 것이다. 그러므로 자장의 오대산 관련 설화는 후대에 윤색된 것이고, 동시에 자장의 입당 연대는 선덕여왕 7년(638)이라고 보는 것이 맞다.[1]

---

[1] 남동신, 「자장의 불교사상과 불교치국책」, 『한국사연구』 76 (서울: 한국사연구회, 1992), pp.18~23.

II. 자장의 사상적 기반

사분율 전승

자장이 한국불교사에서 갖는 의의는 역시 계율의 확립과 유포에 있을 것이다. 그리고 이것은 귀국 후 그가 행한 교단 정비와 밀접한 관계에 있다.

우선 "내 차라리 하루라도 계를 지니고 죽을지언정 백 년을 파계하고 살기를 원치 않는다(吾寧一日持戒而死, 不願百年破戒而生)."고 하는 유명한 말에서도 상징되듯이, 자장의 생애는 계율과 밀접한 관련이 있다. 『삼국유사』「자장정률」에서 "조정에서 의논하기를 '불교가 동쪽으로 퍼져서 들어온 지 백천 년이 되었지만, 주지에 관한 제도와 질서가 없으니……'"[2]라고 말하는 것은 자장 이전의 신라 불교교단에는 제대로 된 계율이 없었던 것을 시사한다. 어쩌면 자장의 대당유학은 중국 본토의 계율과 수계작법授戒作法을 배워 와서, 신라에 계단을 설치하여 승니를 제도하고 계율을 통해 교단을 정비하는 데 목적이 있었을지도 모른다. 또 자장은 중국 유학 중에도 계를 받고 계를 준 기록이 있으며, 당태종의 호의로 광덕방의 승광별원에 머물면서 도둑에게 계를 주어 개과시키기도 하는 등 자장에 관한 많은 기록이 율사로서의 위상을 부각시키고 있다.

자장이 스스로 지키고 또 승려들에게 강조한 계율은 사분율이었는데, 실제로 자장은 『사분율갈마사기四分律羯磨私記』 1권을 저술한다. 신

---

[2] 강인구·김두진·김상현·장충식·황패강, 『역주삼국유사』 권4 (성남: 한국정신문화연구원, 2003), p.93

라에서 사분율에 대한 관심이 고조된 것은 7세기에 접어들면서부터다. 예를 들어 585년에 진陳에 유학하여 602년에 귀국한 지명智明은 사분율의 수계작법을 다룬 것으로 보이는 『사분율갈마기四分律羯磨記』 1권을 남겼고, 자장이 당에서 귀국할 때 함께 왔던 원승圓勝도 『사분율갈마기四分律羯磨記』 2권과 『사분율목차기四分律木叉記』 1권을 남겼다.

자장의 계율사상을 논하면 논점이 되는 것은 두 가지이다. 첫째는 그가 사분율을 중시하게 된 데는 당唐의 도선道宣(596~667)의 영향이 크다는 사실이다. 도선이 『범망경梵網經』을 참작하여 대승적으로 사분율을 해석한 이래 중국에서 사분율의 전통이 확립되었기 때문이다. 도선은 이미 626년에 『사분율행사초四分律行事抄』 3권, 627년에 『사분율습비니의초四分律拾毘尼義鈔』 3권(또는 6권), 635년에 『사분율갈마四分律羯磨』 2권을 저술하여 율학의 체계를 완성하고 학자로서 명성을 얻었다. 자장이 종남산에서 수학할 당시 이미 도선은 사분율의 대가로서 널리 알려져 있었으므로, 자장이 큰 영향을 받았을 것이라 생각된다.

두 번째 논점은 자장은 소승계인 사분율을 기반으로 대승보살계大乘菩薩戒를 원용하였는데, 대승보살계 중 어떤 계를 채용하였는가 하는 문제이다. 이에 대해서는 학자마다 의견이 분분하여, 자장이 귀국 후 『섭대승론攝大乘論』을 강의하는 등 섭론학에 관심이 많았으므로 『섭대승론』으로 대표되는 구유식의 유가계瑜伽戒였다고 보기도 하고,[3] 자장에게 영향을 준 도선이 지지계地持戒와 범망계梵網戒를 종합하는 경향이 있었으므로 자장도 같은 경향이었을 것이라고 보기도 한다.[4]

---

3 김복순, 「慈藏의 생애와 율사로서의 위상」, 『대각사상』 10 (서울: 대각사상연구원, 2007), p.27.
4 남동신, 앞의 논문, p.37.

섭론학 수용

현존하는 자장의 저술이 없으므로 자장이 어떠한 불교사상을 가졌는가 하는 것은 전기傳記와 당시 동아시아 불교사상을 통해 유추해 보는 수밖에 없다. 열반학涅槃學과 섭론학攝論學이 그의 사상적 배경이 되었는데, 우선 『열반경』의 영향이 컸다. 그 근거로는 자장의 일생이 『열반경』에 나오는 석가모니의 일생 및 수행과정과 유사한 부분이 많은 점,[5] 자장의 문수신앙의 경전적 배경에 『문수열반경文殊涅槃經』이 있다는 점 등이 있다.

그런데 자장의 사상 형성에 가장 큰 영향을 준 것은 『섭대승론』을 중심으로 하는 섭론학이었다. 섭론학에 관한 자장의 저술은 없지만, 『출관행법』이 전식득지轉識得智의 입장에서 유가행에 큰 비중을 두고 있는 유식학 관계의 저술로 보인다. 또 자장은 귀국 후 한 여름 동안 『섭대승론』을 강의함으로써 섭론사상을 유포하고자 하였다.

인도의 유식론사唯識論師 무착無著(4세기경)의 저서인 『섭대승론』을 수나라 때 진제眞諦(469~569)가 번역한 이후 수·당대에는 장안을 중심으로 섭론학이 크게 성행하였다. 섭론학파는 후일 현장玄奘(602~664)의 신유식新唯識과 구분하기 위하여 구유식舊唯識이라고 한다. 섭론학은 모든 사물의 존재를 부정하는 중관 계통의 삼론학과 달리 인간과 세계의 모든 사물은 오직 의식의 산물이라고 주장하였다.

---

5 자장의 생애와 석가모니의 일생이 비슷하다는 것은 출생일이 4월 8일이라는 점, 재상(석가모니는 국왕)이 될 수 있는 지위를 마다하고 출가한 점, 『열반경』에서 석가모니가 백골관을 권장한 점, 80세를 장수하리라는 예언이 석가모니의 나이 80을 염두에 둔 것이라는 점 등이다. 남동신, 위의 논문, p.13

신라에서 『섭대승론』은 원광圓光(?~630)에 의해 최초로 강설되었는데, 『섭대승론』은 원광이 장안에서 오랫동안 연구, 강설한 주요 교재였다. 원광은 후학을 양성하면서 『섭대승론』을 강설하였을 것으로 추정되는데, 왜냐하면 『섭대승론』은 대승불교 사상을 모두 포함하는 개론서적인 성격의 문헌이기 때문이다. 자장도 원광을 통해 『섭대승론』을 알고 있었고, 섭론학을 위시한 당시 장안 불교계의 새로운 조류를 배우는 것이 유학 목적의 하나였을 것이다.

자장의 섭론학에 영향을 준 인물은 두 부류로 나눌 수 있는데, 첫째는 법상法常(567~645)이다. 법상은 『법원주림法苑珠林』「법상전法常傳」에 의하면 "자장이 당으로 가는 배 안에서조차 법상의 꿈을 꿀 정도"로 존경한 인물이었다. 실제로 자장은 장안 도착 즉시 공관사空觀寺에 있던 법상을 찾아가 보살계를 받고 예를 다하여 그를 섬겼다. 법상은 당대唐代 섭론학의 대표적 학승이었고, 그가 쓴 『섭론의소攝論義疏』 8권과 『섭론현장攝論玄章』 5권은 당시 당 불교계를 풍미하고 있었다. 두 번째는 자장이 머문 장안 승광사勝光寺가 섭론 연구의 중심사찰이었다는 사실이다. 즉 수대隋代에는 담천曇遷(542~607)이 여기에 머물면서 북지섭론학北地攝論學을 개척하였으며, 당 초기에는 주로 남도파南道派 지론학자地論學者와 섭론학자들이 머물렀다. 따라서 자장이 승광사에 머물면서 섭론학을 수학하였을 가능성이 크다고 할 수 있다. 자장이 장안을 중심으로 이러한 북지섭론학을 수학한 기간은 장안에 도착한 638년부터 종남산으로 옮겨가는 640년까지로 추정된다.

문수신앙

자장과 문수보살과의 관련은 그의 생애를 이해하는 데 중요한 단서 중의 하나이다. 많은 문헌에서 자장이 문수신앙을 가지고 있었음을 말하고 있는데, 자장이 오대산에서 문수보살을 친견하여 범게梵偈를 받았고(『삼국유사』 「자장정률」) 황룡사 구층목탑의 건립을 그에게 부촉한 이도 문수보살이었다(『삼국유사』 「황룡사 구층탑」).

자장이 오대산을 순례한 것은 역사적 사실이 아니라 할지라도 자장이 문수신앙을 가지고 있었던 것은 부인할 수 없다. 자장은 만년에 문수신앙을 열렬히 신봉하여 문수보살의 상주처를 찾았는데, 「자장정률」에 나오는 강릉군江陵郡 수다사水多寺·대송정大松汀·태백산太白山 갈반지葛蟠地 등은 자장이 실제로 답사한 지역이었을 것이다.

그렇다면 자장의 문수신앙의 근거가 된 것은 어떠한 경전일까? 먼저 생각되는 것은 『화엄경』이다. 「자장정률」에는 "자장이 귀국 후 원령사元寧寺의 낙성법회에서 잡화만게雜花萬偈를 설하자 52녀女가 현신하였다."고 기록되어 있는데, 이때의 잡화만게는 다름 아닌 『화엄경』이며 52녀는 『화엄경』 「입법계품」에 나오는 53선지식이라는 주장이 있다. 한편 자장의 문수신앙에 직접적 영향을 준 것은 『불설문수사리반열반경佛說文殊師利般涅槃經』(일명 『문수열반경文殊涅槃經』)이라는 주장도 있다. 남동신은 자장에게 큰 영향을 준 도선道宣 등 당시의 중국 불교계 내에 오대산 문수신앙의 경전적 배경을 『문수열반경』에서 찾으려는 경향이 있음을 지적하면서, 자장이 종남산에서 수행할 때 도선에게서 문수신앙을 수용하였을 가능성을 말하고 있다.[6]

---

6 남동신, 위의 논문, p.24

신라의 문수신앙은 자장 이후 7세기 후반이 되면 그 이론적 배경과 견고한 신행을 갖추어 간다. 신라의 문수신앙은 다음과 같은 세 가지 특징을 가지고 있다고 한다.[7] 첫째는 식재息災의 현세구복적인 면이며, 둘째는 현신現身을 통한 어리석음의 타파, 셋째는 현실을 긍정하는 불국토사상의 현양이다. 이것은 자장의 문수 설화에서 그대로 드러나는 특징이기도 하다. 즉 문수보살은 자장의 생애에서 때로는 이승異僧으로 때로는 '남루한 옷차림의 노거사老居士'로 '현신'하였으며, 황룡사 구층목탑의 건립을 부촉함으로써 신라가 불국토임을 보였다.

Ⅲ. 자장의 교단 정비와 불교시책

불교교단 정비

자장은 643년에 귀국한 후 대국통이 되어 여러 가지 불교정책을 시행하였다. 특히 계율에 입각하여 교단의 규율을 강화하고, 승관을 두어 이를 감독하고 관리하게 하였다. 귀국 후에 자장이 실행한 교단 정비는 말할 것도 없이 대당유학의 경험이 큰 도움을 주었을 것이다. 우선『속고승전』「자장전」과『삼국유사』「자장정률」에 나타난 그의 불교시책을 정리해 보면 다음과 같다.

그때 왕과 상하의 신하들이 최고 책임자에 대해 협의하고, 모든 불법

---

7 정병조,「자장의 문수신행연구」,『불교연구』22 (서울: 한국불교연구원, 2005), p.37

에는 반드시 규율이 있어야 하므로 모두 승통에게 맡겼다. 이에 자장은 승니오부僧尼五部로 하여금 각각 구학을 증진시키고, 나아가 강관綱管을 두어 교단을 감찰하고 유지시켰다. 또 보름마다 계를 설하고 율에 의거해 참회하게 하였으며, 봄·겨울에는 시험을 보아 율의 지범持犯을 알게 하였다. 또 순사巡使를 두어 사원을 유력하면서 격려·설법하게 하고, 불상을 장엄하고 중업衆業을 운영하여, 교단의 규율을 항상되게 하였다.[8]

칙을 내려서 자장을 대국통으로 삼았다. 승니의 모든 규율을 승통에게 맡겨서 주관하게 하였다. … 자장은 승니오부로 하여금 각각 구학을 증진시키고 반달마다 계를 설하고, 봄·겨울에는 시험을 보아 계의 지범을 알게 하였으며, 원관員管을 두어 그것을 유지시켰다. 또 순사巡使를 파견하여 외사外寺를 점검하고 승들의 잘못을 경계하였으며, 경전과 불상을 장엄하여 항식恒式으로 삼았다.[9]

위에서 보면, 자장은 교단을 사미沙彌·사미니沙彌尼·정학녀淨學女·비구比丘·비구니比丘尼의 승니오부로 조직하였고, 계율은 『사분율』에 기초하면서도 대승보살계를 가미한 융통성 있는 계율을 적용하였음을 알 수 있다. 자장이 『사분율갈마사기』·『십송율목차기』 등을 저술한 것에서도 알 수 있듯이, 수계 시의 작법 등도 이때 확립되었을 것이다.

그런데 『속고승전』에 따르면 자장은 승관으로서 강관綱管과 순사巡使를 두었는데 『삼국유사』에는 강관이 아니라 '원관員管'으로 되어 있다.

---

8 道宣 撰, 『續高僧傳』「慈藏傳」(『大正藏』 50, 639a).
9 강인구·김두진·김상현·장충식·황패강, 『역주삼국유사』 권4, pp.93~94.

지금까지 강관과 원관의 유래와 성격에 대해서 상세히 밝힌 논문은 존재하지 않고,[10] 이수훈은 원관을 "교단의 실질적인 행정사무를 관할한 세속의 관원이었다."고 추측하고 있는데, 이는 원관員管을 관원官員으로 해석했기 때문이다. 그에 의하면, 자장에 이르러 교단의 승관제도가 정비되었는데 선덕여왕 12년(643)의 원관員管 설치→진덕여왕 원년(647) 대도유나大都維那 1인・대서성大書省 1인 증원→진덕여왕 5년(651) 세속 관원인 대사大舍・사史 설치로 이어지는 일련의 개혁 과정 중에 있다고 보고, 세속 관원인 원관이 나중에 대사・사로 변화, 정착했다고 주장한다.[11]

그러나 필자의 조사에 의하면 강관은 수문제 때 이미 존재하고 있었던 승직이다.

> 율사인 법원法願은 제조齊朝 때부터 율호律虎라고 불리었다. 수 황제의 명을 받아 병주幷州 대흥국사大興國寺의 주지에 임명되었고, 누차 강관이 되어 승려들을 잘 통솔하였다.[12]

강관은 중앙의 승관직이 아니라 개별 사원의 승직이었다. 20세기 초에 발견된 돈황문서 가운데는 당대 돈황 사원의 실정을 알려주는 문헌이 다수 보인다. 그런데 그 중 「천복 2년 4월 28일 도승통현조첩天復二年

---

10 남동신은 "강관은 北齊의 승정제도에서 보이는 斷事沙門을 연상케 한다."고 간단히 언급하고 있다. 남동신,「신라 중고기 불교치국책과 황룡사」,『신라문화제학술발표회논문집』22 (경주: 신라문화선양회, 2001), p.29
11 이수훈,「신라승관제의 성립과 기능」,『부대사학』14 (부산: 부산대학교사학회, 1990), pp.10~11
12 本覺 編,『釋氏通鑑』(『卍續藏經』133, 903a)

(902)「四月二十八日都僧統賢照帖」에는 다음과 같이 기록되어 있다.

  도승통은 제승니사諸僧尼寺의 강관 등에게 통첩한다. 상서尙書의 처분을 받들어서 사원의 예참이 끊어지지 않게 하고, 매일 밤 『대불명경大佛名經』 1권을 독송하고 하안거 중에는 더욱 열심히 정진하라. 게을러서 멋대로 한다면, 사주寺主로 하여금 견책하게 하여 수치를 줄 것이다. 모두 무슨 말인지 알 것이나 지금부터는 멋대로 해서는 안 된다. 만약 어기는 자가 있다면, 먼저 규율을 책임지는 강관을 벌하고 그 후에 본인에게 죄를 물을 것이다.[13]

  여기서 보면 강관은 사원의 규율을 감독하는 1차적 책임자였음을 알 수 있다. 또 강관은 승려가 규율을 어겼을 경우 당사자에 앞서 감독자로서 먼저 처벌을 받는다고 규정되어 있다. 위 문헌이 작성된 902년은 귀의군歸義軍 시대로서 귀의군 절도사인 장의조張議潮는 당조의 시책을 많이 본받아 시행하고 있었다. 따라서 돈황의 사원이라 해도 당조의 사원제도와 승관제를 그대로 시행하였을 것이다.
  『삼국유사』「자장정률」이『속고승전』「자장전」의 기록을 참고해서 저술되었음에도 불구하고 강관을 원관으로 고치고 있는 것은 신라시대에 강관이라는 승직이 존재하지 않았기 때문에, 『속고승전』을 쓴 도선이 비슷한 성격의 중국 승관인 강관을 대신해서 썼으리라고 추측된다. 그렇다면 강관과 원관은 비슷한 성격을 가진 승직이어야 하므로 이수훈의 주장처럼 속인 관리라고 할 수는 없다. 결국 중국의 강관과 같은 성격을

---

13 鄭炳林,「晩唐五代敦煌佛教教團的科罰制度硏究」,『敦煌硏究』2 (蘭州: 敦煌硏究院, 2004)

가진 '승려들의 규율을 단속하는 개별 사찰에 존재했던 승직'이라고 보는 것이 타당할 것이다.

다음은 순사巡使에 대해서인데, 지금으로서는 순사가 일반명사인지 고유명사인지 알 수 없고, 중국의 승직에도 순사는 보이지 않는다. 단지 『대종조증사공대변정광지삼장화상표제집代宗朝贈司空大辨正廣智三藏和上表制集』에서 건원 3년(760)에 「청대흥선사수관정도량請大興善寺修灌頂道場」을 지은 사원종史元琮의 직책 가운데 궁원도순사宮苑都巡使라는 명칭이 보인다. 이것은 당대에 도순사都巡使라는 직명이 있었음을 가리킨다. 그러나 이 도순사가 승직이 아니라 관직이었을 가능성도 있다.

그런데 이수훈은 7세기 중엽 신라에 지방의 승관인 주통州統과 군통郡統이 설치됐다고 하면서, 순사가 주통과 군통의 초기 형태일 것이라고 주장한다. 그의 주장에 의하면, 순사는 지방에 정주하는 승직이 아니라 중앙에서 임시로 지방에 파견한 직책으로서, 순사를 둔 것은 불교의 지방 확산에 따른 통제의 필요성 때문이라고 한다.

사리탑 건립

신라에 최초로 사리가 전래된 것은 진흥왕 10년(549)의 일로 양梁에서 전해졌다. 진흥왕은 백관百官을 보내서 사리를 맞이하고 흥륜사興輪寺에 봉안했다고 한다. 진흥왕 대에는 진신사리에 대한 신앙이 크게 발전하였는데, 576년에 안홍安弘에 의해 진신사리가 전해졌다. 그리고 수문제 때인 601년에 고구려·백제·신라가 모두 사리를 요청하여 1과씩 받았다는 기록이 있다.

신라 왕실의 진신사리신앙이 본격적으로 발전한 시기는 선덕여왕 대로서, 634년에 선덕여왕의 원찰로 발원된 분황사 모전석탑芬皇寺 模塼石塔 탑신부에서 사리석함舍利石函과 사리장엄구舍利莊嚴具 등이 발견되었는데, 이것은 신라 왕실이 발원한 사리장엄구 중에서 현존하는 것으로는 최고最古이다. 그러나 본격적으로 국왕이 후원하는 진신사리 공양은 자장의 귀국(643) 이후에 시작된다. 현재 『속고승전』 등의 중국 문헌에는 자장이 당에서 가지고 온 것은 경전과 불상佛像·번幡·화개花蓋 등이지 사리 전래의 기록은 없고, 『삼국유사』 「자장정률」에는 오대산에서 이승異僧이 가사와 사리를 주었고, 「황룡사장육皇龍寺丈六」에는 오대산에서 사리 100과를 받았다고 기록되어 있으며, 「대산오만진신臺山五萬眞身」에는 배라금점가사緋羅金點袈裟·불발佛鉢·불두골佛頭骨을 전해 받았다는 기록이 있다. 『삼국유사』의 기록을 그대로 믿기는 어렵지만, 자장의 사리신앙이 일찍부터 중국에서도 유명했음을 『속고승전』은 다음과 같이 전하고 있다.

또 따로 사탑 10여 개를 세웠는데 사탑 한 개를 건립할 때마다 온 나라가 숭상하였다. 이에 자장이 발원하기를 "만약 사탑을 세울 때 영험이 있다면 이상異相을 드러내기를 바랍니다."라고 하니, 사리가 감응하여 그릇 속에 나타났다. 사람들이 경탄하여 시주물을 산처럼 쌓았고 계를 받았다. 마침내 선행이 널리 전파되었다.[14]

이 기록에 의하면, 자장이 건립한 10여 개의 사탑은 사리탑이며 사리탑을 건립할 때 사리가 출현하였음을 알 수 있다. 또 "탑을 하나 세울

---

14 道宣 撰, 『續高僧傳』 「慈藏傳」(『大正藏』 50, 639c)

때마다 온 나라가 숭상하였다."든지 "시주물이 산처럼 쌓였다."는 기록에서 사리탑 건립이 자장 개인의 숭불에서 나온 것이 아니라 국가적인 사업으로서 행해졌음을 알 수 있다.

그런데 자장의 사리탑 건립은 선덕여왕의 통치 전략과 밀접한 관계가 있다. 자장이 선덕여왕의 왕권 강화를 위해 노력한 것은 익히 알려진 사실이지만, 사리탑 건립도 선덕여왕이 전륜성왕의 후예인 것을 강조하여 여왕으로서의 약한 이미지를 극복하기 위한 것이었다. 643년 3월에 자장이 선덕여왕의 요청에 의해 귀국한 후 그해 9월 신라는 고구려와 백제의 침략을 맞아 당에 군사원조를 요청하였다. 그러나 당 태종은 구원의 대가로 선덕여왕을 폐위하고 당 황실의 남자를 왕으로 세울 것을 제안하였다. 이 사건은 일종의 해프닝으로 끝났지만, 이 사실이 신라에 알려지면서 여왕폐위론이 비등하게 되었고, 결국 3년 후에 비담毗曇의 난亂이 일어나는 계기가 되었던 것이다. 어쨌든 이 사건으로 인해 선덕여왕은 대내외적으로 왕권을 위협받는 상황에 이르렀고 이에 대한 해결책에 부심하였다. 이때 자장은 선덕여왕이 진신사리를 호지·공양할 만한 전륜성왕의 후예임을 대내외에 선포하는 방책을 마련하였다. 우선 그는 645년에 황룡사에 사리탑인 9층 목탑을 세울 것을 건의하였으며 그 외에도 10여 기의 사리탑을 건립하였다. 각지의 사리탑 건립 때에는 당시 신라의 중심사찰이었던 황룡사에서 사리봉송의식을 성대히 행한 후에 고승과 관리를 파견하여 사리를 봉송하였을 것이다.

황룡사 장육존상

『삼국유사』에 의하면 신라에는 삼보三寶(진평왕의 옥대玉帶·황룡사 구층목탑·황룡사 장육존상)가 있었다고 한다. 그런데 이 신라 삼보 중 옥대를 제외한 황룡사 구층목탑과 황룡사 장육존상이 자장과 관계되고 있다. 즉 황룡사 구층목탑은 자장이 귀국 후에 건의해서 건립된 것이며, 황룡사 장육존상도 『삼국유사』의 기록에 의하면 자장이 유학했을 때 오대산에서 그 조성의 인연을 듣게 된다고 한다. 그것은 다음과 같다.

후에 대덕 자장이 중국에 유학하여 오대산에 이르렀는데, 문수보살이 나타나 수기하고 부촉하여 말하기를 "너희 나라의 황룡사는 석가불과 가섭불이 설법하던 땅이니 연좌석이 아직도 존재한다. 그러므로 인도의 무우왕(아쇼카왕)이 황철을 모아 바다로 떠내려 보냈는데, 1,300여 년이 지난 후에 도달하였다. 그래서 나라에서 그것을 절에 안치한 것이다."라고 하였다. 결국 (황룡사 장육존상의 조성은) 인연에 의해 조성된 것이다.[15]

이 기록은 『삼국유사』 「가섭불연좌석迦葉佛宴坐石」 등과 함께 신라불국토설을 강조한 것인 것은 말할 나위도 없다. 장육존상은 진흥왕 35년(574)에 조성된 것으로서 황룡사 창건(566년) 8년 뒤의 일이다. 이 장육존상은 5m 높이의 석가모니불상 1구軀와 2개의 보살상을 말하는데, 장육존상이 조성된 10년 후에 이 상을 봉안할 금당金堂이 완공된다.[16]

황룡사 장육존상 설화는 진흥왕을 인도의 아쇼카왕에 견주는 전륜성왕설에서 나온 것이지만, 여기에는 두 가지 문제가 있다.

첫째, 황룡사 장육존상이 자장과 어떻게 관계되느냐 하는 것이다. 앞

---

15 강인구·김두진·김상현·장충식·황패강, 『역주삼국유사』 권3, p.122
16 남동신, 「신라중고기 불교치국책과 황룡사」, p.18

의 「황룡사장육」에서 "자장이 오대산에 가서 문수보살에게서 장육존상의 연기를 전해들었다."는 것은 후대의 창작이겠지만, 그렇다고 해서 장육존상과 자장의 관련 자체를 부정할 수는 없다. 왜냐하면 "장육존상은 인도의 아쇼카왕이 보낸 황철로 만들어졌다."고 하는 연기는 신라불국토설을 주장하는 것으로, 이것은 자장의 의도와 잘 부합하기 때문이다. 결국 『삼국유사』 「황룡사장육」에서 오대산·문수보살 부분은 후대의 창작이라 해도, 장육존상이 아쇼카왕과 관계된다는 연기 자체는 자장의 윤색일 수 있다는 것이다. 이것은 황철을 실은 배가 도착한 항구인 하곡현河曲縣 사포絲浦가 바로 자장이 귀국한 항구였다는 사실에서도 뒷받침된다.

둘째, 진흥왕 대에 신라에서 아육왕상 계통의 불상이 조성되었다고 하는 『삼국유사』의 연기설화는 단순한 허구가 아니라, 인도의 굽타 양식 불상이 6세기 후반에 아육왕상阿育王像 또는 아육왕조상阿育王造像의 이름하에 중국을 거쳐 신라로 전래된 역사적 사실을 반영하는 것이다. 아육왕상이란 '아육왕 또는 아육왕의 공주가 조성하였다는 불상'을 가리키는데, 중국 남북조시대 때 그 신앙이 매우 성행하였다.

그런데 앞에서 말했듯이 황룡사 장육존상의 연기가 자장에 의해 만들어진 것이라면, 그것은 수문제의 아육왕상신앙과 관계가 있을 가능성이 있다. 왜냐하면 수문제가 아육왕상을 대흥선사에 봉안하고 있기 때문이다.

동진東晉의 성제成帝 함화咸和 연간(326~334)에 단양丹陽의 이윤伊尹인 고리高悝는 종종 황제의 궁궐에 왕래하였는데, 매번 장후교포張侯橋浦에서 이상한 빛이 나는 것을 보고는 관리를 시켜 찾게 하여 금상金像 하나를 얻었다.…한참 후에 서역의 오승五僧이 도래하여 고리에게 "옛날에 천축에 있을 때 아육왕상을 얻었는데, 박樸에 이르러 난을 만나 해변에 감추어 두었습니다. 이제는 길이 통하게 되었으니 그것을 찾으러 왔습니다. 최근 꿈에서 '불상은 이미 강동江東을 떠나 고리가 획득하여 아육왕사에 보존하고 있다'는 계시를 받았습니다."라고 말했다…(수문제는 이것을) 대흥선사로 보냈다.[17]

즉 중국에서도 수대에 아육왕상 신앙이 성행하고 있었는데, 동진東晉의 성제成帝 때 인도에서 중국에 전해진 아육왕상을 수문제가 대흥선사에 봉안했다고 하는 것이다. 뿐만 아니라 아육왕상은 종종 이적異蹟을 보이는데, 『집신주삼보감통록』에서는 "송宋 명제明帝 태시泰始 말년(471)에 상像이 눈물을 흘리자 명제가 곧 붕어하였다."[18]는 기록이 있고, 『삼국유사』 「황룡사장육」에도 "이듬해 장육존상의 눈물이 발뒤꿈치까지 흘러내려 땅을 한 자나 적셨으니, 대왕(진흥왕)이 돌아가실 징조였다."[19]고 하고 있다.

아육왕상신앙은 중국의 남북조시대 이후 역대 왕조에서 국왕과 신료들이 귀경하지 않은 사람이 없을 만큼 유행하였다. 사람들은 아육왕상에 그것을 떠받드는 국가와 국왕의 행幸·불행不幸을 예언하는 신통력이 있다고 생각했고, 나아가 기도를 통하여 반란이나 가뭄과 같은 국가적 어려움을 극복할 수 있다고 믿었다. 그런데 아육왕상신앙은 사리탑 건립과 마찬가지로 전륜성왕설과 밀접한 관계에 있다. 자신이 전륜성왕

---

17 道宣 編, 『集神州三寶感通錄』(『大正藏』52, 414bc)
18 道宣 編, 『集神州三寶感通錄』(『大正藏』52, 415c)
19 강인구·김두진·김상현·장충식·황패강, 『역주삼국유사』 권3, p.121

임을 과시하기 위해서는 자신이 공양하고 있는 불상이 바로 인도에서 전래된 아육왕상임을 천명하는 것은 어쩌면 당연한 귀결이라 할 수 있을 것이다. 만약 자장이 황룡사 장육존상의 연기를 지어냈다면, 이것은 선덕여왕이 전륜성왕임을 강조하여 왕권을 강화하려고 했기 때문이며, 그것은 수문제의 아육왕상 신앙에서 힌트를 얻은 것이라고 할 수 있다.

IV. 수문제 불교정책과의 관계

자장이 살았던 시대 중국은 수·당 교체기로서, 당의 제2대 황제인 태종(626~649 재위)의 재위기였다. 이때의 중국 불교교단은 당대 불교가 아직 성립되기 전이었으며, 태종은 도불道佛폐지 정책을 추진하고 있었다. 그러나 당시 장안에는 유명한 호불군주였던 수문제 불교정책의 영향이 많이 남아 있었는데, 동아시아의 유학승들은 수문제를 이상적 제왕으로서 인식하였다. 자장도 638~643년에 걸친 유학생활 중 수문제의 불교정책을 견문하였으며, 귀국 후 그가 행한 정책은 수문제의 불교정책의 영향을 받은 것이다.

불사리신앙

사리탑의 건립은 인도의 아쇼카왕에서 비롯되는데, 그는 인도 각지에 많은 사리탑을 건립하였다. 이후 중국에서도 진무제陳武帝·양무제梁武帝 등 많은 황제가 사리탑을 건립하였는데, 특히 수문제의 사리탑 건립이 유명하다. 자장은 귀국 후 수문제의 사리탑 건립을 본떠서 여러 곳에 사리탑을 건립하였다. 그런데 자장의 사리탑 건립은 선덕여왕의 통치를 돕기 위한 정치적 방책이었다.

수문제와 선덕여왕은 모두 자신을 전륜성왕에 비정하고 있었는데, 당시 전륜성왕설은 동아시아에 널리 퍼져 있었다. 개황 3년(583)에 나련제야사那連提耶舍가 『덕호장자경德護長者經』을 번역할 때 경문을 위작하여 "수문제는 월광동자月光童子의 화신으로서 불법을 믿게 하기 위해 이 세상에 출현하였다."고 믿게 하였으며, 신하들도 문제文帝가 인왕人王이 되어 이 세상에 나타난 제왕이라고 믿었다고 한다. 마찬가지로 신라에서도 진흥왕 이후 전륜성왕설이 널리 신봉되었음은 주지의 사실이다. 결국 수문제와 선덕여왕 대의 사리탑 건립은 자신을 아쇼카왕에 비정하고 아쇼카왕의 불교정책을 재현한 것이라 할 수 있다.

그런데 그것은 단순히 전륜성왕이 되고자 하는 수문제와 선덕여왕[20]의 불교신앙 때문이 아니라 통치행위와 깊이 연관된다. 즉 전국 각지에 사리탑을 건립하고 석가모니의 진신사리를 봉안하는 행위를 통해서 자신이 전륜성왕임을 대내외에 과시하고, 진신사리를 호지하고 공양할 수 있는 위대한 군주임을 과시하는 정치적인 선전 장치였던 것이다.

그러나 수문제와 선덕여왕은 사리탑 건립의 목적이 동일하지는 않았다. 수문제의 경우는 불교정책의 핵심이 바로 사리탑 건립에 있었다고 여겨진다. 수문제의 사리탑 건립의 특징은 이전의 진무제·양무제와 달리 '지속적이고 광범위'하게 이루어진 것이며, 이와 같이 전국적이고 광범위한 사리탑 건립은 중국에서 최초이다. 수문제의 사리탑 건립은 횟수가 3회나 되고 건립한 사리탑의 수가 자장의 10여 기에 비해 훨씬 많

---

[20] 선덕여왕이 스스로 전륜성왕이 되고자 했다는 명확한 증거는 없으나 당시 동아시아의 정황으로 보아 충분히 가능성이 있다고 생각된다.

은 112기 이상이기 때문이다. 수문제가 사리탑을 전국에 세운 것은 중원을 통일한 후 이민족들을 위무하고, 자신이 정당한 후계자임을 과시하기 위해서였다. 즉 수문제의 사리탑 건립의 목적은 국내 통일에 있었던 것이다. 그것은 사리탑이 주로 수의 정치적 지반이었던 하남河南과 하북河北 지방의 북방 지역을 중심으로 건립되었다는 사실에서 알 수 있다. 또 사리봉송 시에 각 지방의 고승으로 하여금 봉송하게 했다는 사실에서도 이를 확인할 수 있다. 반면 선덕여왕의 사리탑 건립은 그 목적이 국내 통일보다는 외적으로부터 신라를 보호하는 데 있었을 것이다. 남아 있는 기록이 단편적이므로 단언할 수는 없지만, 자장의 사리탑 건립이 10여 기에 그친 것은 왕도 지역에만 건립했을 수도 있기 때문이다. 이것은 수문제가 각 지방에 골고루 사리탑을 건립한 것과는 다른 것이다.

　전륜성왕설은 수대 이전부터 중국과 한국 등 동아시아에 널리 전파되어 있었으며, 전륜성왕설에 기반하여 황제가 사리탑을 건립하는 정책도 이미 양무제(502~549 재위) 때 처음 발생하여 동아시아에 퍼져 나갔다. 이와 같이 사리신앙은 이미 신라에 들어와 있었다 하더라도, 그것이 통치행위로서 구체적으로 구현된 것은 자장에 의해서였다. 아마도 자장은 사리봉송 때의 의식과 방법, 사리장엄구의 양식마저도 자신이 견문한 수문제의 사리탑 건립 방식을 채용하였을 것이다. 그리고 그것은 정치적으로는 선덕여왕의 왕권을 강화하여 중앙집권 체제를 확립하는 데 기여하였다. 나아가 자장의 사리탑 건립은 680년에 『조탑공덕경造塔功德經』이 신라에 전래되고 8세기 초에는 다시 『무구정광대다라니경無垢淨光大陀羅尼經』이 전래됨으로써 이후에 조탑공덕신앙造塔功德信仰이 유행하는 발판이 되었다.

황룡사와 대흥선사

수문제는 즉위 다음 해인 개황開皇 2년(582)에 〈신도조영新都造營의 조詔〉를 반포하여 장안에 새 궁궐인 대흥성大興城을 짓고, 동시에 국찰인 대흥선사를 건립하여 수 불교의 교단을 통제하게 하였다. 한편 신라의 경우는, 진흥왕 대에 황룡사가 준공되어 국사로서의 기능을 담당하였다. 자장은 황룡사의 2대 사주寺主였는데, 황룡사의 운영이 대흥선사를 모범으로 했다고 하는 주장이 있다.[21]

대흥선사와 황룡사의 공통점을 살펴보면 첫째, 두 사찰 모두 사리신앙의 중심사찰이었다. 수문제가 사리탑을 건립하고자 각지에 사리를 봉송할 때는 대흥선사에 모셔진 사리를 궁정에 맞아들여 공양한 후 각지에 봉송하였고, 사리봉송을 담당한 승려들 중 적어도 1/3이 대흥선사의 승이었다고 한다. 이것은 황룡사도 마찬가지였다고 생각된다. 둘째, 두 사찰 모두 국사國寺로서 당시의 국통國統이 사주寺主를 담당하였는데, 황룡사의 경우 초조 환희사歡喜師→2조 자장→3조 혜훈惠訓→4조 상율사廂律師 중 자장과 혜훈이 국통이었다. 또한 두 사찰의 승려 중에서 중앙승관직을 담당하는 사람이 많았는데, 이것은 승정기구가 정비되어 있지 못한 당시에 두 사찰이 승정기구로서의 역할도 수행하였음을 의미한다. 셋째, 두 사찰은 모두 국립불교연구소의 역할을 담당하고 있었다. 대흥선사의 경우 수대의 유명한 고승 60명이 거주했다고 전해지고, 특히 당시 역경譯經을 담당했던 승려들은 모두 대흥선사에 거주했다고 한다. 황룡사의 경우 상세한 것은 알 수 없으나, 진평왕 대에 황룡사에서

---

21 남동신, 「자장의 불교사상과 불교치국책」, 『한국사연구』 76 (서울: 한국사연구회, 1992), p.35

최초의 불경번역 사업이 이루어지기도 하였다.

이와 같이 불교교단에서 중심적인 기능을 다했다는 점에서 두 사찰은 동일하지만, 수와 신라의 불교 상황은 당연히 동일하지 않았기 때문에 양사의 차이점 또한 존재하였다. 우선 첫째, 두 사찰이 모두 국립불교연구소의 역할을 다했지만, 대흥선사가 종파에 국한되지 않는 '종합불교연구소'의 성격을 가졌다면 황룡사는 계율 연구를 중심으로 했을 가능성이 있다. 대흥선사에는 당시 역경譯經 · 의해義解 · 명률明律 · 수선修禪을 전문으로 하는 승들이 함께 모여 있었고, 교리학적으로도 1종 1파에 국한되지 않았다. 반면 황룡사의 경우는 사주寺主였던 자장 · 상 율사와 역시 황룡사에 거주했다고 전해지는 원광 등에서 알 수 있듯이 계율 연구가 중심이었다. 그것은 황룡사에 계단戒壇이 존재했을 가능성을 의미한다. 둘째, 황룡사가 팔관회八關會와 백고좌회百高座會를 설함으로써 호국도량으로서의 역할에 충실했던 반면, 대흥선사는 그렇지 않았다. 수대에 궁중에서 가끔씩 『인왕경仁王經』 · 『금광명경金光明經』 등을 강설하는 경우는 있었지만, 신라에서처럼 성대하게 행하지는 않았다고 생각된다. 예를 들어 진陳의 지덕至德 4년(586)에 천태지의天台智顗(538~597)가 태극전太極殿에서 『대지도론大智度論』과 『인왕경』을 강설하였으며, 혜승慧乘이 대업大業 6년(609)에 홍려시鴻臚寺 사방관四方館에서 『금광명경』과 『인왕경』을 강했다는 기록이 전할 뿐이다.

교단제도

신라의 승관제도는 북조불교의 영향을 받아 북위, 수당 계통의 승관명을 많이 채택하고 있다. 일반적으로 신라의 승관제도는 세 번의 큰 변화를 거쳤다고 말해지는데, 진흥왕 11년(550)에 국통國統・대도유나大都維那・대서성大書省이 처음 임명되었고, 진덕여왕 5년(651)에 세속관리인 대사大舍・사史가 설치되는 등 중앙 승관이 갖춰졌고, 같은 무렵에 지방 승관인 주통州統・군통郡統이 출현하였으며, 그 후 원성왕 원년(785)에는 최초의 승정기구인 정법전政法典이 설립되었다고 한다.

그런데 7세기 이전의 승관은 영예직에 불과하였고, 자장의 생존 시기인 7세기 중엽에 이르러 왕실불교에서 국가불교로 전환되는 과정에서 통제기관으로서의 성격을 강화해 간다. 즉 7세기 중엽에 접어들어 불교 사원과 승려 수가 점점 많아지고 불교교단의 저변이 확대되자 교단 통제의 필요성이 생기게 되었다. 또 승려 수가 많아짐에 따라 자연히 계율을 어기는 승려들이 생기게 되어 더 많은 승관이 필요하게 되었다. 특히 선덕여왕・진덕여왕 대에 이르러 삼국통일 전쟁에 돌입하게 됨에 따라 부국강병을 위한 국가 체제 정비의 필요성이 더욱 강하게 대두되었다. 진덕여왕 대에 이루어진 일련의 개혁정책의 흐름을 보면 그 사실을 잘 알 수 있다.

진덕여왕 원년(647): 대도유나大都維那 1인・대서성大書省 1인 증원→진덕여왕 3년(649): 중국식 의관제衣冠制・연호年號 도입→진덕여왕 5년(651)-관제대개혁, 대사大舍・사史의 설치→진덕여왕 7년(653): 중국 율령제 도입

자장은 이러한 국가적 필요성에 부응하기 위해 귀국 후 교단 체제를 정비하는 등 개혁에 착수하였다. 그것은 강관과 순사라는 승관을 두고, 사분율에 기초하여 승단의 규율을 강화하고 계단을 설립하는 등 일련의

정책으로 나타났다. 자장의 교단 정비의 특색은 왕도 부근의 사찰뿐만 아니라 지방의 사찰에 대한 관리, 감독을 강화한 것이다. 앞서 지적했듯 이 강관은 개별 사찰의 규율을 감독하는 1차 책임자였으며, 순사는 지방의 사찰을 돌면서 격려, 감독하는 직책이었다. 이와 같은 사실은 신라의 불교교단이 그만큼 확대되어 갔다는 것을 증명하는 것이다.

자장과 신라 불교교단

　자장은 선덕여왕의 요청에 의해 643년 3월에 급히 귀국한다. 그것은 642년에 백제가 대야성大耶城을 점령하는 등 국내 정세가 심각해졌기 때문이다. 실제로 자장의 귀국 후 동년 9월에 신라는 당에 군사원조를 요청하였는데 이에 자장이 깊숙이 관여했다고 추정된다. 이와 같이 자장은 7세기 중엽에 시작된 삼국 통일전쟁 시기에 선덕여왕의 왕권을 강화하여 국가 체제를 공고히 하는 데 큰 역할을 담당하였다. 그는 귀국 후 바로 황룡사 구층목탑을 비롯한 사리탑 건립을 추진하였는데, 그것은 선덕여왕이 인도의 아쇼카왕에 비견될 만한 위대한 군주임을 대내외에 과시하기 위한 것이었다.

　한국불교사에서 자장의 위대성은 그에 의해서 비로소 한국불교 교단의 체제가 갖추어졌다는 사실이다. 그것은 '승관의 정비 및 확대'와 '계단의 설립과 사분율 전승'으로 압축할 수 있다. 우선 자장 이전인 진흥왕 11년(550)에 국통 등의 승관을 두었으나 영예직의 성격이 강했다. 그러나 7세기 중엽에 이르러서 사찰과 승려 수가 증가하면서 통제의 필요성이 강력히 대두되었고, 나아가 삼국통일을 위한 국가 체제의 정비가 필요하였다. 이에 호응하여 자장은 강관과 순사라는 승직을 두었다. 강관과 순사는 지방 사찰의 규율을 단속하는 직책이었는데, 이것은 당시의 신라 불교교단이 이미 지방에까지 확대되었음을 의미하는 것이다.

　둘째는 자장에 의해서 비로소 신라 불교교단의 계율과 수계작법이 정비·확립되었다는 사실이다. 자장 이전에 지명智明 등에 의해 사분율의 수계작법 등이 연구되고 있기는 했으나, 이것을 정착시킨 사람은 자장이었다. 자장은 통도사에 계단을 세우고 사분율에 근거하여 여법한 수계의식을 거행함으로써 신라 불교교단의 법식을 갖추었다. 이것은 자장에 의해 비로소 신라 불교교단이 자생력을 갖추게 되었음을 의미한다.

한편 비록 5년이라는 짧은 유학기간이었지만 자장의 대당유학은 그의 안목을 크게 높여 주었다. 그는 당시 동아시아 문화의 중심이었던 당의 수도 장안에서 선진문물을 견학함과 동시에 당대 최고 수준의 불교학을 배울 수 있었다. 뿐만 아니라 중국 율종의 개조인 도선과 교유하였고, 당 조정의 수많은 관리로부터 두터운 호의를 받았다.

대당유학 이후의 그의 행보는 '호국護國'으로서 특징지을 수 있다. 우선 정치적으로는, 황룡사 구층목탑 등 사리탑의 건립을 통해 선덕여왕의 권위를 지키고 국내 통합을 도모함으로써 외적으로부터 신라를 지켰다. 나아가 당과의 연합을 통해서 백제와 고구려의 침략을 막고 삼국통일을 이루고자 하였다. 불교적으로는 수문제 불교정책의 영향을 받아 계율을 확립하고 교단을 새로이 정비하였다. 이러한 그의 불교시책도 결국은 호국의 일환으로서 행해진 것이며, 후일 삼국통일의 달성으로 이어졌다.

자장이 귀국 후 이러한 과감한 불교시책을 시행할 수 있었던 것은 당유학을 통해서 신라를 객관적으로 바라볼 수 있게 되었기 때문이다. 신라를 벗어나서 비로소 자신을 대자화對自化해 보게 됨으로 인해 현재 동아시아에서 신라가 처한 상황을 알게 되었고, 동시에 신라가 나아가야 할 길을 발견했던 것이다. 그리고 그것은 신라의 삼국통일에 밑거름이 되었을 뿐만 아니라 신라불교의 고유성 창출을 향해 한 단계 도약하는 계기가 되었다.

| 참고문헌 |

김복순,「자장의 생애와 율사로서의 위상」,『대각사상연구』10 (서울: 대각사상연구원, 2007)

김상현,「자장의 정치외교적 역할」,『불교문화연구』4 (양산: 통도사 영축불교문화연구원, 1995)

김영미,「자장의 불국토사상-韓國史上의 이상사회론」,『한국사시민강좌』10 (서울: 일조각, 1992)

남동신,「자장의 불교사상과 불교치국책」,『한국사연구』76 (서울: 한국사연구회, 1992)

남동신,「慈藏定律과 四分律」,『불교문화연구』4 (양산: 통도사 영축불교문화연구원, 1995)

남동신,「신라중고기 불교치국책과 황룡사」,『신라문화제학술발표회논문집』22 (경주: 신라문화선양회, 2001)

박태원,「자장사상의 기반: 白骨觀수행의 사상적 의미를 중심으로」,『불교문화연구』4 (양산: 통도사 영축불교문화연구원, 1995)

신종원,「자장의 불교사상에 대한 재검토-신라불교 초기 계율의 의의」,『한국사연구』39 (서울: 한국사연구회, 1982)

정병조,「자장의 文殊信行연구」,『불교연구』22 (서울: 한국불교연구원, 2005)

채상식,「자장의 교단정비와 僧官制」,『불교문화연구』4 (양산: 통도사 영축불교문화연구원, 1995)

李成市,「新羅僧 慈藏の政治外交上の役割」,『朝鮮文化研究』2 (東京: 東京大學 文學部 朝鮮文化研究室, 1995)

변체한문 變體漢文

김기종

Ⅰ. 불교와 동아시아인의 글쓰기

Ⅱ. 삼국시대의 변체한문

　　한문의 수용과 변체한문/ 한국어 문장의 기원/ 어순의 재배치와 문법 형태의 표기

Ⅲ. 불교의 전래와 신라시대의 변체한문

　　신라 불교 변체한문/ 순한문과 변체한문의 '겸용'/ '사실'의 기술과 한국어 어순/ 발원문과 문법 형태 표기의 다양화

Ⅳ. 고려시대 불교 금석문의 변체한문

　　고려 불교 금석문의 변체한문/ '겸용'과 표기의 확대/ 어순의 혼용과 표현 영역의 축소

■ 개인의 심성과 모국어 글쓰기

I. 불교와 동아시아인의 글쓰기

　동아시아 문화의 보편적 특징의 하나는 한자문화와 불교문화의 결합에 있다. 불교는 발원發願의 종교이고 근기根機를 중시하는 종교이다. 발원을 하자면 말과 글이 있어야 하고, 근기를 중시하려면 그 나라의 말과 그 나라의 글이 있어야 한다. 그러므로 불교가 중국·한국·일본에 들어와서 가장 먼저 필요로 하였던 것이 그 나라의 말과 그 나라의 글이었다. 동아시아 3국이 말은 달랐지만 글은 이미 한자문화권이 형성되어 있던 터여서 한자어가 불교 공용어로, 한자가 불교 공용의 방편문자로 구실할 수 있어 하나의 불교문화권이 쉽게 형성된다. 그러나 다른 한편으로는 동아시아 3국이 각각 자기 나라의 말과 글을 가지고 있음으로 인해 차츰 서로 다른 성격의 불교문화를 만들어 낸다.

　이렇듯 불교는 동아시아인의 말하기와 글쓰기를 통어하면서 그 이전과는 다른 새로운 '동아시아 문화'의 형성에 기여했다고 할 수 있지만, 그 구체적인 양상에 대한 탐색은 아직 활발하지 못한 형편이다. 그렇지만 신라인의 말하기와 글쓰기에 미친 불교의 영향에 관해서는 몇몇 논의가 있어 왔다.[1] 특히 『삼국유사』 소재 향가와, 원효·의상 등의 저작이

1　조동일, 「원효」, 『한국문학사상사시론』 (서울: 지식산업사, 1994); 이진오, 「원효의 학문방법과 글쓰기, 그리고 미학」, 『가산학보』 제8집 (서울: 가산학회, 1999); 임기중, 「한국인의 말하기 전통과 7~8세기 시문법」, 『한국고전문학과 세계인식』 (서울: 역락, 2003); 서철원, 「신라 문학사상의 전개와 고전시가사의 관련 양상」, 『고전문학연구』 35집 (서울: 한국고전문학회, 2009)

그 주요 대상으로, 전자는 말하기, 후자는 글쓰기의 측면에서 불교의 수용으로 인한 변화 양상과 특징적인 국면을 살펴보고 있다.[2] 이러한 논의들은 나름대로의 성과를 보여주고 있고, 앞으로의 연구에 시사하는 바가 크다는 점에서 그 의의를 지적할 수 있다. 그러나 삼국시대부터 고려 중엽까지 불교 관련 문자자료가 차지하는 비중을 고려한다면, 보다 다양한 텍스트에 대한 접근과 다양한 관점에서의 논의가 필요하리라 여겨진다.

여기에서, 삼국·통일신라시대 및 고려시대의 불교 관련 금석문을 주목할 필요가 있다. 현재 학계에 보고된 삼국 및 통일신라의 금석문은 약 270종이고, 고려시대의 경우는 700종이 넘는다.[3] 그중 삼국·신라의 불교 금석문은 90종, 고려의 불교 금석문은 360여 종이 전하고 있다.[4] 그런데 이들 불교 금석문 가운데는 한자로 우리말을 표기한 한국식 한문, 곧 변체한문으로 된 명문銘文이 적지 않은 비중을 차지하고 있어 주목을 요한다. 특히 통일신라시대의 변체한문은 대부분 불교 관련 금석문으로, 이들 자료는 한국어 어순이나 몇몇 단락 종결사의 표기뿐만 아니라, 어미나 조사 등 한국어의 전면적 표기를 보여주고 있다. 또한 그

---

[2] 참고로, 임기중, 위의 논문, pp.69~70에서는, "한국에 불교가 들어오기 이전의 전통적 시문법은 호칭과 명령이 근간을 이루는 呪歌的 구조였으나, 한국에 불교가 들어온 이후는 '點眼語 놓기'라는 새로운 시문법으로 시를 쓰기 시작했으며, 또한 불교를 바탕으로 「구지가」나 「해가」와는 다른, 「제망매가」와 같은 새로운 서정시가 등장하였다."고 주장하고 있다.
[3] 국립문화재연구소 편, 『한국금석문자료집』 상 (서울: 국립문화재연구소 미술공예실, 2005), pp.149~565. 여기에는 '광의의 금석문' 곧 금문과 석문뿐만 아니라, 瓦塼·土器·木簡·漆器 등의 명문 및 墨書 등이 포함되어 있다.
[4] '불교 금석문'은 구체적으로 불상·범종·불탑·사리함·禁口(飯子)·石柱·香垸 등에 새겨진 명문과 고승비·寺碑 등의 비문을 가리킨다.

내용에 있어서도 이전의 금석문과는 다른 일정한 경향성을 띠고 있는 것이다.

'변체한문'은 속한문俗漢文·변격한문變格漢文·한문韓文·초기적인 이두문 등으로도 불리는데, 국어학계에서는 이두의 전 단계[5] 내지 이두문의 초기 형태[6]를 가리키거나, 비한문적非漢文的인 표현의 모든 문장[7]을 의미한다. 이 글의 '변체한문'은 후자 곧 비한문非漢文 또는 순한문의 변용이라는 정의를 받아들인 것으로, 속한문·초기적인 이두문·이두문을 모두 포괄한다. 그동안 이들 변체한문을 포함한 불교 금석문은 고대사·중세사 및 불교사 연구와 국어사 서술의 중요 자료로 평가되고 활용되어 왔다. 그렇지만 위에서 언급한 점들을 고려할 때, 경전의 논·소와는 다른 '신라인의 글쓰기'라는 측면에서도 이들 금석문을 살펴볼 여지가 있다.

그러므로 이 글은 동아시아 불교문학의 보편성과 특수성을 규명하기 위한 작업의 일환으로, 신라·고려 불교 금석문에 나타난 변체한문의 성격과 그 의미에 대해 살펴보고자 한다. 이를 위해, 먼저 삼국시대 변체한문의 내용과 성격을 검토한 뒤, 불교 금석문에 나타난 변체한문의 전개 양상과 특징적인 국면에 대해 고찰할 것이다. 그리고 이상의 논의를 바탕으로, 불교 관련 변체한문의 성격과 의의를 '글쓰기'라는 측면에

---

5 이기문, 「삼국시대의 언어 및 문자생활」, 『한국사상사대계』 2 (성남: 한국정신문화연구원, 1991), p.490

6 안병희, 『국어사연구』 (문학과지성사, 1992), p.270; 남풍현, 『이두연구』 (서울: 태학사, 2000), p.31

7 이기문, 「이두의 기원에 관한 일고찰」, 『진단학보』 52집 (서울: 진단학회, 1981), p.75; 이용현, 「문자자료로 본 삼국시대 언어문자의 전개」, 『구결연구』 19집 (서울: 구결학회, 2007), p.219

주목하여 살펴보도록 하겠다.

Ⅱ. 삼국시대의 변체한문

한문의 수용과 변체한문

한자가 한반도에 유입된 것은 기원전 3세기 무렵이고 그로부터 2세기가 지난 기원전 1세기에 한자·한문을 토착인과 이주인 간의 의사소통 도구로 통용하였다. 이후 삼국시대를 거치면서 점차 그 사용이 확대·정착되어 갔는데, 고구려가 372년, 백제는 5세기 초 이전, 신라는 7세기 중후반에 교육기관을 설치한 사실이 확인된다. 한편, 고대 한국인이 언제부터 한자로 문장을 구사하게 되었는지는 구체적으로 알 수가 없으나, 명문 자료가 고구려에서는 4세기, 백제는 4~5세기, 신라는 5세기 중반부터 등장하는 사실을 염두에 둔다면, 한반도 북부에서는 3세기, 남부에서는 4~5세기를 경계선으로 삼을 수 있다.[8]

이와 같이 한자·한문이 수용·확산되는 한편으로, 삼국시대의 몇몇 금석문에는 비한문적인 요소를 포함하고 있는 문장, 곧 변체한문이 등장하게 된다. 이러한 변체한문은 한문의 미숙한 구사로도 볼 수 있지만, 본질적으로는 고립어인 중국어와 교착어인 한국어의 구조적 차이에 기인한 것이라 할 수 있다. 한문자의 한국적 수용이라 할 수 있는 변체한문은 어순의 재배치와 한자의 한국어 문법 형태화로 요약할 수 있는데,

---

8 송기호, 「고대의 문자생활」, 한국고대사회연구소 편, 『강좌 한국고대사』 5 (서울: 가락국사적개발연구원, 2002), p.8

이 두 가지 요소 중 하나만 나타나기도 한다. 전자는 한문의 어순인 '주어+동사+목적어'를 한국어의 어순인 '주어+목적어+동사'로 바꾸는 것을, 후자는 한자로 우리말의 조사나 어미를 표기하는 것을 의미한다.

한국어 문장의 기원

고구려와 백제의 변체한문 자료로는 「광개토대왕릉비廣開土大王陵碑」(414), 「중원고구려비中原高句麗碑」(495), 「서봉총은합우명瑞鳳塚銀合杅銘」(451), 「무녕왕릉출토은천명武寧王陵出土銀釧銘」(520) 등을 들 수 있다. 기존 논의에서는 이들 금석문에 보이는 '中' '之' 등이 각각 한자로 우리말의 처격조사 '~에'와 종결어미 '~다'를 표기한 것으로 보고 있다. 그리고 우리말 어순의 문장으로는 「광개토대왕릉비」의 "我是皇天之子 母河伯女郎 鄒牟王(나는 황천의 아들이요, 어머니는 하백의 여랑인 추모왕이다)",[9] 「중원고구려비」의 "建立處 用者賜之(건립처는 사용자에게 주었다)",[10] 그리고 「무녕왕릉출토은천명」의 "庚子年二月 多利作 大夫人□二百卅主耳(경자년 2월에 다리가 만든 대부인의 장신구는 230주이다)"[11] 등이 지적된 바 있다. 이렇듯 고구려·백제의 금석문에서 변체한문의 출현 빈도는 낮은 편이라 할 수 있다. 그렇지만 이들 자료의 변체한문, 특히 고구려의 변체한문은 한국어 문장의 기원이 된다는 점과, 백제·신라, 더 나아가 일본 변체한문의 형성·전파에 기여했다는 점[12]에서 그 의의가 크다고 하

---

9 김영욱, 「한자·한문의 한국적 수용」, 『구결연구』 13집 (서울: 구결학회, 2004), p.69
10 남풍현, 「중원고구려비문의 해독과 그 이두적 성격」, 『중원고구려비 연구』 (서울: 학연문화사, 2000), p.32
11 정재영, 「백제의 문자생활」, 『구결연구』 11집 (서울: 구결학회, 2003), p.114
12 沖森卓也, 「고대 동아시아의 한문 변용」, 『구결연구』 20집 (서울: 구결학회, 2008),

겠다.

어순의 재배치와 문법 형태의 표기

고구려에서 시작된 변체한문은 신라의 금석문에 이르러 보다 확대되어 나타난다. 통일 이전 신라 변체한문의 자료는 10종으로, 거의 대부분이 6세기에 제작된 것이다.[13] 현재 전하는 6세기의 신라 금석문이 16종임을 감안하면 그 비중이 크다고 할 수 있다.[14]

斯羅 喙 斯夫智王·乃智王, 此二王敎. 用珍而麻村節居利, 爲證爾, 令其得財敎耳. 癸未年 九月 卄五日, 沙喙 至都盧 葛文王·斯德智 阿干支·子宿智 居伐干支, 喙 尒夫智 壹干支·只心智 居伐干支, 本彼 頭腹智 干支, 斯彼 暮斯智 干支, 此七王等共論敎. 用前世二王敎, 爲證爾. 取財物, 盡令節居利得之, 敎耳. 別敎, 節居利若先死後, 令其弟兒斯

---

pp.64~65에서는, 7세기의 일본 변체한문의 양상을 ① 부속어 요소의 관용적 고정적 표현, ② 비한문적인 표현, ③ 고유어 어순을 따른 표기 등으로 정리한 뒤, 이러한 공통점은 "고유어에 영향 받은 書記法이 조선 3국에서 조금씩 발달하고 그것이 일본에 전래 정착되어 갔던 것"을 보여준다고 하였다.

13 이들 10종의 금석문을 제시하면 다음과 같다. 「浦項中城里碑」(501), 「迎日冷水里碑」(503), 「蔚珍鳳坪碑」(524), 「蔚州川前里書石原銘」(525), 「蔚州川前里書石追銘」(539), 「丹陽新羅赤城碑」(540), 「明活山城碑」(551), 「戊戌塢作碑」(578), 「南山新城碑」(591), 「壬申誓記石」. 이들 비문 중 「임신서기석」의 제작연대에 대해서는 그동안 진흥왕 13년(552), 진평왕 34년(612), 문무왕 2년(662), 성덕왕 31년(732) 등의 여러 견해가 제시된 바 있다. 현재는 552년과 612년 중의 하나로 좁혀지고 있으나, 아직 논란 중에 있다.

14 참고로, 변체한문이 보이지 않는 6종의 금석문은 진흥왕순수비 4기와 「永川菁堤碑丙辰銘」(536), 그리고 「雁鴨池出土碑」(554)이다.

奴, 得此財, 敎耳. 別敎, 末鄒・斯申支 此二人, 後莫更導此財. 若更導者, 敎其重罪耳. 典事人 沙喙 壹夫智 奈麻・到盧弗・須仇休, 喙 耽須道使 心訾公, 喙 沙夫・那斯利, 沙喙 蘇那支, 此七人, 踪跪所白了事. 煞牛拔語故記. 村主 臾支 干支・須支 壹今智, 此二人世中了事故記.

　　사라 탁부의 사부지왕과 내지왕, 이 두 왕이 판결하여 명령하였다. 진이마촌 절거리의 권익을 보증한 것이었다. 그로 하여금 재산을 얻게 한다는 판결이었다. 계미년 9월 25일 사탁부의 지도로 갈문왕, 사덕지 아간지, 자숙지 거벌간지, 탁부의 이부지 일간지, 지심지 거벌간지, 본피부의 두복지 간지, 사피부의 모사지 간지, 이 일곱 왕등(大等)이 함께 의논하여 판결한다. 전세前世 두 왕의 판결을 보증한다. 재물을 취하는 것은 다 절거리로 하여금 얻게 한다는 판결이다. 별교로서, 절거리가 만약 먼저 죽은 후에는 그의 아우 사노로 하여금 이 재물을 얻게 한다는 판결을 내린다. 따로 판결하니 말추와 사신지, 이 두 사람은 후에 이 재산에 대하여 다시는 트집을 만들지 말라. 만약 다시 트집을 잡으면 그 죄가 중重하다고 판결한다. 전사인인 사탁부의 일부지 내마・도로불・수구휴와 탁부의 탐수 도사 심자공과 탁부의 사부・나사리, 사탁부의 소나지의 7인이 무릎을 꿇고 보고하는 바를 마치었다. 소를 죽이어 (제祭를 올리고 신이 내리는) 말을 받았으므로 기록한다. 촌주 유지간지와 수지 일금지, 이 두 사람이 세간의 일들을 마쳤으므로 기록한다.[15]

　　인용문은 503년(지증왕 4)에 작성된 「영일냉수리비」의 전문全文과 해

---

15 남풍현, 『이두연구』 (서울: 태학사, 2000), pp.72~85

독문이다. 이 비문은 진이마촌의 조세수취권을 둘러싼 재지세력 사이의 분쟁을 국가가 평결하고, 이를 증명하기 위해 작성된 것이다. 「포항중성리비」·「울진봉평비」·「단양신라적성비」 또한 이 비문과 마찬가지로 국가가 해당 지역에서 일어난 문제들을 판결한 사항에 관한 내용으로 되어 있다. 이들 금석문 외에도 「울주천전리서석원명」·「울주천전리서석추명」·「임신서기석」을 제외하고는 모두 율령의 반포 및 그 대상 범위의 확산과 밀접한 관계가 있다는 공통점을 갖는다.

인용문을 보면, '한자의 한국어 문법 형태화' 곧 조사나 어미는 보이지 않고, 국어의 어순으로 된 몇몇 문장을 찾을 수 있다. 밑줄 친 부분인 "此七王等共論教"·"節居利若先死後"·"跪跪所白了事"·"此二人世中了事故記" 등이 이에 해당한다. 출현 빈도가 높다는 차이가 있을 뿐 한 비문 안에서 한문의 어순과 국어의 어순이 섞여 있다는 점은 고구려·백제의 변체한문과 큰 차이가 없다. 이러한 어순의 혼용은 6세기 중반을 넘어서면 새로운 양상으로 전개되는데, 「무술오작비」·「남산신성비」와 같이 명문 전체가 국어의 어순으로 서술된 금석문의 등장이 그것이다. 그렇다고 이 시기 이후의 변체한문 자료가 모두 우리말의 어순으로만 되어 있다는 것은 아니다. 7~9세기의 신라 변체한문 중에는 여전히 한 명문 안에 한문과 국어의 어순이 혼용되어 있는 경우가 있기 때문이다. 그렇지만 6세기 후반의 이들 금석문에 나타난 어순의 재배치는 그 이전과 구별되는 하나의 특징으로 지적할 수 있을 것이다. 그 구체적인 예로 「무술오작비」를 인용하면 아래와 같다.

戊戌年 四月朔 十四日, 另冬里村 高□塢 作記之. 此成在□人者, 都維那 寶藏 阿尺干, 都維那 慧藏 阿尺干, 大工尺 仇利支村 壹利刀旀 貴

干·□上□豆尒 □干, □道尺 辰□生之□, 村作上 夫住村 毛令 一伐·
奈生 一伐, 居毛村 伐丁 一伐, 另冬里村 沙之 一伐, 珎得所利村 也得
失利 一伐, 烏珎代只村 □□尒 一尺·□立 一尺·另所□ 一伐·純叱利
一尺·伊助只 彼日. 此塢大, 廣卄步, 高五步四尺, 長五十步. 此作起數
者, 三百十二人功夫, □十三日, 了作事之. 文作人 壹利兮 一尺.

무술년 4월 14일에 영동리촌의 고□오를 짓고 기록한다. 이를 이룬 □인은 도유나인 보장 아척간과 도유나인 혜장 아척간, 대공척인 구리지촌의 일리도미 귀간·□상□두이 □간, □도척인 진□생지□, 촌작상인 부주촌의 모령 일벌·내생 일벌, 거탁촌의 벌정 일벌, 영동리촌의 사지 일벌, 진득소리촌의 야득실리 일벌, 오진대지촌의 □□이 일척·□립 일척·영소□ 일벌·순질리 일척·이조지 피일이다. 이 오塢의 크기는 폭 20보, 높이 5보 4척, 길이 50보이다. 이를 짓는 데 동원한 수는 312인의 공부이며, □13일간에 마치어 지은 일이다. 글을 지은 사람은 일리혜 일척이다.[16]

578년(진지왕 3)에 제작된 이 비문은 ① 조성 시기, ② 참여인명, ③ 오塢의 규모, ④ 동원된 인원 수, ⑤ 작업의 완료일, ⑥ 비문을 작성한 사람 등의 내용으로 구성되어 있다. 인용문에서 보듯 참여한 사람들의 직명·출신지역·이름·관등명의 순서로 된 ②의 부분이 가장 큰 비중을 차지하고 있다. 이 비문은 비록「영일냉수리비」에 비하면 짧은 분량이지만 모든 문장이 우리말의 어순으로 되어 있음을 확인할 수 있다. 그리고

---

16 남풍현, 위의 책, p.148 참고.

「영일냉수리비명」에 없던 문법적인 요소 또한 표현되어 있음을 알 수 있는데, "作記之"의 '之'(~다)와, "此成在"의 '在'(~겨) 등이 그것이다.

이러한 어순의 재배치와 한자의 한국어 문법 형태화는 「남산신성비」에서도 볼 수 있다. 현재 제1비에서 제9비까지 발견된 이 비문은 그 서두가 모두 "辛亥年 二月卄六日 南山新城作節 如法以作後 三年崩破者 罪敎事爲聞敎令 誓事之"란 문장으로 되어 있다. 이 문장은 "신해년 2월 26일 남산 새 성을 지을 때 만약 (축성하는) 법도에 따라 지은 뒤 3년 안에 무너지면 죄주실 일로 삼아 주문奏聞하라는 교령敎令에 따라 맹세하는 일이다."[17]로 해독된다. 문장 전체가 한국어의 어순으로 서술되어 있고, '之'의 종결어미와 함께 삼국시대의 금석문으로는 유일하게 주체존대의 선어말어미인 '敎'(~시)가 쓰이고 있어 주목된다.

III. 불교의 전래와 신라시대의 변체한문

신라 불교 변체한문

변체한문을 포함하고 있는 삼국시대의 금석문은 대체로 국가의 위업이나 율령의 시행 등 어떤 특정한 사실을 기록한 공적인 사적비事蹟碑에 한정되어 있었다. 변체한문으로 서술된 문장 또한 사건이나 사실에 대한 단순 기술로 되어 있음을 살펴보았다. 그리고 그 구체적인 양상으로는 한국어의 어순과, 조사나 어미 등 한국어 고유의 문법 형태 표기를

---

17 남풍현, 앞의 책, p.158

들 수 있다. 후자의 경우는 전자에 비해 그 출현 빈도가 낮은 편이고, 전자는 6세기 후반의 「무술오작비」·「남산신성비」 등을 제외하고는 하나의 명문 안에 한문의 어순과 국어의 어순이 섞여 있는 모습을 보인다. 삼국시대 변체한문의 이러한 양상은 불교의 전래·확산에 따라 조성된 신라의 불교 관련 금석문에서도 그대로 나타나고 있다. 그러나 이와는 별도로 그 이전에는 볼 수 없었던 새로운 모습 또한 찾을 수 있다. 구체적인 논의에 앞서 현재 전하는 신라 불교 변체한문의 서지사항을 도표로 정리하여 제시하면 아래와 같다.

〈표1〉 신라시대의 불교 관련 변체한문

	자료명	조성 연도	총글자 수	조성자(발원자)	조성 이유	비고
1	癸酉銘 阿彌陀佛 三尊 四面石像	673년 (문무왕13)	38행 208자	道作公·使眞公 등 50인	국왕·대신 및 七世 부모와 일체 중생을 위해 조성.	전면의 하단과 양측면, 후면 등 4면 모두에 銘文이 있음. 40자 결락.
2	癸酉銘 三尊 千佛碑像	673년 (문무왕13)	8행 83자	眞牟氏 大舍, 上生 大舍, 贊不 小舍 등 향도 250인	국왕·대신 및 七世 부모와 法界 중생을 위해 조성.	좌우 측면의 각 4행의 銘文. 9자 결락.
3	甘山寺 彌勒菩薩 立像造像記	719년 (성덕왕18)	22행 381자	重阿飡 金志誠	亡妣의 명복.	2자 결락.
4	甘山寺 阿彌陀佛 立像造像記	720년 (성덕왕19)	22행 392자	重阿飡 金志誠	亡考의 명복.	3자 결락. 찬자는 '奈麻聰'으로, 설총으로 추정. 書者는 釋京融, 大舍 金驟源.
5	上院寺鐘	725년 (성덕왕24)	8행 70자	有休大舍 宅夫人 休道里		龍鈕 좌우에 명문이 음각되어 있음. 5자 결락.
6	无盡寺鐘	745년 (경덕왕4)	6행 66자	大角干 金思仁	일체중생의 離苦得樂 기원.	탁본만 존재.

	자료명	조성 연도	총글자수	조성자 (발원자)	조성 이유	비고
7	華嚴經 寫經 造成記	755년 (경덕왕14)	26행 542자	皇龍寺 緣起法師	아버지의 은혜 보답과 법계 일체 중생의 성불 발원.	호암미술관 소장『白紙墨書華嚴經寫經』(80권본)의 조성기로, 권10과 권50의 끝에 수록되어 있음. 전자는 26행 542자, 후자는 14행 528자임. 현재 이 사경은 권1~권10의 1축과 권41~권50의 1축, 곧 2축 20권이 전함.
8	永泰二年石 毘盧遮那佛 造像記	766년 (혜공왕2)	15행 136자	釋法勝· 釋法緣	豆溫愛郞의 명복을 빌고 일체 중생이 깨달음 얻기를 기원.	舍利壺에 새겨진 銘文으로, 바닥면에도 4행 21자의 명문이 있음.
9	觀龍寺 石佛臺座	772년 (혜공왕8)	4행 32자	不還法師, □□法師		6자 결락.
10	葛項寺 石塔記	원성왕대 (785~798)	5행 54자	零妙寺 言寂法師, 照文皇太后		
11	靈嚴 新羅埋 香碑銘	786년 (원성왕)	4행 45자			5자 결락. 제45자 이후는 파손.
12	防禦山 磨崖 三尊佛 造像記	801년 (애장왕2)	10행 43자			6자 결락.
13	禪林院鐘	804년 (애장왕5)	16행 149자	仁近大乃 末宅夫人 紫草里, 信寬夫人	법계의 중생이 모두 佛道를 이루기를 발원.	鐘身의 내부에 명문이 있음. 2자 결락.
14	昌寧 仁陽寺碑	810년 (헌덕왕2)	14행 386자		인양사 塔과 金堂의 治成을 기념.	이 비석의 앞면에는 승려의 모습이 조각되어 있고, 뒷면과 좌·우측면에 모두 명문이 있음. 뒷면은 10행 290자이고, 양측면은 각각 2행 48자의 한문임. 우측의 명문은 25자가 결락.
15	中初寺 幢竿支柱	827년 (흥덕왕2)	6행 124자	皇龍寺 恒昌和上 등 11인	중초사 동쪽의 僧岳에서 돌을 얻어 당간석주를 조성	

	자료명	조성 연도	총글자 수	조성자 (발원자)	조성 이유	비고
16	菁州 蓮池寺鐘	833년 (흥덕왕8)	10행 117자	皇龍寺 覺明和上, 三長 及干 등 13인		일본 福井縣 常宮神社 소장. 2자 결락.
17	竅興寺鐘	856년 (문성왕18)	13행 145자	清嵩法師, 光廉和上	일체 중생의 無上 菩提를 발원.	탁본만 존재. 23자 결락.
18	咸通銘禁口	865년 (경문왕5)	18자			1자 결락.
19	三和寺 鐵佛造像記	860년대	10행 161자	華嚴業 大大德 決言	일체 중생이 깨달음 얻기를 기원.	16자 결락.
20	禪房寺 塔誌	879년 (헌강왕5)	3행 60자	忠心·志萱 등 5인	탑을 수리하고 기록함.	
21	海印寺 木造 毘盧遮那佛 墨書	883년 (헌강왕9)	2행 32자		大角干과 그 부인의 명복.	2자 결락. 이 명문은 불상의 안쪽, 복장물을 넣어두는 곳의 나무벽에 먹으로 써놓은 것임.
22	英陽石佛 坐像 造像記	889년 (진성왕3)	3행 24자			8자 결락.
23	松山 村大寺鐘	904년 (효공왕8)	3행 42자	能與和上, 連筆 村主		일본 大分縣 宇佐神宮 소장.

　현재까지 파악된 통일신라시대의 변체한문 자료는 28종으로,[18] 불상명·종명·비명 등의 금석문이 24종이고, 사경寫經의 조성기 등 고문서가 3종이며, 삼베 조각에 묵서墨書된 포기布記가 1종이다. 불교 관련 변체한문의 경우는 불상명이 10종으로 가장 큰 비중을 차지하고 있으며,

---

18 변체한문(이두문)에 관한 국어학계의 대표적 연구성과인 남풍현, 『이두연구』(서울: 태학사, 2000), pp.30~36에서는, 이두문의 자료로 고구려 4종, 백제 2종, 신라 9종, 통일신라 24종을 제시하고 있다.

종명은 6종, 불탑명은 2종이고, 그 외에 사비寺碑·매향비埋香碑·석주石柱·금구禁口·사경 조성기가 1종씩임을 알 수 있다. 그리고 제작 연대별로는 7세기 2종, 8세기 9종, 9세기 11종, 10세기 1종 등 7~10세기 초의 전 시기에 걸쳐 나타나 있다. 변체한문을 포함하여 불교 관련 금석문이 8세기는 15종, 9세기는 46종이 현재 남아 있음을 고려할 때, 변체한문의 작성이 가장 왕성했던 시기는 8세기라고 할 수 있다.

앞의 도표에 포함되지 않은 변체한문 자료는 5종이다. 일본군의 침입을 막기 위해 축조된 「관문성석각關門城石刻」(722)과, 일본 정창원正倉院 소장의 「신라장적新羅帳籍」(758)·「신라출납장新羅出納帳」(8세기 중엽)·「모전첩포기毛氈貼布記」(8세기 중엽), 그리고 법흥왕 23년(536)에 축조된 오塢를 수치修治한 기록인 「영천청제비(정원명)永川菁堤碑(貞元銘)」(798) 등이 그것이다. 이들 가운데 「관문성석각」과 「모전첩포기」는 국어의 어순으로 되어 있으나 문법 형태가 표기되어 있지 않으며, 「영천청제비」는 종결어미 '之'(~다)·조격조사 '以'(~로), 처격조사 '中'(~긔) 등이 쓰였지만 한 비문 안에 한문과 국어의 어순이 혼용되어 있다. 정창원 소장의 「신라장적」과 「신라출납장」은 지방 관부의 행정문서로, 전자는 한문식 어순과 우리말의 어순이 혼용되어 있는 대신, '中'(~긔)·'以'(~로) 등의 조사와 '之'(~다)·'如'(~다)·'賜'(~ㅅ)·'去'(~거) 등의 어미처럼 비교적 다양한 문법 형태가 표기되어 있다. 후자의 경우는 우리말 어순으로 되어 있지만 종결어미 '之'(~다)와 보조사 '者'(~ㄴ)만 쓰이고 있다.

이렇듯 이들 5종의 변체한문 자료는 한문식 어순과 한국어 어순이 혼용되거나, 우리말의 문법적 요소가 전혀 없는 자료가 있는 반면, 한국어의 어순과 비교적 다양한 문법 형태가 표기된 예도 있는 등 일률적으로 유형화시키기에 어려움이 있다. 그렇지만 「신라출납장」을 제외하면 한국어 어순과 문법 형태 표기의 두 가지 조건을 모두 충족시키고 있는 자료는 없다. 그리고 그 내용 및 성격에 있어서도 6세기 신라의 변체한문과 마찬가지로 국가와 관련되거나 공적인 사실을 기록하고 있는 공통점을 보이고 있다.

순한문과 변체한문의 '겸용'

도표에서 제시한 불교 관련 변체한문은 그 문체를 대략 다음의 세 가지 유형으로 나눌 수 있다. 먼저, 한 명문 안에 한문과 우리말의 어순이 혼용되어 있는 것으로, 7세기의 불상명문 2종과, 「감산사미륵보살입상조상기」·「감산사아미타불입상조상기」·「창녕인양사비」 등이 이에 해당한다. 그런데 계유명의 두 불상조성기를 제외한 3종의 명문들은 삼국시대 변체한문의 '혼용'과는 그 성격을 달리한다.

「감산사미륵보살입상조상기」와 「감산사아미타불입상조상기」는 각각 '① 조성 동기, ② 머리말, ③ 김지성金志誠의 생애, ④ 발원 내용, ⑤ 망비亡妣의 장례'와, '① 머리말, ② 김지전金志全의 생애, ③ 발원 내용, ④ 관계 인명, ⑤ 망고亡考의 장례와 김지전의 사망 사실'의 단락으로 나눌 수 있다. 이들 조상기에서 변체한문은 모두 ⑤에만 해당하고 나머지는 모두 정격의 한문으로 되어 있다. 변체한문은 "亡妣 官肖里夫人 年六十六 古人成之 東海欣支邊散之"[19]와, "亡考 仁章一吉湌 年卌七 古人成之 東海欣支邊散也 後代追愛人者 此善助在哉 金志全重阿湌

---

19 "망비 관초리부인께서 66세에 고인이 이루어졌다(돌아가셨다). 동해 欣支縣(영일현)의 바닷가에 (뼈를) 뿌렸다."(남풍현, 위의 책, p.370)

敬生已前 此善業造 歲□十九 庚申年 四月卄二日 長逝爲□之"[20]의 문장으로, 이들 단락 안에서는 한문식의 어순은 보이지 않는다. 곧 발원자의 생애 및 사상과 발원문의 내용은 순한문으로 서술하고, 변체한문으로는 돌아가신 어머니와 돌아가신 아버지의 장례 및 발원자의 사망 등 있는 그대로의 사실을 기술하고 있는 것이다.

「창녕인양사비」 또한 도표의 '비고' 항목에서 제시한 대로 뒷면은 변체한문, 좌우측면은 순한문으로 되어 있다. 각각 2행 48자로 된 좌우측면의 명문 가운데, 25자나 결락된 우측면은 그 내용 파악이 쉽지 않지만, 좌측의 명문은 보리菩提를 구하는 여러 가지 방법들에 대해 서술하고 있다. 이에 비해, 변체한문으로 된 뒷면은 탑과 금당金堂 등을 수리·조성한 사실과 여기에 사용된 비용을 연대순으로 기술하고 있다. 결국, 8세기 이후의 신라 불교 금석문에서 순한문과 변체한문의 공존은 '혼용'이 아닌, 서술 내용의 성격 및 문체의 기능에 따른 '겸용兼用'임을 알 수 있다. 이러한 '겸용'은 지금까지 언급한 이들 명문 외에는 찾을 수 없어 그 당시의 보편적인 현상으로 볼 수는 없다. 이들 명문을 제외한 불교 관련 변체한문은 모두 우리말의 어순으로만 배열되어 있는 특징을 보이기 때문이다.

---

20 "돌아가신 아버님 인장 일길찬은 47세에 고인이 이루어졌다. 동해 欣支縣의 바닷가에 (뼈를) 뿌렸다. 후대에 추억하여 사랑하는 사람은 이 善業을 돕기를 바란다. 김지전 중아찬께서 살아계실 때에 이 선업을 조성하였다. 69세인 경신년(720) 4월 22일에 長逝하였다."(남풍현, 위의 책, p.372)

'사실'의 기술과 한국어 어순

다음으로, 문법 형태의 표기가 거의 없이 한국어의 어순 배열만이 나타나 있는 예를 들 수 있다.

開元 十三年 乙丑 三月 八日, 鐘成記之. 都合鍮, 三千三百鋌□□. 普衆, 都唯乃 孝□, 直歲 道直, 衆僧, 忠七 · 沖安 · 貞應. 旦越, 有休大舍 宅夫人 休道里德香, 舍上 安舍 · 照南, □匠 仕□大舍.

개원 13년 을축(725) 3월 8일 종을 이루고 기록한다. 도합한 놋쇠는 3300정□□. 여러 중衆은 도유나 효□, 직세 도직, 여러 승려는 충칠 · 충안 · 정응이다. 단월은 유휴대사댁 부인 휴도리 덕향과 사상 안사 · 조남, □장은 사□ 대사이다.[21]

인용문은 「상원사종」(725)의 명문 전체를 옮긴 것이다. 이 「상원사종」은 현재 전하는 범종의 명문으로는 가장 이른 시기에 제작된 것으로, ① 조성 연대, ② 놋쇠의 양, ③ 참여 인물, ④ 단월, ⑤ 종 만든 사람 등의 내용으로 구성되어 있다. 이후의 종명 또한 대체로 '조성 연대 · 종에 들어간 쇠의 양 · 발원자 또는 단월 · 참여인명'의 순서로 되어 있어, 이 명문의 구성을 따르고 있다. 인용문을 통해 알 수 있듯이, 전문이 우리말 어순으로 서술되어 있으나, 문법 형태의 표기는 "鐘成記之"에서 종결어미로 쓰인 '之' 외에는 찾을 수 없다.

---

21 남풍현, 위의 책, pp.375~377

太和 七年 三月日, 菁州 蓮池寺, 鐘成內節傳. 合入金, 七百三十廷, 古金, 四百九十八廷, 加入金百十廷. 成典和上 惠門法師 · □惠法師, 上坐 則忠法師, 都內 法勝法師. 卿村主 三長及干 · 朱雀大, 作韓舍 寶清軍師 · 龍年軍師, 史六□ 三忠舍知 · 行道舍知. 成博士 安海哀大舍 · 哀忍大舍, 節州統 皇龍寺 覺明和上.

태화 7년 3월 일에 청주(현 진주) 연지사의 종이 조성한 때의 전傳(기록)이다. 도합 넣은 쇠는 730정인데 묵은 쇠가 498정이고 더 넣은 쇠가 110정이다. 성전화상은 혜문법사와 □혜법사이고, 상좌는 칙충법사이며, 도(유)나는 법승법사이다. 경촌주는 삼장급간과 주작대내마이며, 작한사는 보청군사와 용년군사이고, 사육□는 삼충사지와 행도사지이다. 종을 만든 박사는 안해애 대사와 애인 대사이고, 이때의 주통은 황룡사 각명화상이다.[22]

833년(흥덕왕 8)에 제작된 「청주연지사종」 명문은 참여 인원의 규모에 차이가 있을 뿐 「상원사종」과 마찬가지로 조성 연대, 종에 들어간 쇠의 양, 참여 인물의 직책 및 이름 등의 내용으로 구성되어 있다. 「상원사종」으로부터 1세기가 지난 시기에 작성되었음에도 명문의 구성에는 거의 변동이 없으며, 표기된 문법 형태 또한 '內'[23]가 유일하다. 10세기 초에 제작된 「송산촌대사종」(904) 명문의 구성 역시 「청주연지사종」과 일치하

---

22 남풍현, 위의 책, p.399 참고.
23 남풍현, 위의 책, p.245에서, "內는 우리말의 동사를 나타내는 훈독자의 뒤에 사용하는 것만이 분명하고 그것이 나타내는 문법적인 기능이 일정하지가 않아 선어말어미, 동명사어미(관형형어미), 부사형어미, 연결어미에 해당하는 경우에 사용되고 있다."라고 하였다.

고, 문법 형태 또한 "松山村大寺鐘成內文"에서의 '內'뿐임을 확인할 수 있다.

이들 종명 외에도, 문법 형태의 표기가 거의 없이 우리말의 어순으로 서술된 금석문으로는 「중초사당간지주」(827)·「삼화사철불조상기」(860년대)·「선방사탑지석」(879)·「해인사묘길비로자나불묵서」(883) 등이 있는데, 공교롭게도 모두 9세기의 금석문에 해당한다. 바로 뒤에서 살펴볼, 다양한 문법적 요소를 표현하고 있는 금석문의 유형에 8세기의 명문들이 다수 포함되어 있는 사실을 고려하면, 한국어 문장 표기의 발달이 통시적인 전개에 반드시 일치하는 것이 아님을 알 수 있다.

발원문과 문법 형태 표기의 다양화

天寶 四載 乙酉, 思仁大角干爲賜, 夫只山村 无盡寺鐘成, 敎受內成記. 時願助在衆, 邱僧村宅方 一切檀越, 幷成在. 願旨者, 一切衆生, 苦離樂得, 敎受成在. 節維乃, 秋長幢主.

천보 4년 을유년에 김사인 대각간께서 (願旨를) 삼으시어 부지산촌 무진사의 종을 조성하라는 지시를 받아 조성하고 기록한다. 이때에 원을 도운 무리는 신승촌댁(思仁大角干宅) 쪽의 일체 단월이니 (이들과) 함께 조성하였다. 원願의 취지는 일체의 중생이 괴로움을 벗어나 즐거움을 얻게 하는 것이니 이러한 가르치심을 받아 조성하였다. 이때의 유나는 추장당주이다.[24]

---

24 남풍현, 위의 책, pp.193~196

인용문은 745년(경덕왕 4)에 상대등上大等이었던 김사인金思仁과 신승촌邱僧村의 단월들이 함께 조성한 무진사종의 명문이다. 이 명문은 비록 짧은 문장이지만, 전문이 우리말 어순으로 서술되어 있고, 문법 형태의 표기에 있어서도 비교적 다양한 조사와 어미가 나타나 있다. 곧 주체존대의 선어말어미 '賜'〔〈〕, 보조사 '者'〔(으)ㄴ〕, 동명사어미형 '內', 준문법 형태 '在'〔겨〕 등이 그것이다. 이와 같이 비교적 다양한 문법적 요소를 포함하고 있는 금석문에는, 「영태2년석비로자나불조상기」(766)·「갈항사석탑기」(785~798)·「선림원종」(804)·「규흥사종」(856) 등이 있다.

그런데 「갈항사석탑기」를 제외한 명문들은 그 표기뿐만 아니라 내용에 있어서도 앞서 살펴본 여타의 종명 및 금석문과는 차이를 보이고 있어 주목된다. 인용문을 통해 「무진사종명」은 ① 조성 연대, ② 단월, ③ 발원, ④ 참여 인물 등으로 구성되어 있음을 알 수 있는데, 변체한문으로 된 ③의 발원은 여기에서 처음 나타나는 것이다. 앞의 밑줄 친 부분이 그것으로, 불전佛典 및 후대의 발원문에 자주 등장하는 '이고득락離苦得樂'을 문법 형태의 표기 없이 우리말 어순으로 배열하고 있다. 이러한 발원문은 「선림원종」에서는 아래와 같이 보다 한국어 문장에 가깝게 표현되고 있다.

貞元 十四年 甲申 三月 十三日, 當寺鍾成內之. 古尸山郡 仁近大乃末 紫草里, 施賜乎, 古鍾金, 二百八十廷, 當寺古鍾金, 二百十廷, 此以本爲內, 十方旦越, 勸爲成內在之. 願旨是者, 法界有情, 皆佛道中到內去, 誓內. 時寺聞賜主, 信廣夫人君. 上坐 令妙寺 日照和上, 時司 元恩師, 鍾成在伯士 當寺 覺智師. 上和上 順應和上 · 良惠師 · 平法□ · 善覺師 · 如於□ · 日晶誓師, 宣司 禮覺師. 節唯乃 同說師.

정원 20년(804) 3월 23일에 당사當寺의 종을 이루었다. 골메군(옥천군)의 인근대나마댁의 자초리께서 베푸신 묵은 종쇠 280정과 당사의 묵은 종쇠 220정, 이것으로 본을 삼아 시방의 단월들을 권하여 이루었다. 원願지旨인 것은 법계의 유정이 모두 불도에 이르러 감을 맹세함(이다). 이때에 절로부터 들으신 님은 신광부인님이다. 상좌는 영묘사의 일조 화상이고, 이때의 감독은 원은사이며, 종을 이룬 백사는 당사의 각지사이다. 상화상은 순응 화상·양혜사·평법□·선각사·여어□·일정서사이고, 선사는 예각사이다. 이때의 유나는 동설사이다.[25]

「선림원종명」은 ① 조성 연대, ② 종 제작에 들어간 놋쇠 양과 단월, ③ 발원, ④ 수희동참자, ⑤ 참여 인물 등의 내용으로 되어 있다. 그리고 「무진사종명」에서 보았던 '賜'·'者'·'內'·'在' 외에, 조격조사 '以'〔~로〕, 처격조사 '中'〔~긔〕, 동명사어미 '去'〔~거〕·'乎'〔~온〕 등의 새로운 문법적 요소가 보이고 있다. 발원의 내용 또한 우리말의 어순과 표현으로 "법계의 유정이 모두 불도에 도달할 것을 맹세"하고 있다. 이 명문에서는 「무진사종명」의 "苦離樂得"에서 더 나아가, 일체 중생이 불도 佛道를 이루기를 기원하고 있으며, 또한 발원자가 모든 중생을 불도에 도달하게 할 것임을 '맹세함(誓內)'이라는 표현을 통해 다짐하고 있는 것이다.

大中 十年 丙子 八月 三日, 竅興寺鐘成內矣. 合入鍮, 三百五十廷, 都合市, 一千五十石 □□□□. 初此願起在, 淸嵩法師·光廉和上, 願爲

---

25 남풍현, 위의 책, pp.323~325 참고.

<u>內等者, 種種施賜人乃, 見聞隨喜爲賜人乃, 皆無上菩提成內飛也</u>. 節縣令 含梁 萱榮, □□□□□. □□ 時都乃□□聖安法師□□. 上村主 三重沙干 堯王□□□, 第二村主 沙干 龍河□□□, 第三村主 及干 貴珍□ 及干, 大匠 大奈末梁□溫衾.

대중 10년 병자 8월 3일 규흥사의 종을 이루었다. 도합 넣은 놋쇠는 350정이고 도합한 곡식은 1050석이다. (결략) 처음에 이 원을 일으킨 것은 청승법사와 광렴화상으로, <u>원하는 것은 종종種種으로 베푸신 사람이나 견문수희見聞隨喜하신 사람이나 모두 무상無上의 보리를 이루는 것이다</u>. 이 때의 현령은 함량 훤영이며 (결략) 당시의 도유나는 (결략) 성안법사 (결략) 상촌주는 삼중사간인 요왕(결략) 제이촌주는 사간 용하(결략) 제삼촌주는 급간 귀진(결략) 대장은 대내말 양□온금이다.[26]

인용문은 현재 탁본으로만 전하고 있는 「규흥사종」의 명문으로, ① 조성 연대, ② 종의 조성에 들어간 쇠와 곡식 양, ③ 발원자, ④ 발원문, ⑤ 참여인명 등의 순서로 서술되어 있다. 이 종명은 의존명사 '等'〔~드〕, 주체존대의 선어말어미 '賜'〔~ㅅ〕, 현재시제의 선어말어미 '飛'〔~ㄴ〕, 보조사 '乃'〔~(이)나〕 등 다양한 문법 형태를 보여주고 있다. 그리고 인용문의 밑줄 친 부분에서 보듯이, 이러한 다양하고 자연스러운 표현을 통해 조성 주체의 '발원'을 담아내고 있다. 곧 '일체중생', '법계중생'보다 좀더 구체적인 '갖가지로 베푸신 사람(種種施賜人)', '보고 들음을 따라 기뻐하신 사람(見聞隨喜爲賜人)'이라는 발원대상을 설정하고, 그들이 모두

---

26 남풍현, 위의 책, p.404 참고.

위없는 깨달음을 이루기를 바라는 마음을 구어체 문장에 담아 서술하고 있는 것이다.

한편, 「선림원종」·「규흥사종」의 발원문은 문장의 형태적 측면뿐만 아니라 그 내용에 있어서도 주목을 요한다. 삼국시대 및 통일신라시대의 불교 금석문 중 발원문이 포함된 자료는 현재 28종이 전하고 있다. 489년(장수왕 77)에 제작된 「대화13년명석불상大和十三年銘石佛像」에서부터 보이기 시작하여 895년(진성왕 9)의 「해인사묘길상탑지海印寺妙吉祥塔誌」까지, 비록 많은 양은 아니지만 불교 금석문의 전 시기에 걸쳐 나타나 있다. 대체적으로 6세기의 금석문에는 '빨리 정토에 태어나(速生淨土)' '부처님을 뵙고 설법을 듣기를(見佛聞法)' 발원하고 있으며, 변체한문이 아닌 7~9세기의 발원문에는 '정토왕생' 외에 '수복受福' 또는 '복명장원福命長遠'의 바람이 추가되기도 한다.

이에 비해, 이 두 범종의 명문을 포함한 「화엄경사경조성기」·「삼화사철불조상기」·「영태2년석비로자나불조상기」 등은 모두 일체중생의 깨달음 내지 정각을 기원하고 있는 공통점을 보이고 있다. 물론, '속생정토'하여 '견불문법'하는 목적 역시 정각 또는 불도를 이루는 것이고, 또한 일체중생의 깨달음을 발원하는 금석문이 이들 변체한문 자료만 있는 것은 아니다. 그렇지만 '무상보리無上菩提' '각覺' '성불成佛' 등의 어휘가 직접적으로 표현된 발원문은 순한문의 금석문에서는 찾아보기 어렵다. 그러므로 6종의 변체한문 중 5종이 모두 중생의 깨달음을 기원하고 있다는 점은 발원이 있는 변체한문의 내용적 특징 내지 경향성으로 지적할 수 있을 것이다.[27]

---

[27] 정병삼, 「9세기 신라 불교 결사」, 『한국학보』 85집 (서울: 일지사, 1996), p.231에서도, "애장왕 대 제작의 선림원종과 문성왕 대의 규흥사종, 경문왕 대 조성의 도피안

永泰 二年 丙午 七月 二日, 釋法勝・法緣二僧, 幷內奉, 過去爲飛賜, 豆溫哀郎願爲, 石毘盧遮那佛成內, 無垢淨光陀羅尼幷, 石南巖藪, 觀音巖中在內如. 願請內者, 豆溫愛郎靈神賜那, 二僧等那, 若見內人那, 向尒頂禮爲那, 遙聞內那, 隨喜爲內那, 影中逕類那, 吹尒逕風逕所方處 一切衆生那, 一切皆, 三惡道業滅尒, 自毘盧遮那是等 覺去世爲尒, 誓內之.

영태 2년 병오 7월 2일에 석법승과 석법연 2승은 함께 (단월인 豆溫哀郎의 遺志를) 받들고 돌아가신 두온애랑의 원을 위하여 석비로자나불을 이루어 무구정광다라니경과 함께 석남암의 숲에 있는 관음암에 둔다. 원청願請하는 것은 두온애랑의 신령이시나, 2승들이나, 혹 (이 불상을) 본 자나, 향하여 정례한 자나, 멀리서 들은 자나, 수희隨喜하는 자나, (이 불상의) 그림자 가운데를 지난 무리나, 불어서 지나간 바람에 지나간 곳의 모든 방향에 있는 일체의 중생이나, 일체 모두가 삼악도의 악업이 없어져서 스스로가 비로자나불인 것을 깨닫고 거세去世하도록 다짐하는 것이다.[28]

위의 인용문은 사리호舍利壺에 새겨진 「영태2년석비로자나불조상기」로, 후대에 제작된 「선림원종」과 「규흥사종」에 비해 보다 풍부하고 자연스러운 표현을 보여주고 있다. 이 조상기는 불상 조성의 연대, 조성자・

사 비로자나불, 그리고 헌강왕 대의 석탑 중수는 모두 중생의 깨달음을 기원하는 것이었다. 후대에는 佛事마다 일상적인 문투로 등장하는 표현이지만 이런 기원이 보편적인 추세를 보였다는 것은 유의할 만하다."라고 하여, 이들 발원문의 내용적 특징을 주목하고 있다.

28 남풍현, 앞의 책, p.313

발원자, 불상의 위치 등을 차례대로 밝힌 뒤, 조성자의 발원 내용을 비중 있게 서술하고 있다. 「규흥사종」의 '種種施賜人', '見聞隨喜爲賜人'에 비해 발원의 대상이 더욱 구체화되었고, 이들 발원대상이 모두 스스로 비로자나불, 곧 법신法身임을 깨닫기를 기원하고 있으며, 더 나아가 '誓內之'라는 표현을 통해 발원자의 다짐을 표현하고 있다. 문법 형태의 표기에 있어서도 '等'·'賜'·'飛' 외에, 종결어미 '如'[~다]·연결어미 '尒'[~금] 등 다양한 모습을 보이고 있다. 이 명문의 이러한 모습은 한정된 면적에 정해진 글자를 새겨 넣는 금석문이라는 점을 감안한다면, 한국어의 전면적 표기를 보여주는 사례로 평가할 수 있다.

IV. 고려시대 불교 금석문의 변체한문

고려 불교 금석문의 변체한문

현재까지 파악된 고려시대의 변체한문은 69종으로, 불교 금석문의 변체한문은 35종이다. 이 외의 변체한문은 모두 금석문이 아닌 고문서인데, 「정인경준호구鄭仁卿准戶口」(1289)·「김연준호구金璉准戶口」(1301)·「한강준호구韓康准戶口」(1331) 등의 호적, 「이자수정안李子修政案」(1366)·「유종혜조사첩柳從惠朝謝牒」(1383) 등의 인사 관련 문서처럼 대부분 국가에서 발급한 행정문서에 해당된다. 이들 문서는 고려시대의 전 시기에 고루 분포되어 있는 불교 금석문의 변체한문과 달리, 13·14세기에 집중되어 나타나는 특징을 보인다. 변체한문으로 서술된 불교 금석문의 구체적인 이름과 서지사항을 제시하면 다음과 같다.

〈표2〉 고려시대 불교 금석문의 변체한문

	자료명	조성 연도	총글자 수	조성자 (발원자)	조성 이유	비고
1	鳴鳳寺 淸境禪院 慈寂禪師 凌雲塔碑陰記	939년 (태조22)	10행 188자	都評省		비의 앞면은 자적선사의 행적을 적은 것으로, 총 30행 1770자.
2	星州石佛坐像	967년 (광종18)	6행 38자	位光和上		6자 결락.
3	太平二年銘磨崖藥師佛坐像	977년 (경종2)	3행 28자		임금의 萬歲를 기원.	
4	安城 長命寺 石塔誌	977년 (경종2)	6행 73자	戶長 安帝京·金正 등	나라의 태평과 백성의 평안을 기원.	
5	醴泉開心寺 五層石塔	1011년 (현종2)	8행 176자	彌勒香徒·稚香徒 등의 126인	부처님의 은혜에 보답하고 나라를 바르게 하기 위해 조성.	
6	普賢寺石塔	1044년 (정종10)	6행 49자		임금과 백성의 평안을 기원.	
7	金仁寺鈑子	1091년 (선종8)	1행 30자	僧 貞妙		
8	羅州 西門石燈記	1093년 (선종10)	8행 46자		임금의 만수무강과 나주읍의 평안을 발원.	
9	僧正 景廉石棺銘	1102년 (숙종7)	6행 42자			5자 결락.
10	川北 觀世音寺鐘	1107년 (예종2)	7행 67자	住持 法旿·棟梁 郎崇 등	임금의 만수무강 기원.	鐘身의 중단에 보살상이 부조되어 있음.
11	楊等寺半子	1160년 (의종14)	4행 57자	火香比丘 智資劣		
12	表忠寺 靑銅 含銀香垸	1177년 (명종7)	1행 57자	道人 孝初·通康柱 등	법계의 산 자와 죽은 자 모두의 보리 증득을 발원.	
13	屈石寺般子	1183년 (명종13)	1행 42자	前戶長 李伯兪		

	자료명	조성 연도	총글자 수	조성자 (발원자)	조성 이유	비고
14	乙巳銘銅鐘	1185년 (명종15)	10행 77자	知樞密院事 戶部尙書 上將軍曺, 妻 河源郡夫人	임금의 만수무강과 나라의 태평 및 법계중생의 離苦得樂을 발원.	
15	尙州 安水寺鐘	1197년 (명종27)	12행 121자	住持 名惠, 坐官 淸文 등	이전에 있던 종의 파손으로 인해 새 종을 조성.	1자 결락.
16	泰和二年 銘半子	1202년 (신종5)	3행 53자	棟梁 丹丘, 前長 不長 등	임금의 만수무강과 백성의 평안 발원.	3자 결락.
17	嘉泰四年 銘香垸	1204년 (신종7)	2행 44자	扶金· 港道· 梁林寵	정토왕생을 기원.	
18	大和五年 銘禪院寺 香爐	1205년 (희종1)	1행 34자		망자인 前史 朴珍의 명복을 빌기 위해 조성.	
19	高嶺寺金鼓	1214년 (고종1)	2행 74자	壽寧宮主房 侍衛軍 公節	임금의 만수무강과 나라의 태평 및 죽은 아내의 離苦得樂·聞聲悟道를 기원.	
20	丁丑銘盤子	1217년 (고종4)	3행 82자	前公兄 夫支· 金嚴·三伊 등		5자 결락.
21	癸未銘銅鐘	1223년 (고종10)	12행 95자	道人 賢堪, 大師智成	임금의 만수 무강과 국토의 태평 및 法界生亡의 보리 증득을 기원.	3자 결락.
22	利義寺飯子	1224년 (고종11)	2행 90자	火香大師 玄津	임금의 만수무강과 나라의 태평 발원.	
23	華嚴寺半子	1225년 (고종12)	2행 36자	道人 孝章	임금의 만수무강 기원.	전북 완주 화엄사지에서 佛器 50여점과 함께 출토된 것임.

	자료명	조성 연도	총글자 수	조성자(발원자)	조성 이유	비고
24	福泉寺飯子	1238년 (고종25)	4행 79자	別將 同正 韓仲叙	임금의 寶位天長과 相國 趙廉卿의 정토왕생, 그리고 留沙寺 住持 學淵의 今生無病·後世離三界를 발원.	
25	修定寺飯子	1240년 (고종27)	2행 27자	惠均·惠玲 등	妙果 이루기를 발원.	2자 결락.
26	己亥銘頭正寺鐘	13세기	6행 37자	乃山村 此卯僧	兩親父母의 명복을 빌기 위해 조성.	종의 양식적 특징상 13세기의 작품으로 추정.
27	感恩寺飯子	1351년 (충정왕3)	2행 78자	住持 大師 □	왜구들이 훔쳐갔으므로 새로 만듦.	4자 결락.
28	己酉銘菩提寺飯子	1369년 (공민왕18)	3행 44자	大德 資崇	임금의 만수무강과 師僧·父母 및 법계 중생의 樂界 증득을 기원.	
29	庚戌銘白雲寺飯子	연대 미상	3행 58자	安逸 戸長 正位 韓徜愈	양친부모 및 亡妻의 정토왕생과, 자신의 무병장수 기원.	간지만 있어 연대는 알 수 없고, 반자의 양식상 특징으로 인해 고려시대의 것으로 추정.
30	癸酉銘青銅神將立像座臺	연대 미상	8행 28자	白州 龕壇卜土 順戊	임금의 만수무강 기원.	상동.
31	戊子銘法泉寺光明臺	연대 미상	2행 44자	信懷·惠堅 등 5인		상동.
32	戊子銘青銅香垸	연대 미상	2행 25자	信懷 등 5인		상동.
33	丙寅銘禁口	연대 미상	1행 33자	存成·元水·宋□		상동. 1자 결락.
34	壬午銘資福寺飯子	연대 미상	3행 50자	公州戸長 具義□ 등		상동. 5자 결락.
35	壬午銘青銅淨瓶	연대 미상	1행 18자			상동.

앞의 도표를 통해, 고려시대 불교 금석문의 변체한문은 반자(금구)가 15종으로 가장 큰 비중을 차지하고 있으며, 범종(5종)·불탑(3종)·향완(3종)·불상·좌대(각 2종)·향로·석관·정병·석등·고승비(각 1종) 등 신라시대와 비교하여 명문의 수가 늘어나고 그 종류 또한 다양해졌음을 알 수 있다. 그러나 현재 전하는 고려 불교 금석문이 360여 종임을 고려한다면, 오히려 불교 관련 변체한문의 비중은 크게 위축되었다고 할 수 있다. 실제로「기유명보리사반자」(1369) 이후의 불교 변체한문 자료는 현재까지 발견되지 않고 있다.

'겸용'과 표기의 확대

고려시대 불교 변체한문의 문체는 신라시대와 마찬가지로 세 가지 유형으로 나눌 수 있다. 그러나 구체적인 모습에 있어서는 적지 않은 차이를 보인다.

都評省, 帖洪俊和尚衆徒. 右法師, 師矣啓以, 僧矣段, 赤牙縣鷲山中, 新處所元聞爲, 成造爲內臥乎亦在之, 白賜. 縣以, 入京爲使臥, 金達舍 進置, 右寺原問內乎矣. 大山是在以, 別地主無亦在彌, 衆矣白賜臥乎兒 如, 加知谷寺谷中入, 成造爲賜臥亦之. 白臥乎味, 及白. 節中, 敎旨, 然 丁, 戶丁矣 地□, 知事者, 國家大福田處爲, 成造爲使賜爲敎. 天福 四季 歲次 己亥 八月 一日 省史 臣 光.

도평성은 홍준 화상의 중도에게 첩함. 이 법사는 그의 계啓에서 '승 僧은 적아현赤牙縣(지금의 경북 예천군 상리면)의 취산에 새 처소를 처음으로 듣고서 조성하고 있다'라고 아뢰시어, 현에서 입경入京하게 한 김달함이 나아가서 (도평성이) 우사右寺의 터를 묻되 (김달함이) '큰 산이기 때문에 따로 땅의 주인이 없으며 무리들이 아뢰신 바와 같이 가지곡의 사곡에 들어가 조성하시고 있다'라고 아뢰는 뜻을 (도평성이 왕께) 나아가 아룀. 이때에 교지가 있어 '然丁. 戶丁의 땅(1자 결락) 일을 맡은 자가 국가의 대복전처를 삼아 조성하게 (사람들을) 부리시도록' 敎하심. 천복 4년 기해(939) 8월 1일 성사省史 신臣 광光.[29]

인용문은 명봉사의 창건 과정을 기술하고 있는 「명봉사청경선원자적선사능운탑비」(941)의 음기陰記로, 당시 국가에서 보낸 첩문을 옮겨 새긴 것이다. 이 비의 전면은 자적선사 홍준(882~939)의 생애를 서술하고 있는데, 선사의 출가 및 구도 과정과 교화활동이 순한문으로 서술되어 있다. 이 점으로 인해 '자적선사비명'은 앞의 「감산사아미타조상기」·「창녕인양사비」 등에서 지적했던 '겸용'의 성격을 띤다고 할 수 있다. 그리고 이러한 '겸용'은 비록 금석문은 아니지만 「정도사5층석탑조성형지기 淨兜寺五層石塔造成形止記」(1031)에서도 찾을 수 있다. 앞부분에 서술된 비교적 긴 분량의 발원문은 한문이고, 그 외의 석탑 조성 과정에 대한 기술은 변체한문인 것이다.

그렇다고 이들 명문의 성격과 신라시대 금석문의 '겸용'이 일치한다는 것은 아니다. 「명봉사청경선원자적선사능운탑비음기」는 우리말 어순으로만 기술되어 있는 「감산사아미타불입상조상기」·「창녕인양사비」와 달리, 한국어의 전면적인 표기에 가까운 모습을 보이고 있기 때문이다.

---

29 노명호·박영제 외, 『한국고대중세고문서연구』 상 (서울: 서울대학교출판부, 2000), pp.358~359

곧 이 명문은 「영태2년석비로자나불조상기」보다 훨씬 다양하고 세밀한 문법 형태 표기를 보여주고 있다. 특히 '矣'(~의)·'段'(~단)·'臥乎亦'(~ᄂ온여)·'乎矣'(~오디)·'賜臥亦之'(ᄉ누여다)·'無亦'(없으여) 등의 조사·어미 및 부사 표기는 여기에서 처음 등장하여 조선 후기의 이두문까지 활발하게 사용되고 있다.

어순의 혼용과 표현 영역의 축소

그런데 이렇듯 다양하고 정밀한 문법 형태 표기는 고려시대의 불교 금석문에서는 보기 드문 예에 속한다. 불교 금석문의 변체한문은 대체로 문체에 있어서 아래의 인용문과 같은 양상을 보이고 있다.

川北 觀世音寺主 法旃, 棟梁 郎崇, 引道·副戶長 同正 迪, 良州史 守英·明贊, 倉史 審成, 長士 國眞, 大匠 □先 等亦, 聖壽天長之愿以 金鍾. 入重五十斤. 乾統 七年 丁亥 二月 十九日.[30]

하천 북쪽에 있는 관세음사의 주지 법유와 동량인 낭숭, 인도 및 부호장 동정 적, 양주사 수영·명찬, 창사 영성, 장사 국진, 대장 □선 등이 성수천장聖壽天長(임금님의 만수무강)의 원願으로 (만든) 금종. 들어간 무게는 50근. 건통 7년 정해(1107) 2월 19일.

인용문은 「천북관세음사종」(1107)의 명문을 옮긴 것이다. 신라의 종명

---

30 황수영, 『한국금석유문』(서울: 일지사, 1978), p.304

과 마찬가지로, 고려시대 범종의 명문은 그 순서가 다를 뿐, 참여인물·종의 무게·발원문·조성 연대의 내용으로 구성되어 있음을 알 수 있다. 발원문이 없는「상주안수사종」(1197)을 제외한 3종의 고려 종의 명문 또한 이 명문의 구성과 일치하고 있다. 위의 인용문은 우리말 어순으로 되어 있으나 문법 형태 표기는 밑줄 친 부분인 '等亦'(~들 히)과 '以'(~로)뿐으로, 이 명문보다 362년 앞서 작성된「무진사종」의 표기에 오히려 뒤처진 면을 보인다. 발원의 내용 역시 왕의 만수무강만을 언급하고 있어, 일체중생의 깨달음을 다양한 표현으로 기원하고 있는「무진사종」·「선림원종」·「규흥사종」등의 신라 범종의 명문과 차이를 보이고 있다.

「을사명동종」(1185)과「계미명동종」(1223)의 경우는, 왕의 만수무강과 함께 법계 중생의 '이고득락離苦得樂'과 '증득보리證得菩提'를 기원하고 있다. 그렇지만 이들 명문은 각각 "祝聖壽天長 國大民安 及法界衆生 離苦得樂願以(임금님의 만수무강을 축원하고, 나라의 태평과 백성의 평안 및 법계 중생의 이고득락의 원으로)"와, "特爲聖窮萬歲 國土太平 法界生亡 共證菩提之願以(특별히 임금님의 만수무강을 위하고, 국토의 태평과 법계의 산 자·죽은 자의 증득보리의 원으로)"에서 볼 수 있듯이, '願以'(원으로)를 제외하고는 한문의 어순으로 되어 있다. 이들 또한 우리말의 어순과 문법 형태 표기를 통해 '발원'이라는 개인적 심성을 표현하고 있는 신라시대의 불교 금석문과는 차이가 있다고 하겠다.

범종 명문의 이러한 특징은 고려 불교 금석문에서 가장 큰 비중을 차지하고 있는 반자飯子 명문에서도 아래와 같이 나타난다.

貞祐 十二年 甲申 正月日, 利義寺 火香大師 玄津亦, 同寺 飯子·小鍾等亦, 全闕爲□乎等用良, 奉任同都監 仁守正 時用, 戶長 巾俊書, 檢

校長軍 巾儒, 同□焉. 聖壽天長, 隣兵永息, 國土大平愿以, 造成懸排. 入重十一斤印. 大匠 仁癸 · 丑尖.[31]

정우 12년(1224) 갑신년 정월 일에 이의사의 화향대사인 현진이 같은 절의 반자 · 소종 등이 전부 없어졌기 때문에 봉임동도감 인수정 시용, 호장 건준서, 검교장군 건유와 함께 (만들었다). 임금께서 만수무강하시고, 이웃 나라와 병란이 영원히 그치며, 국토 태평의 원으로 조성하여 매달아 쳤다. 들어간 무게는 11근. 대장은 인계 · 축첨.

반자는 절 안에 있는 승려들에게 공양 시간을 알리는 데 쓰이는 기구로, 금구禁口 · 반자半子 · 금고金鼓 등의 명칭으로도 불렸다. 변체한문이 보이는 신라시대의 반자가 1종인 데 비해, 고려시대의 경우는 15종이나 되고, 그 중 8종의 반자 명문이 발원문을 포함하고 있다.

인용문은 「이의사반자명」(1224)의 전문으로, 반자의 제작에 참여한 인물, 제작 이유, 발원 내용, 반자의 무게, 장인의 이름 등이 서술되어 있다. 총 2행 90자의 이 명문은 고려시대의 반자명 가운데 분량이 가장 많으며, 문법 형태의 표기 또한 밑줄 친 부분에서 보듯 비교적 다양한 편이다. 그리고 발원문의 서술에 있어서도 「을사명동종」 · 「계미명동종」처럼 깨달음에 대한 개인의 바람이 없는 대신, 우리말의 어순으로 임금과 국가의 안녕을 표현하고 있다. 물론 반자의 경우에도 법계 중생의 '이고득락'을 발원하고 있는 명문이 있지만, 이들 반자명문 역시 우리말이 아닌 한문의 어순에 따르고 있다. 곧 「기유명보리사반자명」의 "特爲聖壽

---

31 황수영, 위의 책, p.389

天長 師僧父母 及法界衆生 共證樂界願以(특별히 임금의 만수무강을 위하고, 사승과 부모 및 법계중생 모두의 낙계증득의 원으로)"와, 「복천사반자명」의 '速離苦海 受生淨土(속히 고해를 벗어나고 정토에 태어남)' '後世離三界之願以(후세에 삼계를 벗어나는 발원으로)' 등의 구절이 이에 해당한다.

 이들 반자 명문 외에도, 「예천개심사5층석탑」(1011)·「보현사석탑」(1044)·「표충사청동함은향완」(1177) 등의 금석문들은 대체로 '願以'를 제외한 발원 내용이 한문의 어순으로 서술되어 있다. 결국 발원문이 있는 고려시대의 변체한문은 극히 일부의 예외를 제외하고는 같은 성격의 신라시대 변체한문과는 그 내용 및 표현의 양상에 있어 차이를 보인다고 하겠다.

개인의 심성과 모국어 글쓰기

　지금까지 살펴본 대로, 신라와 고려시대의 불교 금석문에 나타난 변체한문은 '한국어의 어순'과 '한국어의 문법 형태 표기'를 기준으로, 세 가지 유형으로 나누어진다. 첫째는 한문식 어순과 우리말 어순의 겸용이고, 둘째와 셋째 유형은 명문의 전체가 모두 우리말 어순으로 서술되어 있되, 문법 형태 표기의 유무 내지 출현 빈도에 따라 구분된다. 그리고 셋째 유형, 곧 한국어의 어순 배열과 다양한 문법 형태 표기로 서술된 자료들은 대부분 발원문을 포함하고 있다. 이렇듯 불교 금석문에 나타난 변체한문의 전개 양상과 내용적 특징은, 어순의 혼용·공적인 내용·단순한 사실의 기술로 된 삼국시대 및 동시대의 변체한문과 적지 않은 차이가 있다. 특히 「무진사종」·「규흥사종」·「영태2년석비로자나불조상기」 등과 같은 신라시대의 변체한문은 한국어의 글쓰기에 가장 근접한 모습을 보여주고 있으며, 한국어의 문장으로 개인의 심성이라는 영역을 표현하고 있는 것이다.

　불교 관련 변체한문의 이러한 특징은 무엇보다 '근기'를 중시하는 불교라는 종교 자체의 성격에 기인한 것이라고 할 수 있다. 주지하다시피, 불교의 전래·수용에 따른 한문 불전의 유통은 한문 및 한자 문화의 확산에 크게 기여했다. 그리고 유학승을 중심으로 한 당시의 승려들은 불교뿐만 아니라 제반분야의 지식·정보를 전파하는 역할을 담당하였다. 불교 금석문에 변체한문이 나타나기 시작하는 7세기 중엽 이후의 신라에서는 불교교학이 크게 발전하였는데, 원효·의적·경흥·태현 등의 대저술가가 연이어 출현하여 수많은 저술이 이루어졌다. 이들의 저술은 최치원에 이르러서야 격식과 규모를 갖추었다고 하는 일반 문인의 작품보다 그 사상의 깊이와 표현의 다양성에서 월등한 수준을 보여주고 있다.[32]

이와 같이 신라의 불교계는 한문학 및 한자문화의 심화에 기여하면서, 한편으로는 '방언' 곧 우리말로 경전을 풀이하고 이해하는 작업을 시도하고 있다. 의상義相의 제자인 지통智通과 도신道身은 각각 스승의 『화엄경』 강의를 '방언'으로 정리·기록하고 있는 것이다.[33] 이러한 전통은 고려에도 이어져 균여의 제자들 또한 스승의 강의를 '방언'으로 적고 있다.[34] 그리고 한문을 우리말로 해석하여 읽는 방법인 석독구결釋讀口訣의 자료는 현재까지 17종이 전하고 있는데, 이들 자료 또한 불경 및 논·소 등 모두 불교와 관련된 것이다. 이렇듯 독자(청자) 내지 수용자의 수준을 고려한 한문과 우리말의 병용倂用은 근기를 중시하고 그 차이를 인정하는 불교 및 불교계에 의해 비로소 가능해진 것이라고 할 수 있다.[35]

불교 관련 변체한문의 작성 역시 같은 맥락에서 이해할 수 있는데, 더욱이 '발원'이라는 간절한 마음을 표현하기 위해서는 우리말의 어순으로 된 우리글이 필요했을 것이다. 그리고 바로 이 지점, 곧 한국어의 문장으로 개인의 심성을 서술하고 있는 점은, 그 이전과 동시대의 변체한문에서 찾아볼 수 없는 특징으로, 한국의 고대문학사 내지 문화사의

---

32 조동일,『한국문학통사』1 (서울: 지식산업사, 2005), p.185
33 義天,『新編諸宗敎藏總錄』권1 (『韓佛全』4, 682a)
34 均如 說,『十句章圓通記』권하 (『韓佛全』4, 81a)
35 의천은 의상의 제자들이 강의 내용을 '방언'으로 集錄한 이유에 대해, "큰 가르침이 처음으로 시작됨에 있어 중생의 근기에 따르고자 힘쓴 때문(大敎濫觴 務在隨機耳)"이라고 하였다.

맥락에서 주목해야 하고 또한 그 의미가 크다고 할 수 있다.

그동안 한국문학사에서 개인의 심성 내지 정서를 우리말로 기록한 최초의 사례로, 신라시대의 노래인 향가가 거론되어 왔다. 비록 '금석'이라는 제한적 공간으로 인해 그 내용과 문체에 일정한 한계를 보이는 것이 사실이지만, 「규흥사종」 명문・「영태2년석비로자나불조상기」 등의 변체한문이 그 이전과 다른 새로운 글쓰기를 시도하고 있다는 점은 인정해야 할 것이다. 그런데 '우리말로 된 최초의 기록문학'[36]이자 '민족어문학의 탄생'[37]으로 평가받고 있는 『삼국유사』 소재 향가작품에 대해, 신라 당대의 언어를 반영한 것이 아니라는 몇몇 연구자의 견해는 이 글의 논의와 관련하여 주목을 요한다. 곧 향가는 신라시대를 지나 300여 년이 흐른 13세기 후반에 간행된 『삼국유사』에 와서 비로소 문자로 정착된 데다가, 그 판본도 16세기의 것만이 전하고 있기 때문에 향가에 나타나는 문법 형태는 신라시대의 언어라는 보장이 없다는 것이다.[38] 또한 『삼국유사』 소재의 향가 중 일부 작품은 13세기의 문법 형태를 반영하고 있음이 보고된 바 있다.[39]

그리고 여기에 다음의 사실을 하나 더 보탤 수 있다. 『삼국유사』 탑상塔像 제4 「남월산南月山」조에서 일연은, 「감산사미륵보살입상조상기」와 「감산사아미타불입상조상기」의 내용을 소개하고 있다. 그런데 변체한문인 '亡妣官肖里夫人 古人成之 東海欣支邊散之'에 대해 "'古人成之'

---

36 조동일, 앞의 책, p.238
37 장원철, 「삼국・남북국 시대의 언어생활과 문학활동」, 『대동한문학』 20집 (서울: 대동한문학회, 2004), p.116
38 남풍현, 앞의 책, p.435
39 박용식, 「삼국유사에 수록된 향가에 나타난 언어의 시대적 특징 고찰」, 『구결연구』 14집 (서울: 구결학회, 2005), pp.181~185

이하는 그 글의 뜻이 자세하지 않으므로 고문古文 그대로 적어둔다(古人成之以下 文未詳其意 但存古文)."라고 언급하고 있다.「월명사 도솔가」조에서 향찰 표기의「도솔가」를 한시漢詩로 풀이하고 있는 일연이,「도솔가」의 창작연대(760)와 그리 멀지 않은 시기에 작성된 변체한문의 뜻을 알 수 없다는 것이다. 바로 이 점은,『삼국유사』수록 향가가 신라시대가 아닌 고려시대의 국어를 반영하고 있다는 논거로도 볼 수 있을 듯하다. 만약 이러한 추정이 맞는다면, 불교 관련 변체한문의 의의 내지 가치는 더욱 커질 수밖에 없을 것이다.

결국, 신라시대의 불교 금석문에 나타난 변체한문, 그 중에서도 발원을 서술하고 있는 금석문은 신라인의 말과 글로 종교적·개인적 심성을 표현하고 있다는 점에서 그 의미 내지 의의가 크다고 할 수 있다. 특히『삼국유사』소재 향가작품에 비해 그 제작 연대가 확실하다는 점은 신라인의 모국어 글쓰기, 더 나아가 민족어 문학의 첫 출발로 볼 여지가 있고, 이러한 확장된 시야 또한 필요하리라 여겨진다.

| 참고문헌 |

구결학회 편, 『한문독법과 동아시아의 문자』, (서울: 태학사, 2006)
김문경, 「한일 한문석독의 기원과 불경한역의 관계 및 그 언어·세계관」, 『구결학회발표논문집』 42집 (서울: 구결학회, 2011)
김영욱, 「한자·한문의 한국적 수용」, 『구결연구』 13집 (서울: 구결학회, 2004)
남풍현, 『이두연구』 (서울: 태학사, 2000)
남풍현, 「상고시대에 있어서 차자표기법의 발달」, 『구결연구』 16집 (서울: 구결학회, 2006)
동북아역사재단 편, 『고대 동아시아의 문자 교류와 소통』 (서울: 동북아역사재단, 2011)
이승재, 『고려시대의 이두』, 태학사, 1992
주보돈, 「신라에서의 한문자 정착과 불교수용」, 『영남학』 창간호 (대구: 경북대 영남문화연구원, 2001)
山本眞吾, 「변체한문 해독의 방법과 실제」, 『한국문화』 44집 (서울: 서울대 규장각 한국학연구원, 2008)
沖森卓也, 「고대 동아시아의 한문 변용」, 『구결연구』 20집 (서울: 구결학회, 2008)

연등회燃燈會 · 팔관회八關會

이종수

Ⅰ. 연등 · 팔관회의 기원과 신라의 수용

　　법의 등불과 팔재계/ 낙양의 불탄일과 승려 공양/ 경주의 연등회와 팔관회

Ⅱ. 고려시대 연등 · 팔관회의 설행

　　봄 연등회와 겨울 팔관회/ 봄과 겨울의 국가 축제/ 사월초파일 축제

Ⅲ. 조선시대 연등 · 팔관회의 폐지와 전승

　　억불의 여파/ 『조선왕조실록』과 연등회/ 사월 한밤의 관등놀이

Ⅳ. 연등 · 팔관회의 불교사적 의의

　　봄 연등회와 겨울 팔관회의 단절/ 민속 축제와 연등/ 사월초파일 연등회의 전승

■ 연등회와 팔관회의 고유성

I. 연등·팔관회의 기원과 신라의 수용

법의 등불과 팔재계

　인도에서 기원하여 중국을 거쳐 전래된 연등회와 팔관회는 신라시대에 처음 설행되었고 고려시대에 대표적인 국가행사로 정착되었다. 하지만 숭유억불의 조선을 거치면서 팔관회는 폐지되었고 연등회는 오늘날까지 민간에 전승되어 매년 음력 4월 8일이면 전국적으로 설행되고 있다. 우리나라 고유의 토속신앙과 결합하여 국가적인 차원에서 거행되었던 것으로 여겨지는데, 연등회는 기곡제祈穀祭와 결합하고 팔관회는 수확제收穫祭와 결합했던 것으로 알려져 있다.

　인도에서 등불을 밝히는 연등燃燈은 석가모니 당시에 이미 있었던 풍습이었다. 경전에는 길거리에 연등을 달아 축제 형식을 암시하고 있는 모습이 등장한다. 아사세왕이 석가모니의 설법을 듣고 감동하여 기원정사에서 왕사성까지 약 5km에 이르는 길에 연등을 달았다[1]고 하는 경전의 기술로 볼 때 연등을 달고 축제를 벌였을 가능성을 엿볼 수 있다. 또한 석가모니는 열반하기 전에 "스스로 등불을 밝히되 법에서 등불을 밝히고 다른 데서 등불을 밝히지 말며, 스스로 귀의하되 법에게 귀의하고 다른 데에 귀의하지 말라."[2]고 하셨다. 이른바 '자등명법등명自燈明法燈明'의 유훈遺訓으로 유명한 이 비유에서 알 수 있듯이 연등은 깨달음을

---

1 『아사세왕수결경』 권1 (『대정장』 14, 777a~778b)
2 『장아함경』 권2 (『대정장』 1, 15b)

인도하는 빛으로 비유되기도 했다. 이처럼 여러 경전에 등장하는 연등의 공덕은 불교 전래와 함께 동아시아에도 전해져 불교행사로서 연등회가 정착되어 간 것으로 생각된다.

팔관회의 경우는 석가모니 당시의 팔재계八齋戒에서 비롯된 것으로 본다. 『불설재경佛說齋經』에 의하면, 석가모니는 재가자들이 매월 육재일六齋日에 지켜야 할 8가지 계율을 설하였는데, 첫째 살생의 마음을 깨끗이 버려라, 둘째 도둑질의 마음을 버리고 언제나 보시하기를 좋아하는 마음을 가져라, 셋째 탐욕이나 음욕을 깨끗이 버려라, 넷째 진실하지 않은 말을 하지 마라, 다섯째 술을 마시지 마라, 여섯째 꽃다발을 쓰거나 향수를 바르거나 노래 부르고 춤추는 곳에 가지 마라, 일곱째 높고 넓은 침상에 눕거나 앉지 마라, 여덟째 때가 아니거든 먹지 말라는 것이었다.[3] 이러한 팔재계가 중국에 전래되어 국가적 행사로서 팔관회가 되었던 것 같다.

낙양의 불탄일과 승려 공양

인도의 연등과 팔재계 전통이 중국 고유의 전통과 결합되면서 동아시아 전통의 연등회와 팔관회가 성립되었던 것으로 보인다. 연등의 경우, 중국에서는 고대부터 특별한 날에 등燈을 달았던 풍속이 있었는데,[4] 불교의 전래와 더불어 불교의식으로 변화되었던 것 같다. 『역대삼보기』에 의하면, 후한後漢의 효령제孝靈帝(168~189 재위)는 광화 3년(180)에 낙

---

3 『불설재경』 권1 (『대정장』 1, 911a~912a)
4 한나라 무제가 7월 7일에 九微燈을 설치하여 西王母를 맞이했다는 설화가 있다. 장화 지음/김영식 옮김, 『박물지』 (서울: 지만지, 2008)

양 불탑사佛塔寺에 관리를 파견하여 여러 승려들에게 음식을 제공한 후 향을 피우고 연등하였다[5]고 한다. 그리고 6세기 양나라 종름宗懍이 지은 『형초세시기荊楚歲時記』에는 2월 8일 불탄일佛誕日에 재가신도들이 팔관재계를 닦고 연등을 달았다[6]고 하였고, 『법원주림法苑珠林』에는 함강 3년(337) 무창의 행상공양行像供養과 송대(420~478) 성도成都의 4월 8일 행상공양을 기록하고 있다.[7] 또 6세기 동위東魏(534~550)의 양현지楊衒之가 편찬한 『낙양가람기洛陽伽藍記』에 의하면, 4월 8일 불탄일 행상공양은 7일과 8일 양일간에 모든 사람들이 성내에 모여 밤새 연등과 기악으로 공양하였다[8]고 한다. 이로 미루어 보아 중국에서는 2세기경부터 도성을 중심으로 불탄일에 연등회가 개최되었을 것으로 추정할 수 있다.

이러한 중국의 연등회가 상원上元(음력 1월 15일)에 개최된 것[9]은 도교의 삼원三元사상과 결합했기 때문으로 보인다. 도교의 삼원구부三元九府에 의하면, 일체중생의 명부名簿와 선악부善惡簿가 있어서 천天과 지地와 수水의 삼관三官이 그 기록을 담당하고 있는데, 상원인 1월 15일에는 천관이 취조하고, 중원인 7월 15일에는 지관이 취조하며, 하원인 10월 15일에는 수관이 취조한다고 한다. 이 가운데 천관이 중생의 선악을 취조한다고 하는 도교의 상원과 연등을 달아 중생의 어리석음을 밝히고자 하는 불교신앙이 결합하여 상원 연등회가 성립된 것으로 추정된다.[10] 이

---

5 『역대삼보기』 권4 (『대정장』 49, 49b)
6 당시에는 불탄일을 2월 8일로 인식하였던 것 같다. 『遼史』와 『金史』에도 불탄일 행사가 2월 8일에 행해진 사례가 있다.
7 『법원주림』 권91 (『대정장』 53, 958a)과 권31 (『대정장』 53, 518b)
8 『낙양가람기』 권1, 「성내장추사」
9 상원연등회는 唐 이후에 정착된 것으로 보인다.
10 안지원, 『고려의 불교의례와 문화』 (서울: 서울대학교출판문화원, 2011), pp.96~100

후 상원 연등회는 당나라 시대에 왕실로부터 주목받게 되어 국가적 차원으로 상례화되면서 중국 사회에서 세시풍속이 되었고 사회 통합의 기능도 담당했다.[11]

한편, 중국에서 인도의 팔재계와 같은 의식이 언제부터 행해졌는지는 확실하지 않지만, 팔재계를 설하는 『불설재경』이 223~253년 사이에 지겸支謙에 의해 한역된 것으로 미루어 보아 3세기경에는 팔재계에 대해 중국인들이 알고 있었던 것으로 보인다. 그 후 당나라 때가 되면 팔재계는 팔관재회八關齋會로 그 명칭이 바뀌고 법회로서의 성격이 강화된다. 팔재계가 재가자들이 일정한 날에 모여 여덟 가지의 계를 경건한 마음으로 지키는 것이라면, 팔관재회는 승려들에게 식사를 제공하는 반승飯僧 의식이 중심이 된 법회의 성격을 가진 것이었다. 그 규모도 점차 커져서 수천 명에서 수만 명의 승려들에게 식사를 제공하기도 하였다. 식사를 제공받는 승려 수가 많을수록 그 공덕이 크다고 믿었기 때문이다. 이러한 인식은 점차 병자 혹은 죽은 자를 위한 기원법회로 그 성격을 변화시켜 갔다.[12]

경주의 연등회와 팔관회

중국에서 설행되던 연등회와 팔관회는 고구려 · 백제 · 신라에 전래

참조.

11 엔닌圓仁(794~864)은 839년 1월 15일 당나라의 장안에서 본 연등 광경을 묘사하면서 1월 15일부터 17일까지 3일 동안 열렸으며 사람들이 부처에게 공양하기 위하여 가정집과 절에서 등을 밝혔다고 하였다. 엔닌 저/김문경 역주, 『입당구법순례기』 (서울: 중심, 2001), pp.97~100

12 안지원, 앞의 책, pp.126~141 참조.

되었을 것으로 생각되지만 고구려·백제와 관련한 기사에서는 연등회와 팔관회에 대한 기록이 보이지 않는다. 다만 아래의 기록에서 보듯이, 신라의 팔관회가 고구려에서 온 혜량을 승통으로 삼아 처음 설치하였다고 하였으므로 고구려에서도 팔관회가 이미 설행되고 있었을 것으로 추정된다. 다음은 『삼국사기』와 『삼국유사』의 연등회와 팔관회 관련 기사를 시대 순으로 나열한 것이다.

551년: 왕이 (고구려에서 온 혜량을) 승통으로 삼아 처음 백고좌강회와 팔관회의 법을 설치하였다.(王以爲僧統始置百座講會及八關之法,『삼국사기』권44, 열전4,「居柒夫」)

572년: 10월 20일에 전사한 사졸을 위해 외사에 팔관연회를 설치하고 7일 만에 파하였다.(冬十月二十日爲戰死士卒設八關筵會於外寺七日罷,『삼국사기』권4, 진흥왕 33년)

645년: 탑을 완성한 이후 팔관회를 설치하고 죄인을 사면하면 외적이 해를 끼치지 못할 것이다.(建塔之後 設八關會 赦罪人 則外賊不能爲害,『삼국유사』塔像,「皇龍寺九層塔」)

866년: (임금이) 황룡사에 가서 연등을 구경했다.(幸皇龍寺看燈,『삼국사기』권11, 경문왕 6년)

890년: (임금이) 황룡사에 가서 연등을 구경했다.(幸皇龍寺看燈,『삼국사기』권11, 진성왕 4년)

898년: 광화 원년 무오년 … 11월에 처음 팔관회를 개최했다.(光化元年戊午 … 冬十一月 始作八關會,『삼국사기』권50, 열전10,「弓裔」)

위의 기록에서 보듯이, 연등회와 관련해서는 신라 경문왕 6년(866) 1

월 15일과 진성여왕 4년(890) 1월 15일에 임금이 황룡사에 가서 연등을 구경했다고 한 『삼국사기』의 기록을 통해 알 수 있다. 그리고 팔관회와 관련해서는 『삼국사기』에서 진흥왕 12년(551)에 고구려에서 망명한 혜량惠亮을 신라의 승통僧統으로 삼아 팔관회를 설치했다고 한 기록, 진흥왕 33년(572) 10월 20일에 전쟁에서 목숨을 잃은 병사들을 위해 7일간 팔관회를 개설했다고 한 기록, 898년 11월에는 궁예가 팔관회를 개최했다고 한 기록이 있고, 『삼국유사』에서 선덕여왕 14년(645)에 자장 법사가 중국 오대산 태화지를 지나다가 신인神人을 만나 "신라에 돌아가 무슨 이익 되는 일을 해야 합니까?"라고 묻자 신인이 "황룡사에 9층탑을 세우고 팔관회를 설치하여 죄인을 사면하면 외적이 침범하지 못할 것"이라고 한 기록에서 확인할 수 있다.

이상의 문헌 자료 외에 더 이상 연등회와 팔관회와 관련된 기록은 보이지 않지만, 551년에 진흥왕이 팔관회를 "처음 설치했다(始置)"고 한 것과 898년 궁예가 팔관회를 "처음 개최했다(始作)"고 한 것을 통해 볼 때, 팔관회는 그 이후에도 개최되었을 것으로 짐작된다. 그리고 연등회도 866년 경문왕이 황룡사에 가서 연등을 구경하기 이전부터 설행되었을 것으로 추정된다.

II. 고려시대 연등·팔관회의 설행

봄 연등회와 겨울 팔관회

고려시대에는 태조가 연등회와 팔관회의 설행을 유훈으로 남겨 '봄에는 연등회를 개설하고(春設燃燈), 겨울에는 팔관회를 열었다(冬開八關)'13고 할 정도로 중요시하여 매년 거의 빠짐없이 설행되었다. 고려 태조 왕건이 후대의 왕들에게 남긴 훈요訓要십조의 제6조에서는 다음과 같이 말한다.

> 나의 지극한 관심은 연등회와 팔관회에 있다. 연등회는 부처를 섬기는 것이요, 팔관회는 천령·오악·명산·대천·용신을 섬기는 것이다. 함부로 증감하려는 후세 간신들의 건의를 절대로 금지할 것이다. 나도 당초에 이 모임을 국가 기일과 상치되지 않게 하고 임금과 신하가 함께 즐기기로 굳게 맹세하여 왔으니 마땅히 조심하여 이대로 시행할 것이다.14

태조 왕건의 훈요에서 알 수 있는 것처럼 연등회와 팔관회는 고려시대 이전부터 있었다. 연등회는 음력 1월 15일 혹은 2월 15일에 개경에서 행해졌고, 팔관회는 서경에서는 음력 10월 보름에 거행되고 개경에서는 음력 11월 보름에 거행되었다. 이를 좀 더 구체적으로 살펴보면 다음과 같다.

연등회의 설행은 고려 초부터 목종 말년(1009)까지 90여 년 동안은 음력 1월에,15 현종 원년(1010)부터 인종 말년(1146)까지 130여 년 동안은 음력 2월에, 예종 원년(1147)부터 신종 대(1198~1204)까지 50여 년 동안은

---

13 『고려사』 권93, 열전6, 「최승로」
14 『고려사』 권2, 세가2, 태조 26년(943)
15 『고려사절요』 현종 원년(1010)의 기사에 의하면, 성종 대부터 목종 대까지 연등회가 폐지되었다가 윤2월에 부활되었다고 하였지만, 목종 12년(1009) 1월에 국왕이 관등했다는 기사로 볼 때 소규모의 연등회는 설행되었던 것 같다.

다시 음력 1월에, 희종 대(1204~1211)부터 우왕 14년(1388)까지 180여 년 간은 다시 음력 2월에 개최되었다. 몇 번의 예외가 있긴 했지만 1월과 2월의 원칙에서 벗어나지 않았다.[16] 처음에 1월에 개최되던 행사가 2월로 옮겨지게 된 것은 성종 대 이후 폐지되었던 연등회를 현종이 원년(1010) 윤2월에 부활시켰는데, 그 해 겨울에 침입한 거란군이 이듬해 정월에 개경까지 쳐들어와 현종을 비롯한 신하들이 피난을 떠나게 되어 행궁行宮에서 2월에 연등회를 개설하면서부터 비롯되었다.[17] 그 후 중국의 절기와 우리나라의 절기가 일치하지 않는다고 하여 2월에 열리기도 하고 다시 1월에 개설되기도 했던 것이다.

팔관회의 경우, 개경과 서경에서 설행되었는데, 서경에서는 매년 음력 10월 15일에, 개경에서는 11월 15일에 개최되는 것을 원칙으로 하였다. 개경의 팔관회는 태조 왕건이 고려를 건국한 해인 918년 11월에 궁궐의 의봉루儀鳳樓에서 처음으로 팔관회를 열었고, 그 후 고려가 멸망할 때까지 매년 11월에 개최되었다. 서경의 팔관회는 정종 즉위년(1034) 10월의 설행 기록이 처음이며, 명종 11년(1181) 10월까지 8회의 설행 기록이 전해지고 있다. 개경의 팔관회는 성종 6년(987)부터 목종 때(997~1008)까지 정지되었던 적이 있는데[18] 이때는 최승로(927~989)의 건의에 의해

---

16 고려시대 연등회 설행일자는 김형우의 「고려시대 국가적 불교행사에 대한 연구」(서울: 동국대 박사논문, 1992), pp.227~236과 안지원의 앞의 책, pp.354~360 참조.
17 『고려사절요』 권3, 현종 원년(1010)에는 "2월에 다시 연등회를 개최하였다. 국속에 왕궁 도읍으로부터 향읍에 이르기까지 정월 보름부터 이틀간 연등을 달았다."고 하였고, 현종 2년(1011)에는 "행궁에 연등회를 설치하고 이로부터 2월 보름에 연등회를 개설하였다."고 하였다.
18 『고려사』에는 성종 6년(987)에 팔관회의 폐지만 언급하고 있고 연등회의 폐지에 대해서는 언급하고 있지 않지만 연등회도 함께 폐지되었던 것 같다.

유교식 정치 체제를 갖추면서 설행되지 않았던 것이다. 또 원나라 간섭기에도 4차례 정지되었던 적이 있다. 그러나 연등회가 1월과 2월을 오가며 날짜를 변경하였던 것과는 달리 팔관회는 한 번도 그 날짜를 바꾸지 않았다.19

봄과 겨울의 국가 축제

연등회가 열리는 개경 전체는 연등으로 장식되고 15일을 전후하여 3일간 설행되었다. 14일은 소회일小會日, 15일은 대회일大會日, 16일은 휴식하였다. 소회일의 경우, 임금은 오전에 궁중에서 펼쳐지는 음악공연을 관람하고, 오후에 봉은사에 행차한다. 음악공연에는 150여 명의 악사와 무용수들이 동원되며 왕족 및 귀족들이 함께 관람한다. 개경의 남쪽에 있는 봉은사(태조 왕건의 명복을 비는 원찰)까지 임금을 필두로 하여 태자와 신하들, 그리고 2,000여 명의 수행원이 뒤따른다. 수행원들은 각양각색의 깃발을 들고 있고 좌우로는 군사들이 도열한다. 그야말로 장엄한 임금의 행렬을 구경하기 위해 길 좌우로 백성들이 길게 늘어져 서로 밀고 당기며 환호성을 지른다. 봉은사에 도착한 임금은 태조 영정에 절을 하고 제사를 지냄으로써 후삼국을 통일한 태조의 위업을 상기시켜 군신을 단합시키고 왕의 권위를 재확인하였다. 이날 밤이 되면 궁중에서는 등석연燈夕宴이 베풀어져 연등 아래에서 음악이 연주되고 신하들은 시를 지어 임금에게 바친다. 궁궐 밖 성안에서는 곳곳에 매달린 연등에 불이 켜지고 백성들은 연등 구경을 하며 즐거운 관등놀이를 한다. 그날 밤

---

19 고려시대 팔관회 설행일자는 김형우, 앞의 논문, pp.237~243; 안지원, 앞의 책, pp.362~366 참조.

은 통행금지가 해제되어 밤새 축제를 벌이며 다음 날의 연등회를 고대하였을 것이다.

대회일에는 3부로 행사가 진행되었다. 제1부는 임금이 편전便殿에서 신하들과 함께 음악공연을 관람하는 예식이다. 제2부는 임금과 신하들 자리 앞에 과실상이 차려지는데 먼저 임금이 자리에 앉고 뒤이어 태자를 비롯하여 신하들이 차례로 들어선다. 그리고 태자가 임금 앞에 나아가 축사를 하고 나면 임금은 태자에게 자리에 앉으라고 명하고 이에 따라 신하들도 각자 자리에 앉는다. 제3부는 본격적인 연회로서, 임금은 신하들에게 차와 술을 권하고 신하들은 차례차례 임금에게 나아가 만수무강을 기원하며 술과 음식을 올린다. 이때 음악과 무용이 설행되면서 분위기를 돋운다. 그리고 모든 신하들의 예식이 끝나면 임금은 교지를 내려 신하들에게 감사를 표시한다. 이로써 모든 대회일의 행사가 끝난다.

한편, 개경의 팔관회는 연등회와 마찬가지로 15일을 전후로 3일간 개최되었는데, 14일은 소회일이고 15일은 대회일이며 16일은 휴식하는 날이었다. 월식이 있거나 동지와 겹치는 경우에는 며칠을 앞당겨 설행하기도 하였다. 소회일에는 임금이 대관전大觀殿에서 500m가량 떨어진 의봉루儀鳳樓에 행차하여 태조의 영령英靈에 작헌례酌獻禮를 하며 팔관회의 시작을 알린다. 임금이 의봉루까지 행차하는 길에는 3천 명이 넘는 군사들이 깃발과 무기를 들고 길 좌우로 도열하여 수행하였다고 하니 그 장엄함을 미루어 짐작할 수 있을 것이다. 의봉루의 행사가 끝난 후 다시 궁전으로 돌아와 휴식을 취한다. 임금이 궁궐의 행사장으로 나오면 신하들이 임금에게 장수를 기원하며 술을 올리고 임금은 신하들에게 음식과 술을 하사하며 성대한 연회를 베푼다. 연회에는 음악과 춤이 어우러지며 흥을 돋운다.

대회일 행사는 연등회와 마찬가지로 3부로 나누어 진행된다. 제1부는 의봉루에 나아가 임금을 비롯하여 신하들까지 작헌례를 행한다. 이때는 전날에 임금만이 작헌례를 행했던 것과 달리 신하들까지 태조의 영령에 차를 올린다. 제2부는 외국에서 온 축하사절단을 맞이하는 의식이다. 외국의 사신들이 임금에게 절하고 선물을 진상하면 임금은 그들의 노고를 위로하며 술과 음식을 대접하고 장엄한 음악과 화려한 춤으로 환영한다. 제3부는 본격적인 연회로서 신하들이 차례로 임금에게 술을 올리고 임금도 신하들에게 술을 하사한다. 이때 음악과 춤이 연회장의 분위기를 고조시킨다.[20] 그리고 신하들은 시를 지어 임금에게 바치기도 한다. 의종 때 임종비林宗庇가 팔관회를 맞이하여 임금에게 올린 시 한 구절을 소개하면 아래와 같다.

> 넓은 뜰에 새벽부터 문무반 정렬하고
> 임금께서 옥련 타고 천천히 내려오셨습니다.
> 일월은 바로 황도 위에 임하고
> 성신은 높이 자미 사이에 향하고 있습니다.
> 하늘을 흔드는 아악은 신선이 사는 삼청의 악곡이요
> 땅을 흔드는 환성은 만세의 산을 이루고 있습니다.
> 廣庭先曉預催班　玉輦徐徐下九關
> 日月正臨黃道上　星辰高拱紫微間
> 掀天雅樂三淸曲　動地懽聲萬歲山[21]

---

20 이상에서 설명한 고려시대 연등회와 팔관회의 모습은 안지원의 앞의 책을 참고하여 정리한 것이다.
21 『동문선』 권104, 「八關致語」

팔관회 행사는 고려가 황제의 나라임을 대내외에 알리는 의미가 강하였다. 중앙 관리들은 조하를 올리고 지방 관리들은 지표관을 보내 표문을 올렸으며, 외국 사신들은 예물을 진상하였다. 게다가 황제를 위한 만세 소리가 대지를 진동하였을 것이다. 몽고의 침입으로 강화도에 천도했을 때도 팔관회를 설행하여 고려 왕조의 자부심을 지키고자 하였다. 그러나 이러한 황제국을 표방한 팔관회의 의미는 원 간섭기 이후 점차 쇠퇴해 갔다.

팔관회가 성대한 만큼 그에 따른 많은 비용이 소요되었다. 행사는 궁궐의 연회로만 이루어진 것이 아니라 전국의 산천에 있는 신들에게 제사를 지내는 의식도 병행되었다. 또한 외국의 사신들과 전국의 관리들이 개경에 와서 임금에게 장수를 기원하며 선물을 진상하였다. 따라서 이렇게 큰 행사를 치르기 위해서는 일정한 비용을 마련하지 않으면 안 되었다. 그래서 국가에서는 이른바 '팔관보八關寶'라는 관청을 만들어 운영하였다. 보寶는 오늘날의 은행과 비슷한 역할을 하였던 곳이다. 기금을 마련하여 대출을 통해 이자를 받으며 원금을 늘리는 조직을 보라고 하였던 것이다. 따라서 팔관보는 백성의 세금 일부를 기금으로 조성하고 그 자금을 대출하여 원금을 늘려 팔관회의 기금을 조성하였던 곳을 말한다.

사월초파일 축제

연등회는 불탄일佛誕日인 음력 4월 8일에도 개최되었다. 국가적 행사로서 음력 1월 혹은 2월 보름에 설행되었던 상원 연등회와 더불어 민간에서도 음력 4월 8일에 연등행사가 열렸다. 바로 이 사월초파일 연등회가 오늘날까지 전승되고 있는 것이다. 사월초파일 연등회와 관련한 기록으로는 의종 대(1146~1170) 백선연白善淵이 별원에 연등을 달고 국왕의 복을 기원하였다[22]고 하였고, 고종 32년(1245) 4월 8일에 당시의 최고 실권자였던 최이崔怡(?~1249)가 연등회를 크게 베풀었다[23]는 기록과 동왕同王 45년(1258) 4월에는 최씨 무신정권의 마지막 집권자였던 최의崔竩(?~1258)가 관등을 기회로 거사한 김인준(?~1268) 등에게 제거되었다[24]는 기록도 보인다. 그 후 사월초파일 연등회는 점차 사회적 비중이 증가되어 원종 12년(1271) 4월 7일의 기사에서는 초파일 관등하는 것이 국가의 풍속이 되었다[25]고까지 하였다. 이러한 기록들을 통해 볼 때, 원나라 간섭기에 접어들면서 상원 연등회의 위상은 위축되어 갔던 것에 비해 사월초파일 연등회의 비중은 높아졌던 것으로 추정된다. 실제로 공민왕(1351~1374) 이후에는『고려사』에 상원 연등회보다 사월초파일 연등회에 대한 기사가 더 많이 나타나고 있다.[26] 고려말『고려사』의 일부 기록을 살펴보자.

> 공민왕은 불탄일이었으므로 궁중에서 연등을 달고 승려 백 명에게 반승하였으며 화산잡희火山雜戲를 설치하고 기악을 연주하도록 하여 관람하였다.[27]

---

22 『고려사』권122, 열전35,「백선연」
23 『고려사절요』권16, 고종 32년(1245)
24 『고려사절요』권17, 고종 45년(1258)
25 『고려사』권27, 원종 12년(1271) 4월 7일
26 상원 연등회는 5번 보이고 사월초파일 연등회는 9번 보인다. 김형우, 앞의 논문, pp.235~236 참조.
27 『고려사』권38, 세가38, 공민왕 원년(1352) 4월 8일

공민왕 15년에 신돈이 그의 집에서 연등회를 크게 열었다. 개경 사람들이 모두 이를 본받았는데 가난한 집과 심지어 거지들도 따라 하려 했다.[28]

위 기록에서 보듯이 사월초파일 연등회가 대규모로 설행되었고 민가에서도 연등을 달았음을 알 수 있다. 궁중을 비롯하여 민가에서 연등은 그 집안의 권세나 부를 상징하였고 가무가 더해져 국가적 축제의 형식이 되어갔을 것이다. 그리고 축제적인 성격이 더해갈수록 1월의 상원 연등회보다 따뜻한 4월의 연등회가 더 중시되었을 것이다. 음력 4월 8일이면 파종 등의 바쁜 농사일을 잠시 쉬고 여름을 맞이하는 시점이어서 축제하기 좋은 날이라고 할 수 있다.[29] 게다가 축제라는 것이 하층민의 억눌린 마음을 풀어 주는 효과가 있는 것이고 보면 뿌리 깊이 정착되어 간 사월초파일 연등회는 성리학의 조선이 건국된 이후에도 함부로 폐지하지 못하고 백성들의 세시풍속으로 전승되었을 것으로 생각된다.

III. 조선시대 연등·팔관회의 폐지와 전승

억불의 여파

조선은 불교국가였던 고려와 달리 성리학을 이념으로 건국되었으므

---

28 『고려사』 권132, 열전45, 「신돈」.
29 전장석, 「등놀이와 불꽃놀이」, 『조선의 민속놀이』 (평양: 과학원 고고학 및 민속학연구소, 1964, 서울: 푸른숲, 1988 재발행); 진철승, 「사월초파일의 민속화 과정 연구」, 『역사민속학』 15 (서울: 한국역사민속학회, 2002).

로 불교에 대한 태도가 완전히 바뀌어 배불적 태도를 견지하였다. 이미 고려 말부터 성리학자들은 불교의 폐단에 대해 여러 차례 상소를 올려 비판하고 불교의 개혁 내지 혁파를 주장하였다. 불교의 막대한 재산을 환수하고 비용이 많이 드는 불교행사를 폐지할 것 등을 건의하였던 것이다. 이러한 건의가 모두 조선 건국과 더불어 즉시 시행된 것은 아니지만 점차적으로 성리학적 질서에 맞는 국가를 건설하면서 불교의 경제권 및 종단을 축소하고, 또 불교의식을 폐지하거나 유교식으로 개혁해 나갔다.[30]

불교에 대한 억압정책은 춘연등회와 동팔관회의 설행에 곧바로 영향을 미쳐, 태조 1년에 최고 정무기관이었던 도당都堂에서 연등회와 팔관회의 폐지를 건의하였다.[31] 고려적이면서도 가장 불교적인 두 행사에 대해 폐지를 건의한 것은 당연한 것이었을 것이다. 그러나 이에 대한 태조의 답변은 실려 있지 않다. 아마도 이 당시 동팔관회는 폐지되고 춘연등회는 지속되었던 것 같다. 이후 동팔관회의 설행과 관련한 기사는 보이지 않지만 춘연등회의 설행에 대해서는 여러 차례 언급되고 있기 때문이다. 가령 태종 10년 정월에 궁중에서 연등하였다[32]는 기사, 태종 12년에 좌사간대부 윤회종尹會宗이 궁중의 연등회를 폐지할 것을 청하였으나 태종이 이를 거절하였고 오히려 그 전날에는 등을 만드는 장인들에게 쌀을 하사하였다[33]는 기사, 동왕 13년 상원일에 관등하였다[34]는 기사

---

30 이봉춘,「조선 초기 배불사 연구: 왕조실록을 중심으로」(서울: 동국대학교 박사논문, 1990); 한우근,『유교정치와 불교 여말선초 대불교시책』(서울: 일조각, 1997) 참조.
31 『태조실록』권1, 태조 1년(1392) 8월 5일
32 『태종실록』권19, 태종 10년(1410) 1월 15일
33 『태종실록』권23, 태종 12년(1412) 1월 15일
34 『태종실록』권25, 태종 13년(1413) 1월 15일

가 그것이다.

그런데 태종 15년(1415) 1월 18일의 기사에서는 상원의 춘연등회를 혁파하였다는 기록이 보인다.[35] 그 해 1월 15일에 연등회가 개최되었는지는 알 수 없지만 상원일로부터 3일이 지난 18일에 '연등회를 혁파했다'는 기사는 연등회 폐지가 조정 대신들의 숙원이었음을 짐작케 한다. 이후에는 『조선왕조실록』에서 상원의 춘연등회와 관련된 기사를 찾아볼 수 없다. 아마도 이때 폐지되었던 모양이다. 조선 전기 문인들의 문집에서 춘연등회에 관한 시를 일부 발견할 수 있지만,[36] 『조선왕조실록』과 1525년에 간행된 성현成俔(1439~1504)의 『용재총화』에 나타난 내용으로 볼 때 16세기 이전에 상원 연등회가 민가에서도 폐지되었던 것 같다.

우리나라에서 불교를 숭상한 지 오래되었다. 신라의 옛 서울에는 사찰이 민가 사이에 많이 있었고 고려의 서울 송도도 그러하여 왕궁과 큰 집들이 모두 절과 서로 연결되어 있었다. 왕이 후궁과 함께 절에 가서 향을 피우지 않는 달이 없었으며, 팔관회와 연등회와 같은 대례를 설행하였다.[37]

위의 글은 당시에 동팔관회와 춘연등회가 개최되지 않았다는 것을

---

35 『태종실록』 권29, 태종 15년(1415) 1월 18일
36 전경욱은 「연등회의 전통과 현대축제화의 방안」, 『남도민속연구』 17 (서울: 남도민속학회, 2008) pp.357~358에서 정수강丁壽崗(1454~1527)의 「상원관등」(『月軒集』 권3, 칠언율)과 박이장朴而章(1547~1622)의 시 (『용담선생문집』 권2)를 소개하며 조선 전기에 민간에서 개인적으로 행한 연등회가 전승되었을 것으로 추정하고 있으나 두 사람의 시만으로 상원 연등회가 보편적으로 전승되었다고 주장하기에는 근거가 빈약하다고 생각된다.
37 민족문화추진회 편, 『용재총화』 권8 (서울: 솔출판사, 1997)

반증해 주는 자료이다. 만약 당시에 춘연등회나 동팔관회가 설행되었다면 옛날의 일로 기록하지 않았을 것이다.[38]

또한 중종 34년(1539) 4월 4일의 기사와 선조 32년(1599) 1월 13일의 기사에서도 춘연등회가 폐지되었음을 언급하고 있다. 중종은 명나라 사신이 4월 8일에 개성에서 유숙할 때 연등회를 보고 이상하게 생각할 것이니 우리나라에는 상원 연등회가 없고 4월 8일 연등회가 있음을 설명하라[39]고 하였고, 선조는 당시 사신으로 온 명나라 급사給事가 조선의 정월 관등놀이에 대해 질문하자 통사는 정월의 관등에 대해서는 언급하지 않고 4월 8일에 관등한다고 대답하였던 것이다.[40] 그러므로 이러한 기록으로 볼 때 16세기 이전에 춘연등회와 동팔관회는 폐지되었음이 분명하다. 하지만 4월 8일의 연등회는 폐지되지 않고 오늘날까지 전승되고 있다.

다시 말해, 고려 후기부터 전국 사찰에서 행해졌던 사월초파일 연등회는 처음부터 국가적으로 거행되었다기보다 민간에서 행해졌던 행사였다. 사월초파일 연등회에 대한 기록으로 고려 의종 대 백선연이 별원에 연등을 달았던 것과 고종 대 정권의 최고 실권자였던 최이가 연등을 달고 밤새 놀았다는 것 등을 전하고 있지만, 국가적 행사로서 연등회는

---

38 이혜구 역주, 『(신역)악학궤범』 (서울: 국립국악원, 2000), p.325. 「時用鄕樂呈才圖儀」의 牙拍을 설명하는 데서 "二月ㅅ 보로매 아으 노피 현 燈ㅅ블 다호라 萬人 비취실 즈이샷다 아으 動動다리"라고 하여 당시 2월에 연등회가 있었을 가능성을 언급하고 있지만 4월에 해당하는 부분에서는 "四月 아니 니저 아으 오실셔 곳고리새여 므슴다 綠事 니믄 녯 나를 닛고신뎌 아으 動動다리"라고 하여 연등회에 대한 가사가 없다. 그 이유는 이 가사가 고려시대에 만들어져 전승된 것이기 때문으로 생각된다.
39 『중종실록』 권90, 중종 34년(1539) 4월 4일.
40 『선조실록』 권108, 선조 32년(1599) 1월 13일.

상원 연등회였고 사월초파일 연등회는 민간 주도의 행사였다. 그러므로 조선 건국 이후에 국가행사로서 춘연등회와 동팔관회는 국왕의 폐지 명령으로 자연히 사라졌지만, 민간행사로서 사월초파일 연등회는 국왕이 나서서 폐지한다고 해서 쉽게 폐지될 수 있는 성격의 것은 아니었던 것 같다.

『조선왕조실록』과 연등회

『조선왕조실록』의 사월초파일 연등회에 대한 기록 역시 춘연등회처럼 태종 12년까지 조정 대신의 폐지 건의에도 불구하고 설행되다가[41] 태종 15년에 사월초파일 연등회의 폐지를 명하였다.[42] 그런데 세종 5년에 다시 사월초파일 연등회의 폐지를 명령하는 기록이 보인다.[43] 이는 태종 15년의 사월초파일 연등회 폐지 명령이 지켜지지 않아 세종 대에 그 명령이 다시 내려졌기 때문일 것이다. 그러나 이때의 사월초파일 연등회 폐지 교지는 궁중의 연등회를 폐지하라는 명령이었던 것 같다. 그로부터 5년 후인 세종 10년 3월 22일에 좌사간 김효정金孝貞이 궁궐의 연등 폐지는 이미 명하였으니 민가의 연등도 폐지할 것을 건의하였지만 세종이 윤허하지 않았다[44]는 기사가 보이기 때문이다. 게다가 3월 23일에 사간원에서 연등회의 폐지를 건의하자 세종이 "부처에게 공양하고 승려에게 재공齋供하는 것도 또한 다 금하지 못하는데, 어찌 유독 연등만

---

41 『태조실록』 권7, 태조 4년(1395) 4월 8일; 『정종실록』 권4, 정종 2년(1400) 4월 6일; 『태종실록』 권23, 태종 12년(1412) 4월 3일
42 『태종실록』 권29, 태종 15년(1415) 1월 25일
43 『세종실록』 권19, 세종 5년(1423) 3월 18일
44 『세종실록』 권39, 세종 10년(1428) 3월 22일

금할 수 있겠는가. 뒷날에 승려에게 재공하는 것을 금지한 뒤에 이를 금하는 것이 옳겠다."⁴⁵고 할 정도로 민간의 연등회 폐지는 윤허하지 않았다. 그러나 세종은 그로부터 3년 뒤에 사헌부에 다음과 같이 하교하였다.

> 사헌부에 하교하기를, "조선의 풍속에 4월 8일이 불탄일이라 하여 연등을 달고 관등놀이를 행한 지 이미 오래되었다. 근래에 사간원에서 폐지하여 혁파하기를 청하였으나 나는 습속이 오래되었기 때문에 갑자기 고칠 수 없다고 생각하였다. 하지만 거듭 생각하건대, 이 습속은 고치지 않을 수 없으니 지금부터 승사와 궁중 이외의 연등은 일절 금하라."고 하였다. 그리고 말하기를, "날짜가 이미 임박하여 어리석은 백성들 가운데 혹시 알지 못하여 금령을 어기는 자가 있을 것이니, 오는 8일에는 우선 서울 안에서만 금지토록 하되, 몰라서 어기는 자는 죄주지 말며, 지방은 내년부터 금하도록 하라."고 하였다.⁴⁶

세종은 연등회의 부분적 폐지를 명령하여 사찰과 궁중 이외의 연등은 허락하지 않았다. 앞서 살펴보았듯이 고려시대 이후 민가에서 지나치게 많은 비용을 들여 경쟁적으로 크고 좋은 등을 달려고 하는 풍속을 고치기 위해 민가의 연등을 폐지하고자 했던 것 같다. 그러나 이 명령은 후대에 제대로 지켜지지 않았던 모양이다. 세조의 경우는 불교를 숭상했던 임금이므로 9년 4월 9일 저녁에 관등했다는 기사⁴⁷와 13년 4월 8일

---

45 『세종실록』 권39, 세종 10년(1428) 3월 23일
46 『세종실록』 권52, 세종 13년(1431) 4월 6일
47 『세조실록』 권30, 세조 9년(1463) 4월 9일

에 원각사에서 연등회를 베풀었다는 기사[48]는 이상할 것이 없지만 성종 6년의 다음 기사는 주목할 만하다.

> 한성부에 전교하기를, "오늘은 바람이 심하게 불어서 집집마다 연등을 달면 화재가 날까 두려우니 금지하도록 하라."고 하였다. 국속國俗에 이 날이 석가탄신일이라 하여 집집마다 등불을 켜 놓고, 장대를 많이 세워 수십 개의 등을 잇달아 단다. 새나 짐승, 물고기나 용의 형상으로 만든 등의 경우는 지극히 호화롭고 기교가 있어서 구경하는 사람이 많이 모여들었다.[49]

성종은 조선에 성리학을 뿌리내리게 한 대표적인 국왕으로서 배불적 태도를 견지했지만, 위 기록에서 보듯이 사월초파일 연등회를 근본적으로 부정하지 않았고 오히려 연등의 화재를 걱정하였다. 게다가 당시에 동물 모양의 다양한 연등이 만들어지고 있었음을 기술하고 있을 정도이다. 또한 성종 9년에는 지평 강거효姜居孝가 사월초파일 연등회에서 남녀가 모여 밤새 술 마시고 놀며 희롱하는 폐풍이 있으므로 엄히 금해야 한다고 상주하자 '옳다'[50]고 하면서도 오히려 사찰과 민가의 연등을 금하지 말라[51]고 하였다. 연산군 4년에는 사족士族의 부녀들이 월산대군의 재궁齋宮에 모여 밤새 관등놀이를 하였을 뿐 아니라 금으로 천당과 지옥의 형상을 만들기도 했다[52]는 기사가 보인다. 또한 중종 7년에도 국왕의

---

48 『세조실록』 권42, 세조 13년(1467) 4월 8일
49 『성종실록』 권54, 성종 6년(1475) 4월 8일
50 『성종실록』 권91, 성종 9년(1478) 4월 5일
51 『성종실록』 권91, 성종 9년(1478) 4월 5일
52 『연산군실록』 권29, 연산 4년(1498) 4월 30일

장인과 내시들이 사찰에 왕래하면서 연등을 달았다[53]는 기사와 중종 17년 자수궁 산등성이에 부녀 4~5명이 모여 관등했다[54]는 기사에서 확인할 수 있다.

사월 한밤의 관등놀이

사월초파일 연등회는 조선시대에 국가 축제로서 정착되었지만 성리학자의 눈으로 보면 음사한 것들도 많았을 것이다. 그래서인지 『용재총화』에서는 사월초파일 연등회가 있는 날에 부녀자들이 산골짜기에 모여 들어 추잡한 소문이 밖에까지 들리는 일이 꽤 많았으며, 나이 어린 여승들은 아이를 낳고 도망가는 자도 많았다[55]고 적고 있다. 그러나 이러한 기록과 달리 사월초파일 연등회에 대한 감상을 시로 읊고 있는 성리학자들도 보이는데 권필(權韠, 1569~1612)의 시를 소개하면 아래와 같다.

> 다섯 봉황이 춤을 추고 구룡이 솟아오르며
> 십 리에 걸친 아름다운 빛깔 대궐을 비추도다.
> 이날은 의금부가 밤 통행을 막지 않아
> 생황 가락 거리 가득하고 향 연기 어렸어라.
> 五鳳毰毸九龍騰　十里金碧輝觚稜
> 是日金吾不禁夜　笙歌滿路香烟凝[56]

---

53 『중종실록』 권16, 중종 7년(1512) 6월 4일
54 『중종실록』 권44, 중종 17년(1522) 4월 28일
55 『용재총화』 권8
56 『石洲集』 권2, 칠언고시, 「관등행시우인」

이 시는 야간통행이 허락된 사월초파일 밤의 도성이 음악 소리가 곳곳에서 울려 퍼지고 십 리에 걸쳐 연등이 불을 밝히고 있는 축제의 공간이었음을 실감나게 표현하고 있다. 봉황 모양의 연등과 용 모양의 연등이 거리를 비추며 흥을 돋우었을 것이고 거리 가득 왕래하는 사람들은 오랜만에 만난 벗들과 담소를 나누었을 것이다.

이러한 사월초파일 연등회의 축제적 성격은 임진왜란 이후에도 큰 변화 없이 지속되었던 것 같다. 인조 13년(1635)에는 임금이 4월 8일 저녁에 오색 비단으로 만든 연등 수백 개를 후원에 달아놓고 놀기도 했던 모양이다.[57] 효종·현종·숙종 대에는 연등회와 관련된 기사가 보이지 않지만 영조 대의 기록들 속에서 연등회가 지속되었음을 짐작할 수 있다. 영조 24년(1748)에 조명채曺命采(1700~1763)는 일본 통신사로 가면서 4월 8일이 되자 조선 항구라면 모든 배가 다 두세 개의 등을 달고 밤새 비추었을 것이라며 고국을 그리워하기도 하였다.[58] 그리고 영조 42년(1766)에 임금은 백성들이 자신의 병환으로 연등을 달지 못한다는 소식을 듣고 관례대로 연등을 달라는 명령을 내리기도 하였다.[59] 게다가 영조 49년(1773)에는 임금이 관등하지 못하는 자신의 신세를 한탄하기까지 하였다.[60] 사월초파일 연등회가 있는 날은 도성의 야간 통행금지도 해제되어 모두가 밤새 놀며 즐기는데 병환으로 함께 즐기지 못하는 자신의 신세를 한탄하였던 것이다. 당시 사월초파일 연등회의 모습에 대해서는 김매순金邁淳(1776~1840)의 『열양세시기』를 통해서 짐작할 수 있다.

---

57 『인조실록』 권31, 인조 13년(1635) 8월 23일
58 『봉사일본시문견록』 乾, 무진년(1748) 4월 8일
59 『영조실록』 권107, 영조 42년(1766) 4월 7일
60 『영조실록』 권120, 영조 49년(1773) 4월 8일

민가와 관부, 상점까지 모두 등간燈竿을 세운다. 등간은 대나무를 이어 묶어서 만드는데 그 높이가 열 자 남짓이나 된다. 비단을 잘라서 깃발을 만들어 등간 끝에다 매단다. 깃발 아래 막대기를 가로로 대어 갈고리를 만들고 그 갈고리에다 줄을 끼워서 그 줄의 양끝이 땅에까지 드리워지도록 한다. 밤이 되면 등에다 불을 밝히는데 많이 달 때는 십여 개, 적게 달 때는 서너 개의 등을 매단다. 민가에서는 모두 자녀의 수대로 등을 단다. 그 등을 단 모양이 층층으로 이어져서 마치 구슬을 꿴 것 같다.…아이들은 등간 아래에 자리를 깔고 느릅나뭇잎 떡과 소금을 뿌려 볶은 콩을 벌려놓고 먹으면서 물이 담긴 동이에다 바가지를 엎어놓고 돌려가면서 두드리며 즐긴다.[61]

사월초파일이 되면 집집마다 상점마다 장대에 등을 달고 그 아래에서 아이들이 밤새 놀고 있는 장면을 떠올릴 수 있을 것이다. 이를 통해 당시 궁궐을 비롯해 각 관청과 민가에서도 등간을 높이 세우는 풍속이 있었음을 알 수 있다.[62] 그런데 그 비용이 너무 많이 들어 고종 9년(1872)에 등간을 혁파하라는 명령[63]이 있기도 했으나 폐지되지 않았다. 또한 1863년에 승려인 설두유형雪竇有炯(1824~1889)이 찬술한 『산사약초山史略抄』에서도 당시 사월초파일 연등회에 대한 인식을 살펴볼 수 있다.

고려 최이가 처음으로 부처님이 탄생하신 날을 기리기 위해 탄생일

---

61 『열양세시기』 4월 8일
62 『승정원일기』 고종 6년(1869) 4월 4일; 고종 7년 4월 6일; 고종 15년 4월 3일; 고종 18년 4월 3일
63 『승정원일기』 고종 9년(1872) 3월 20일; 고종 9년 4월 30일

에 연등의 법도를 설치하였다. 그런데 지금 사람들은 그 이유를 알지 못하고 다만 관등놀이만을 하니 한심하고 한심하도다. 또 옛 기록을 살펴보니, 정월 초하루부터 염불하여 큰 콩을 모아 두었다가 초파일이 되면 물에 삶고 그 물로 부처님을 목욕시켰다고 한다. 이에 지금도 욕불일이라고 부르고 있으니, 이것이 바로 '이름은 남았지만 실제는 없어졌다'는 것이다.[64]

위의 기록은 조선 후기 사월초파일 연등회가 사찰 중심의 불교행사라기보다 욕불일浴佛日이라고 하는 명칭만이 남아 전래되는 민속이 되었음을 보여주는 글이라고 할 수 있다. 설두유형은 사월초파일 연등회의 실제적인 의미가 퇴색되고 민가의 축제로서 관등놀이만 일삼고 있음을 안타까워했던 것이다. 이로 볼 때, 19세기가 되면 이미 연등회의 본래적인 의미라고 할 수 있는 불탄일의 성격보다는 그날의 축제적인 성격이 더 강하게 민가를 중심으로 전승되었던 것 같다.

그러나 오늘날 사월초파일 연등회의 형식적 연원은 1907년 동국대학교의 전신인 명진학교 학생들이 주도하여 봉원사에서 연등행사를 설행하면서부터 발전한 것이다.[65] 이때부터 조선시대 기록에 보이지 않는 사찰 중심의 연등행사[66]와 일본의 마츠리祭り와 유사한 제등행렬 등의 새로운 형식[67]이 나타났지만 원래 사월초파일 연등회의 전통이 고려 후기

---

64 『山史略抄』(『한불전』 10, p.678)
65 대한매일신보, 1907년 5월 24일 기사
66 조선시대 음력 4월 8일에 사찰에서도 연등을 달았을 것으로 추정되지만 대부분의 기록에서는 民家에서 연등을 달아 축제를 벌였다고 서술하고 있다.
67 제등행렬이 전통적인 의식에서 기원한 것인지 아니면 일제의 영향으로 발생한 것인지에 대해서는 논란이 있다. 박진태, 「한국 연등회의 지속과 변화 양상」, 『공연문

부터 조선시대에 걸쳐 있음을 주목할 필요가 있다. 흔히 숭유억불이라고 말하는 조선시대를 지내온 사월초파일 연등회야말로 전통 축제적인 성격으로서 전래되어 온 것이다.

Ⅳ. 연등 · 팔관회의 불교사적 의의

봄 연등회와 겨울 팔관회의 단절

조선 초기에 춘연등회와 동팔관회가 폐지된 것은 고려의 문화 청산이라는 의미와 더불어 국가 주도였던 고려 귀족 중심적 불교의 종말을 고하는 것이라 생각된다. 국가의 예산으로 설행되었던 춘연등회와 동팔관회는 화려했지만 결과적으로 국가의 이념이 바뀌면서 폐지도 그만큼 쉬웠다. 국가의 예산 없이는 설행될 수 없는 구조적 한계를 가지고 있었기 때문이었을 것이다. 국왕의 폐지 명령은 국가 예산의 집행을 금한 것이고 국가 행사의 폐지를 의미한 것일 뿐 집집마다 연등을 다는 풍속마저 금지시킨 것이었다고 볼 만한 근거는 발견하기 어렵다. 오히려 춘연등회에는 사월초파일 연등회와 달리 집집마다 연등을 다는 풍속이 없었다고 보는 편이 더 정확하지 않을까. 만약 춘연등회가 전국적인 행사였고 민가에서도 행해진 풍속이었다고 한다면 국가의 명령으로 쉽게 폐지될 수 있는 것이었다고 보기 어려울 것이다. 이는 숭유억불의 조선시대에도 사월초파일 연등회가 지속되었던 이유이기도 하다.

화연구』 24 (서울: 한국공연문화학회, 2012), pp.246~257 참조.

그런데 지금까지 상원일의 춘연등회는 국가적인 행사로서 민간 풍속으로 정착되었을 것으로 보는 견해가 일반적이었다. 또한 재래의 농경 의례적인 성격을 포섭하여 지방민의 결속력을 다지는 기회로서 춘연등회가 활용되었을 것이라고 보았다.[68] 실제로 현종 원년(1010) 윤2월의 기사에서는 국가 풍속에 왕궁과 도성으로부터 향읍에 이르기까지 정월 보름에 연등을 달았다[69]고 하였고, 문종 21년(1067)의 기사에서는 중앙의 모든 관청 및 안서도호부 · 개성부 · 광주廣州 · 수주水州 · 양주楊州 · 동주東州 · 수주樹州의 다섯 고을과 강화江華 · 장단長湍의 두 현에 명하여 관청의 뜰에서 절 문까지 채붕綵棚을 꾸미도록 하였다[70]고 전한다. 이는 지방에서도 연등회가 설행되었을 가능성을 언급하는 것이다. 하지만 춘연등회가 민가의 자발적인 민속이었다고 볼 만한 근거로는 부족해 보인다.[71] 오히려 원래부터 있던 기곡제祈穀祭적인 고유의 민속을 국가가 지방민의 결속을 위해 연등회 행사 속에서 활용함으로써 점차 민속적인 요소가 탈각되고 행사를 위한 의례로 변화되었다고 보는 편이 더 나을 것이다.

당시의 춘연등회가 지방민의 자발적인 민속이었다고 보기 어려운 이유는 성종 원년(982)에 최승로가 시무 28조를 올려 경제적 폐단이 큰 연등회와 팔관회의 간소화를 주장하자[72] 두 행사가 간소화되다가 결국 성

---

68 홍윤식, 「『고려사』 세가편 불교기사의 역사적 의미」, 『한국사연구』 60 (서울: 한국사연구회, 1988).
69 『고려사절요』 권3, 현종 원년(1010) 윤2월.
70 『고려사절요』 권5, 문종 21년(1067) 1월.
71 김종명, 「고려 연등회와 그 유산」, 『불교연구』 16 (서울: 한국불교연구원, 1999), pp.71~79 참조.
72 『고려사절요』 권2, 성종 원년(982).

종 6년에 춘연등회와 동팔관회가 폐지되기에 이르렀던 데서[73] 찾을 수 있다. 이때 폐지되었던 춘연등회는 목종 대에도 공식적으로 부활되지는 못하였던 모양이다. 목종 12년 정월에 국왕이 관등하러 나갔다가 대부大府의 기름창고에 불이 나서 천추전千秋殿까지 잿더미가 되는 것을 목격하고 앓아누웠다[74]는 기사로 보아 목종 때 상원일의 춘연등회가 있었을 것으로 추측되지만, 현종 원년 윤2월의 기사에서는 성종 대 이후 폐지되었던 연등회를 부활시켰다고 기록하고 있기 때문이다.[75] 게다가 현종 2년(1011)에 거란의 침입으로 인해 2월에 연등회를 개최한 이후 오랫동안 그 날짜가 1월로 복귀되지 않았다. 이러한 사실들은 춘연등회가 민간의 풍속으로서 기능했다고 보기 어려운 점을 반증하는 것이고 민간에서 자발적으로 연등을 달았을 가능성을 부정하는 것으로 해석될 수 있다. 왜냐하면 불교의 나라 고려에서 춘연등회가 그렇게 쉽게 폐지되고, 또 개최 일자가 그렇게 쉽사리 바뀔 수 있었던 것은 국가행사 그 이상의 기능은 갖지 못했기 때문일 것이다.

 이러한 점은 동팔관회에서도 찾아볼 수 있다. 동팔관회 역시 춘연등회와 마찬가지로 지방민이 참여하기 어려운 개경과 서경을 중심으로 개최된 국가행사였다. 10월의 서경과 11월의 개경 팔관회에서 임금은 죄수들을 풀어주고 명산名山과 주진州鎭의 신들에게 훈호勳號를 내렸다. 태조가 훈요십조에서 천령·오악·명산·대천·용신을 섬기라고 했던 것은 지방 산천의 신들까지도 중앙에서 관리함으로써 중앙집권화를 완

---

[73] 『고려사』 권3, 세가3, 성종 6년 10월의 기사에서는 연등회의 폐지에 대한 언급이 없지만 팔관회와 함께 폐지되었던 것 같다.
[74] 『고려사』 권3, 세가3, 목종 12년 1월
[75] 『고려사절요』 권3, 현종 원년(1010)

성하기 위한 문화정책이었다고 볼 수 있는 것이다.[76] 그 성격이 수확제의 민속적 성격을 포괄한다고 하더라도 행사의 개최가 개경과 서경을 중심으로 이루어졌고 국왕이 그 중심에 있었으므로 전 국가의 민속적인 성격은 점차 탈각되어 왕실과 귀족의 행사로 변화되어 갔다고 해야 할 것이다. 이처럼 춘연등회와 동팔관회는 고려 이전에 지방의 민간 풍속적 요소였던 기곡제와 수확제를 중앙에서 포섭하여 중앙집권적 문화정책으로 활용해 가는 과정에서 민간적 요소는 오히려 사라지고 귀족적 성격만이 남게 되었던 것으로 생각된다. 그래서 고려시대 춘연등회와 관련한 기록에서 지방 민가에서 연등을 달았다는 기사가 보이지 않는 것이 아닐까.

민속 축제와 연등

귀족 중심의 불교를 대표하던 춘연등회는 의종 24년(1170) 무신정권이 성립된 이후 국왕의 권위가 약해지면서 그 중요성이 반감되었을 것이다. 그에 비해 사월초파일 연등회는 민가에서 행해지다가 백선연과 최이의 경우에서 확인할 수 있듯이 권력자의 집에서도 축제를 벌임으로써 점차 국가적인 행사로 발전했던 것 같다. 요컨대 춘연등회가 위로부터의 연등회라면 사월초파일 연등회는 아래로부터의 연등회였다고 생각된다. 만약 춘연등회와 동팔관회가 왕실과 귀족들의 불교의식으로서 개경을 중심으로 설행된 행사이고 사월초파일 연등회가 사찰과 민가에서부터 발전한 연등 축제였다고 한다면, 조선 초기에 춘연등회와 동팔

---

[76] 안계현, 「팔관회고」, 『동국사학』 4 (서울: 동국사학회, 1956); 안지원, 앞의 책, pp.208~222 참조.

관회가 폐지된 데 반해 사월초파일 연등회가 조선 말까지 존속된 이유를 우리는 보다 분명하게 설명할 수 있게 된다. 즉, 춘연등회와 동팔관회는 모든 지방민의 풍속이 아니었기 때문에 국가 행사를 폐지함으로써 그 전승도 사라졌으며, 그에 비해 사월초파일 연등회는 민가의 풍속이었기 때문에 국가에서 폐지할 수 없었다는 설명이 가능해지는 것이다. 만약 춘연등회와 동팔관회가 지방 민가의 풍속이었다면 국가행사의 폐지에도 불구하고 민속적 요소에서 전승되었을 것으로 생각되기 때문이다.

이에 비해 사원과 민가에서부터 발전하여 정착한 사월초파일 연등회는 조선 유학자들의 끊임없는 폐지 시도에도 불구하고 지금까지 전승되는 대표적인 불교행사이다. 앞서 살펴보았듯이 조선시대 내내 사월초파일 연등회는 사원과 민가에서 전승되었다. 세종이 민가의 연등을 금지하였음에도 불구하고 그 명령은 지켜지지 않았고, 오히려 후대의 여러 기록에서는 경쟁적으로 더 좋은 연등을 달려고 했던 풍속을 서술하고 있을 정도이다. 때로 바람이 많이 부는 날은 화재를 걱정하여 연등을 금지하기도 했지만 민가의 풍속을 없애는 데까지 이르지 않았고,[77] 영조는 관등하러 나가지 못하는 자신의 신세를 한탄하기까지 했던 것이다.[78] 뿐만 아니라 사월초파일 연등회가 있는 날은 야간 통행금지도 해제되어 밤새 술 마시며 놀았던 사람들도 많이 있었다.

---

77 『성종실록』 권54, 성종 6년(1475) 4월 8일
78 『영조실록』 권120, 영조 49년(1773) 4월 8일

사월초파일 연등회의 전승

 신라 말에 전래되어 고려시대 왕실의 대표적 불교행사였던 연등회와 팔관회는 성리학의 조선이 건국되면서 폐지되거나 축소되었다. 팔관회는 10월과 11월 보름에 서경과 개경에서 설행되었는데 무신집권기와 원 간섭기를 거치면서 왕권의 약화와 더불어 계절적 행사로 형식화 되었다가 조선 건국과 더불어 막대한 비용이 든다는 이유로 혁파되었다. 한편 고려시대 연등회는 1월 보름 혹은 2월 보름에 설행되던 춘연등회와 사월에 개최되던 사월초파일 연등회로 나뉘어 있었는데 춘연등회는 팔관회 혁파와 같은 이유로 태종 15년에 이르러 폐지되었지만 사월초파일 연등회는 성리학자들의 지속적인 혁파 상소에도 불구하고 근대기까지 궁궐과 사찰과 민가에서 설행되었다. 심지어 사월초파일 당일 밤에는 통행금지도 하지 않아 밤새 축제를 벌이며 놀았다는 기록이 여기저기에 보인다.
 하루 동안 자유와 축제를 만끽할 수 있었던 조선시대 사월초파일 연등회는 불교의 민중화라는 측면에서 고려시대 춘연등회와 차별성을 갖는다. 고려의 춘연등회가 국가적 행사로서 왕실과 귀족 중심의 사치스런 불교신앙의 표현이었다면, 조선의 사월초파일 연등회는 성리학을 신봉하던 양반의 차가운 시선에도 불구하고 집집마다 부처님에게 작은 소망 하나를 매달았던 백성들의 소박한 불교신앙이었다. 병들고 늙고 죽는 인생에 대해 아무런 해답을 주지 못했던 성리학에 비해 생로병사의 원인을 이야기해 주고 극락왕생을 축원해 주는 불교야말로 백성들에게는 놓칠 수 없는 마음의 위안처였을 것이다. 흔히 조선시대는 숭유억불의 시대였다고 말하지만 그것은 어디까지나 지배자의 정치적인 측면이고 백성들의 신앙적인 영역까지 침투했다고 보기는 어렵다. 오히려 고려시대까지는 왕실과 귀족이 중심이 되어 절을 창건하고 탑을 건립하였다면, 조선시대 이후 불교는 점차 민중의 것으로 변화되어 시주자 명단에 하급 양반을 비롯하여 양인에 이르기까지 그 이름을 올렸던 것이다. 그러므로 사월초파일 연등회가 전승될 수 있었던 것은 조선의 민중불교적 성격에서 기인하는 것이라 생각된다.

또한 성리학적 질서가 완성된 17세기 이후에도 사월초파일 연등회가 지속되었던 것은 불교만의 행사가 아니라 민가의 풍속으로 정착했다는 것을 말해준다. 주지하다시피 16세기 이황(1501~1570)과 이이(1536~1584)의 출현으로 조선 성리학은 최고점에 이르렀고, 17세기에는 송시열(1607~1689)과 윤후(1617~1680)가 예송 논쟁을 벌이는 등 주자가례가 중요시되어 유교식 제사와 의식 등이 정착되었던 시대였다. 주자성리학에서 조금이라도 벗어난 것은 사문난적斯文亂賊으로 배척되기 일쑤였다. 그럼에도 불구하고 대표적인 불교행사였던 연등회에 대해 성리학자들의 별다른 비판이 보이지 않는 것은 사월초파일 연등회가 불교만의 행사로서 인식되었다기보다 민가의 고유한 명절로 인식되었음을 반증해주는 것이라 생각된다.[79] 그래서 조선 후기까지 단오, 백중, 추석 등과 더불어 세시풍속으로서 전승되었고 일제식민지 시기를 거쳐 오늘날까지 이어져 온 것이라 생각된다.

---

79 조선 후기에 편찬된 각종 세시기에서 사월초파일의 연등회에 대해 언급하고 있는 것은 물론이고, 민간에서 전래된 가사에서도 「관등가」라는 제목으로 사월초파일의 풍속을 노래하고 있다. 임기중, 『한국가사문학주해연구』 2 (서울: 아세아문화사, 2005), pp.115~120

연등회와 팔관회의 고유성

중국의 연등회와 팔관회가 남북조 시기에 불교행사로서 정착되어 연등회는 석가모니 탄생일을 기념하고 팔관회는 망자의 위령제적 성격으로 설행되면서 한반도에 전래되었던 것으로 보인다. 처음에는 중국에서 설행되던 모습 그대로 삼국에 전래되었겠지만 시대적 발전과 더불어 우리나라 고유의 모습으로 탈바꿈하게 된다.

신라·고려의 팔관회는 음력 10월과 11월 보름에 서경과 개경에서 정기적인 행사로 설행되었는데, 이는 고유의 수확제와 결합한 것으로 중국 측 기록에서는 보이지 않는다. 중국에서는 팔재계의 본래 의미와 위령제가 결합하여 비정기적으로 누군가의 치병治病이나 기일忌日에 맞추어 설행되었고 수천, 수만 명의 승려에게 음식을 공양하는 반승의식이 중심이 되었다. 이에 비해 고려의 팔관회는 반승의식이 팔관회에서 중요한 의식이기는 했지만 수확제와 결합하여 정기적인 축제적 성격이 더욱 강화되었던 것으로 생각된다. 또한 황제국을 표방하며 외국 사절을 받고 군신 간의 위계를 엄격히 했던 것이라든지 국왕이 직접 나서 산천과 조상의 신에게 왕실과 백성의 안녕을 기원하였던 모습 속에서 고려만의 고유한 특성을 살펴볼 수 있다.

한편, 연등회 역시 중국으로부터 전래된 불교의례였지만 춘연등회 소회일에 임금이 봉은사에 행차하여 태조의 영령에 차를 올림으로써 국왕을 정점으로 한 국가질서를 구현하려 했다는 점에서 다른 나라와 차별적이다. 게다가 석가모니의 탄생을 기리는 사월초파일 연등회가 수백 년 동안 국가적 민속으로서 지속되어 온 나라는 우리나라가 유일하다.

고려 고종 대에 최이가 사월초파일에 연등을 달았다고 한 1245년으로부터 계산해도 거의 8백 년에 가깝다. 더 나아가 그 전통이 춘연등회를 계승하고 있다고 보면 1천 년을 넘게 지속해온 민속 축제로서 그 의미가 크다고 하겠다.

중국의 경우, 음력 정월 보름인 상원일 연등축제는 고대부터 지금까지 지속되고 있지만 석가모니의 탄생을 기리는 불교 축제로서 의미는 사라진 지 오래다. 남북조 시기에 불교행사로서 상원 연등회와 석가모니 탄생일의 연등회가 설행되어 당나라 시기까지 성행하였던 것으로 보이지만, 송나라 이후 점차 불교적 의미가 퇴색되면서 석가모니 탄생일의 연등회는 사라지고 상원 연등회는 절기에 따른 세시풍속적인 성격만이 남게 되었다. 물론 근래에 중국에서도 사월초파일에 연등회가 설행되는 곳이 있는데 이는 전통문화의 복원이라는 국가적 운동에 따른 것이다.

일본의 경우, 오늘날 4월 8일이 아닌 우란분절에 해당하는 7월 15일에 전국적으로 연등행사가 거행된다. 곡식의 풍작을 기원하거나 역병 퇴치를 기원하며 마을 간의 친선을 도모하는 이 축제에서는 긴 장대에 연등을 매달고 거리를 행진하며 묘기를 펼치기도 한다. 그런데 이때의 연등은 주로 영가천도의 의미가 크다. 원래 불교에서 우란분절이란 돌아가신 부모의 왕생극락을 기원하는 날이므로 연등 역시 그런 의미가 크다고 하겠다. 이에 비해 석가모니의 탄생을 기리는 연등회는 일부 사찰에서만 설행하고 있어서 민속으로서의 의미는 거의 사라졌다고 할 수 있다.

이상에서 보듯이 연등회와 팔관회는 한국불교가 가지고 있는 또 하나의 고유한 불교 전통으로 정착했던 것이라고 할 수 있다. 춘연등회와 동팔관회는 상류층을 중심으로 설행된 사라진 전통이지만 사월초파일 연등회는 백성들의 민속 축제로 승화되어 지금도 지속되고 있는 문화전통이다. 연등을 달아 소원을 빌고 망자의 왕생극락을 기원하는 오늘날 사월초파일 연등회에서 시간을 거슬러 저 옛날 신라와 고려시대 조상들의 심성을 엿볼 수 있기 때문이다.

　새해의 무사안일과 곡식의 풍요로움을 기원하고 망자의 왕생극락과 추수를 감사하던 봄과 겨울의 불교적 행사가 사월초파일 연등회로 귀결되어 설행되었을 것으로 생각된다.

| 참고문헌 |

안계현, 「팔관회고」, 『동국사학』 4 (서울: 동국사학회, 1956)
안계현, 「연등회고」, 『백성욱박사송수기념 불교학논문집』 (서울: 백성욱박사송수기념 사업위원회, 1959)
이은봉, 「고려시대 불교와 토착신앙의 접촉관계: 연등회·팔관회의 종교의 기능을 중심으로」, 『종교연구』 6 (서울: 한국종교학회, 1990)
김형우, 「고려시대 국가적 불교행사에 대한 연구」 (서울: 동국대학교 박사논문, 1992)
김종명, 『한국 중세의 불교의례: 사상적 배경과 역사적 의미』 (서울: 문학과지성사, 2001)
진철승, 「사월초파일의 민속화 과정 연구」, 『역사민속학회』 15 (서울: 한국역사민속학회, 2002)
안지원, 『고려의 국가 불교의례와 문화』 (서울: 서울대학교출판부, 2005)
전경욱, 「연등회의 전통과 현대축제화의 방안」, 『남도민속연구』 17 (서울: 남도민속학회, 2008)
이윤수, 「연등축제의 역사와 문화콘텐츠적 특성」 (서울: 고려대학교 박사논문, 2012)
이종수, 「조선시대 연등회의 존폐와 불교사적 의미」, 『불교연구』 37 (서울: 한국불교연구원, 2012)

찾아보기

ㄱ

가지加持 181, 192

「간폐석교소」 87

감산장전甘山莊田 225, 228

강관 263~265, 277, 278, 279

거현居玄 55

결사표 80

결정상위決定相違 43

경사景師 48

경흥 44, 58, 117, 119, 120, 123

고려 불교 206

고적기 50

공空 200

과전법 237, 239, 247

관등 329, 336, 338, 340, 342, 344, 345, 347, 352

관등놀이 332, 343

관세음보살→관음신앙

관수관급제官收官給制 242

관심석 58

관음신앙 197, 199~201

광교원 53

광균 55

광학 82

『교시쟁론教時諍論』 41

국가진호國家鎭護 66, 93

군인신충君仁臣忠 65

규기 34, 42, 47, 53, 58

「규흥사종」 303, 305~308, 315, 318, 320

균여 41

글쓰기 284~286, 320, 321

『금광명경』 49, 53, 62, 63, 66

금광명경도량 84

금석문 285, 288, 302

기곡제 324, 349, 350

기허영규 85

ㄴ

「남산신성비」 293, 294
남한산성 86
낭융 82
내원당 242
내호內護 64, 92
농장 236, 246
능침사 242

ㄷ

『대각국사문집』 52
『대승기신론』 52, 57
『대승기신론내의약탐기』 50
『대승의림장』 41
『대승의장』 78
「대주서명사고대덕원측법사불사리탑명
  병서」 38, 46
대회일大會日 333, 334
대흥선사 271, 275, 276
데바 101, 108
도륜 47, 48, 59
도생 승통 54
도선 258, 261, 280
도증 49

도총섭 89
동맹 138, 139
동중서 104
둔륜 47, 116
등석연 332

ㅁ

면세지 237, 243
「명봉사청경선원자적선사능운탑비」 313
무교 71, 104
『무량수경연의술문찬』 45
무속적 세계관→샤머니즘
「무술오작비」 291, 294
「무진사종」 318
「무진사종명」 303, 304
문두루비법 91
문소전 242
문수신앙 256, 259, 261, 262
미륵신앙 54, 189, 194, 198
미수彌授 54, 55

ㅂ

박혁거세 139, 142

반승 327, 355
반승회 84
발원 284, 303, 304, 306, 308, 315, 316, 321
발원문 303, 305, 306, 315, 316, 318
백고좌법회 91
『범망경』 78, 82
『범망경술기』 46
법상종 34, 35, 39, 45, 54, 58, 59
『법화경』 64
『법화현찬』 53
벽암각성 86
변체한문 285~289, 293, 294, 296, 298, 308, 312, 314, 317, 319, 320, 321
별무반 95
보리유지 32
봉암사 226, 229
봉은사 332, 355
부정종성 40
부휴선수 86
북한지 87
불교 금석문 285, 286, 308, 314, 318, 321
불교문학 286
불사리신앙 272

『불설보요경』 150, 151
『불설재경』 91
불연국토설 64, 66, 93, 153, 157
불탄일 326, 335, 337, 342, 347
비보사원 94, 233, 239, 246
비사備師 47

ㅅ

사군이충 80
사대법난 68
사리신앙 266, 267, 274, 275
『사문불경왕자론』 69, 93
『사분율』 257, 258, 263, 277, 279, 280
사십구재 169, 170
사위전답寺位田畓 243
사은四恩 91
사전 219, 220, 246
사찰계 243
사패전 236
산신신앙 128, 129
살생유택 94
삼귀오계 78, 79
삼독오악단 110, 119, 122
삼무일종 68

삼성설 31
삼악도 87
삼원三元사상 326
「상원사종」 300, 301
상종相宗 50
샤머니즘 187, 191~193
서명사 38
『석화엄교분기원통초』 41
선교양종판사 86
선교종판사 89
「선림원종」 303, 306, 307, 315
「선림원종명」 304
선주 43
『섭대승론석』 33
섭론종 32, 36
섭론학 258, 259, 260
『성유식론』 31, 34, 52~54, 56, 58
『성유식론술기』 35, 44, 53
『성유식론학기』 44, 49, 50
성전사원 160~162, 175, 223
성종性宗 50
세삼장재월육재歲三長齋月六齋 76, 78, 79
세속오계 64, 65, 75, 77, 80, 82
세제불법 74, 91, 93
소현韶顯 52, 53
소회일小會日 332, 333, 355

수륙사 242
수륙재 169, 170, 207, 208
수문제 264, 266, 270~275, 280
수조지 233, 234, 246
수확제 324, 350, 355
순경 42, 58
스와르가(svarga) 101, 108
『승군왕경』 66
『승만경』 63
승장 46
시조왕 139~142, 152
신라 금석문 289
신라 변체한문 291
신라즉불국토 72
「신라출납장」 297
신중 126~129
신태 40
신행불교 90
심성 315, 318, 319, 321
『십지경론』 32, 36

ㅇ

아뢰야식 31
아리야식 32
아마라식 33

아미타신앙 54
아쇼까왕 148
아육왕상 271, 272
안연安然 41
안혜 82
업설 111, 112, 114, 116
업천 116
연등회 84, 92, 163, 166, 168
『열반경』 63
영고 138, 139
『영락본업경』 67
영윤 40
「영일냉수리비」 290, 292
「영태2년석비로자나불조상기」 303, 306, 307, 318, 320
오계 77
오대산 255, 256, 267, 269, 270
오명五明 55
오상설 77
오성각별설 34, 39, 45
5위 100법 56, 59
왕즉불 68, 93, 144, 149, 151, 174
외호 64, 92
욕불일浴佛日 347
용수 30
용화향도 158
우상 52

원광 37, 65, 72, 75, 78, 80, 81, 93
원당 160, 161, 164, 170
원력 178, 182, 211
원찰 160, 169, 175, 205
원측 34, 38, 46, 58
원효 43, 53, 58, 59
『유가론기』 47, 48
『유가사지론』 30, 34, 48, 51, 56
『유가사지론석』 48
『유가사지론약찬』 48
『유도론』 79
유식관 31
『유식삼십송』 34
유식학 30
『유행경』 63
의봉루 330, 333, 334
의상 82
의승군 85, 88, 90, 92, 95
의연 36
의적 41, 42, 58, 59, 121, 123, 124
의정 46
의지천 107
의천 47, 52
이두 286, 314
이성계 92
이자연 52

찾아보기……363

이제설 32
이차돈 73
인명 35, 42, 44, 55, 58
『인명입정리론소』 43
『인왕경』 67
『인왕경소』 39, 41
『인왕반야경』 64, 66, 91
일승 42
일연 49
일체개성설 39, 40
『입당구법순례행기』 226

ㅈ

자력 신앙 181
자복사 240
『자비도량참법집해』 55, 57, 59
자연 113~115
자은사 47
자장 37
「자정국존비」 55
장경도량 84
장생표長生標 225, 227
『장아함경』 63
장원莊園 225, 248
장전莊田 225, 247

전륜성왕 63, 68, 144, 147~149, 164, 174, 268, 273
전륜성왕설 71, 149, 157, 269, 271, 274
전시과田柴科 231, 246
전장田莊 225, 234
전제田制 개혁 237, 239
전호佃戶 235
정법전 230
정성定姓 40
정현鼎賢 51
제석 154, 155
제석신앙 125~127
제석천 125~127, 154, 155
『제위경』 77, 78
『제위파리경』 76, 82
제정일치 138~140, 143, 144, 152, 172, 173
제천교 71
제천의례 138, 139
조구 54~56
조업전 236
조헌 85
종체宗體 41
주변부 의식 190, 196
증자 75
지고신 107, 108

「지광국사현묘탑비」 52
지론종 32, 36
지배 이데올로기→국가 이데올로기
『지재경』 91
지주전호제地主佃戶制 248
지주智周 34
진전사원 163~165, 175
진제 32, 39
진종설 149~151, 174
진호국가 84

충의적성 86
칠불퇴법 63

ㅌ

타력 신앙 181
태사泰師 48
태현 44, 49, 53, 59
택물擇物 76
택시擇時 76

ㅊ

천강 138, 140, 141, 143, 146, 147, 173, 174
천도자연 113, 114
천손 141, 143, 146, 173
천신 185, 186
천인상관설 104
청변 50
청주연지사종 301
청허휴정 86
총섭승 89
최승로 330, 349
충의 90
충의불교 68

ㅍ

팔관법회 91
팔관보 335
팔관재 167
『팔관재경』 91
팔관재회 327
팔관회 84, 92, 163, 166~168, 204
팔도의승군도대장 87
팔만대장경 206
팔식설 31
팔재계 325, 327, 355
폐사전 240
풍류도 187, 188

ㅎ

한자 284, 287, 291, 319
『해동고승전』 36
해동육조 53
해린 51
『해심밀경』 31, 32
『해심밀경소』 38, 39, 41
해인사 226
행영 55
향가 196, 284, 320
보우 89
현장 34, 38, 41, 53, 58
「혜덕왕사진응지탑비」 53
혜량 91, 328
「혜소국사비」 51
호국 88, 191, 276, 280

호국삼부경 64
호법 50, 88, 192, 204
호불→호법
화랑 157~159
화랑도 187~189
황룡사 275, 276, 328, 329
황룡사 구층목탑 255, 261, 262, 268, 279, 280
「황룡사장육」 72
황룡사 장육존상 268~270, 272
회은응준 86
회향 181, 192
『효경』 65, 78, 82, 94
효계일치 78
훈요십조 94, 163, 166, 330, 350
흥륜사 47
흥불→호법

저자 소개

김용태

동국대 HK교수, 한국불교사 전공, 서울대 국사학과 박사, 동국대 불교문화연구원 중점연구소 연구교수 역임. 『조선후기 불교사 연구 - 임제법통과 교학전통』(신구문화사, 2010), 「역사학에서 본 한국불교사 연구 100년」, 「동아시아의 징관 화엄 계승과 그 역사적 전개」, 「조선전기 억불정책의 전개와 사원경제의 변화상」, 「동아시아 근대 불교 연구의 특성과 오리엔탈리즘의 투영」

박인석

동국대 불교학술원 조교수, 중국불교 전공, 연세대 철학과 박사, 동국대 HK연구교수 역임. 『대승기신론내의약탐기』(역서, 동국대학교출판부, 2011), 『대만불교의 5가지 성공코드』(공저, 불광출판사, 2012), 『인물로 보는 한국의 불교사상』(공저, 예문서원, 2004), 「道倫의 唯識 五種姓說의 이해와 특징」, 「『종경록』에 나타난 具分唯識의 기원」

김호귀

동국대 HK연구교수, 선학 전공, 동국대 선학과 박사, 동국대 불교문화연구원 전임연구원 역임. 『묵조선연구』(민족사, 2001), 『선과 수행』(석란, 2008), 『금강선론』(한국학술정보, 2010), 「청허휴정의 오가법맥의 인식 배경에 대한 고찰」, 「불성사상의 수용과 조사선의 형성」

김영진

동국대 HK연구교수, 중국불교 전공, 동국대 불교학과 박사, 인하대 한국학연구소 HK연구교수 역임. 『불교와 무(無)의 근대』(그린비출판사, 2012), 『근대 중국의 고승』(불광출판사, 2010), 『공(空)이란 무엇인가』(그린비출판사, 2009), 『중국근대사상과 불교』(그린비출판사, 2007), 『근대중국사상사 약론』(역서, 그린비출판사, 2008), 『대당내전록(大唐內典錄)』(공역, 동국대학교출판부, 2000)

이자랑

동국대 HK연구교수, 초기불교교단사 및 계율 전공, 일본 東京대학 인도철학·불교학전공 박사, 일본 東京대학 외국인특별연구원 역임. 『나를 일깨우는 계율 이야기』(불교시대사, 2009), 「율장에 나타난 '不同住(nānāsaṃvāsaka)'에 관하여」, 「승단 추방에 관하여 – 멸빈(nāsana)을 중심으로」, 「승가화합의 판단기준에 관하여」, 「『멸쟁건도』의 다수결 원칙(yebhuyyasikā)을 통해 본 승가 분쟁 해결의 이념」

고승학

동국대 HK연구교수, 중국불교 및 화엄학 전공, Ph.D. University of California at Los Angeles, 서울대 및 동국대 강사 역임, "Li Tongxuan's Utilization of Chinese Symbolism in the Explication of the *Avataṃsaka-sūtra*", 「이통현의 『해심밀경』과 『유마경』 해석에 대하여」, 「『대승기신론』에서 여래장의 수행론

적 의미」, 「신라 불교사에 나타난 願力의 의미-『삼국유사』를 중심으로」, 『신화엄경론』에 나타난 이통현의 『화엄경』해석의 특징-중국 고유사상과의 연관성을 중심으로」

박광연
동국대 HK연구교수, 한국불교사 전공, 이화여대 사학과 박사, 서울대 규장각한국학연구원 박사후과정(post-doc.) 이수. 『신라 법화사상사 연구』(혜안, 2013 근간), 「眞表의 占察法會와 密敎 수용」, 「新羅 義寂의 『法華經』 이해-『法華經論述記』 분석을 중심으로」, 「고려전기 불교 교단의 전개 양상-'業'과 '宗'의 용례를 중심으로」, 「고려후기 '法華經 戒環解'의 유통과 사상사적 의미」

정영식
동국대 HK연구교수, 한국선종 전공, 일본 東京대학 인도철학·불교학 전공 박사, 동국대 불교문화연구원 중점연구소 연구교수 역임. 『한국 간화선의 원류』(한국학술정보, 2007), "On the Practice and Prospects of Gongan Seon in Modern Korean Buddhism: Focused on its Relation with Vipassana Meditation", 「고려중기의 선문보장록에 나타난 구산선문의 선사상」, 「천복승고, 각범혜홍 그리고 보조지눌의 삼현문해석」, 「普照智訥과 眞覺慧諶에 미친 중국선의 영향」

김기종

동국대 HK연구교수, 고전시가 전공, 동국대 국어국문학과 박사, 고려대 BK21 한국어문학교육연구단 연구교수 역임. 『월인천강지곡의 저경과 문학적 성격』(보고사, 2010), 『동아시아 불교의 근대적 변용』(공저, 동국대학교출판부, 2010), 「〈석가여래행적송〉의 구조와 주제의식」, 「15세기 불전 언해의 시대적 맥락과 그 성격」, 「신라시대 불교금석문에 나타난 변체한문의 성격과 그 의미」

이종수

동국대 불교학술원 조교수, 한국불교사 전공, 동국대 사학과 박사, 동국대 HK연구교수 역임. 『운봉선사심성론(雲峰禪師心性論)』(역서, 동국대학교출판부, 2011), 「조선후기 불교 履歷科目의 선정과 그 의미」, 「조선후기 불교의 수행체계 연구 – 三門修學을 중심으로」, 「숙종 7년 중국 선박의 표착과 백암 성총의 불서간행」, 「조선후기 불교계의 心性 논쟁 – 雲峰의 『心性論』을 중심으로」

인문한국불교총서 1
테마Thema 한국불교 1

2013년 6월 15일 초판 1쇄 인쇄
2013년 6월 25일 초판 1쇄 발행

엮은이 동국대학교 불교문화연구원 HK연구단
펴낸이 김희옥
펴낸곳 동국대학교출판부

출판등록 제2-163(1973. 6. 28)
주 소 100-715 서울시 중구 필동 3가 26
전 화 02) 2260-3484
팩 스 02) 2268-7851
Home page http://www.dgpress.co.kr
E-mail book@dongguk.edu

ISBN 978-89-7801-389-5   94220

값 20,000원

이 책의 무단 전재나 복제 행위는 저작권법 제98조에 따라 처벌받게 됩니다.